JN077309

〈聞法ノート〉

聖典のことば

ー問いと学びー

藤 枝 宏 壽

永田文昌堂

§ はじめに

　得度をして７５年、住職になって６３年というこの歳になっても、教員と住職という二足草鞋の半世紀を送ったこともあり、浅学菲才・不信心の身は変わらず、多少心懸けたつもりの宗学もまことにお粗末千万な有様であります。しかし、これまで縁あってふれてきた仏典・聖典等を読んでいると、ふと経句・経文・用語の意味や語法等に「問い」を抱いたり、関連して、真宗教義・布教の上からどう領解すべきか「学ぶ」機会によく出遇いました。

　その都度メモをしたり、参考書やデーターベースなどを調べたりしたノートがかなり溜まって来ました。若いときからの疑問のまま解決していないものもあり、ある程度目処のついた問題点もありますが、一度それらを公開して、諸賢の教えを乞い、遅ればせながら老生最後の「学仏大悲心」の勉強をしたいと思いたちました。

　面倒な「ことば」の問題が多いのですが、「聞法ノート」には自家用のメモ的な資料や図表もあるので、そのいくつかも記載した結果、１００題ほどになりました。一応部類分けはしてありますが、前後の脈絡はなく、みな断片的記述の羅列です。本書はまとまった論書ではなく、これまでに随時書いた小論題の寄せ集めノートなので、文体、語調、表記法など不揃いがあり、お読みづらいでしょうが、その点ご海容ください。

　ともかく、どこからでもご随意にお読みいただき、ご意見・ご叱正を賜れば幸いの極みと存じます。

　特に、「ことば」という「指先」にこだわり、わが身を照らす「月」そのものを見ていない、その「月」の光に照らされている「わが

身」に気づいていないではないか、というご批判もあろうかと思います。しかし、その「月」、「わが身」が見やすくなるように、今はまず「指先」の気がかりな動きが治まることを期待するばかりです。その上で究極願うところは、愚昧の身に注ぐ「月」の光・真実に遇うことに他なりません。ご明察・ご指導をお願いする次第であります。

　　　令和2年10月

　　　　　　　普勧蔵にて　藤枝宏壽

凡　例

参考図書：〈略称〉

①本願寺派『浄土真宗聖典』〈西『聖典』〉

②大谷派『真宗聖典』〈東『聖典』〉

③『真宗高田派聖典』〈高田『聖典』〉

④柏原祐義『真宗聖典』〈柏原『聖典』〉

⑤柏原祐義『三部経講義』〈柏原『三経講』〉

⑥『大正新脩大蔵経』〈『大正蔵』〉

⑦『真宗聖教全書』〈『真聖全』〉

⑧『定本親鸞聖人全集』〈『定本』〉

⑨『親鸞聖人真蹟集成』〈『真蹟』〉

⑩中村元『仏教語大辞典』〈中村『仏教語』〉

⑪多屋他『仏教学辞典』（法蔵館）〈多屋『仏教学』〉

⑫『真宗新辞典』（法蔵館）〈『新辞典』〉

⑬『浄土真宗聖典　浄土三部経　現代語版』〈『三経現代』〉

⑭『浄土真宗聖典 顕浄土真実教行証文類 現代語版』〈『本典現代』〉

⑮『浄土真宗聖典 三帖和讃 現代語版』〈『和讃現代』〉

⑯『浄土三部経』中村元・早島鏡正・紀野一義訳注（岩波文庫）　〈『岩波梵三訳』〉

⑰『大正新脩大藏經テキストデータベース』〈『SAT』〉

目　　次

§　は じ め に …………………………………………………………… 1

A　経典関係

1 ）「如是我聞」の訓み ……………………………………………… 9

2 ）「恵以真実之利」と便利 ……………………………………… 10

3 ）如来の十号について ………………………………………… 12

4 ）「我行精進・忍終不悔」の感動 …………………………… 14

5 ）「抜諸生死勤苦之本」：根っこからの救い ……………… 15

6 ）「仏…仏…仏…仏…」：仏の読みわけ ………………… 16

7 ）「欲生我国」の三願 ………………………………………… 17

8 ）現実生活に根づく願 ……………………………………… 20

9 ）「究竟靡所聞」の訓み ……………………………………… 22

10) 心打つ法蔵菩薩の修行 …………………………………… 26

11)「自然虚無の身・無極の体」―さとりの顕れ ………… 31

12)「飯食沙門」と仏壇荘厳 …………………………………… 32

13)「其仏本願力」と『語燈録』 …………………………… 32

14)「五眼」―法眼・見真について ………………………… 33

15)「易往而無人」と「共諍不急之事」…………………… 35

16)「胎生・化生」について ………………………………… 37

17)「無縁の慈悲」と「法縁」……………………………… 38

18)「不違念仏」の訓み ……………………………………… 41

19)「観経の要点：二つの汝」……………………………… 41

20)「舎利弗」への呼びかけは３５回 …………………… 43

21)「其人民」の何が「無量無辺」なのか？ ……………44

22)「少善根」に対する「大善根」とは？ ……………45

23)「西方世界」の「無量寿仏」について ……………46

24)「この諸仏の諸説の名（みな）」：善導大師 ……………49

25)「皆得不退転於阿耨多羅三藐三菩提」の
　　「於」について ……………51

26) 無量寿経中の「於」の訓み……………54

B　正信偈等関係

27) 光寿無量の意味…根っこからのすくい……………57

28)「劫」の譬喩…『大智度論』……………58

29)「譬如日光覆雲霧」の語順 ……………59

30)「天親」と「世親」……………61

31)「授浄教」の実状（『観経』でなく『浄土論』か）………63

32)「一生造悪値弘誓」の訓み ……………66

33)「法性之常楽」と涅槃の四徳 ……………68

34)「満足本誓歴十劫」の訓み ……………75

35)「如来本願顕称名」の深意 ……………77

C　和讃関係

36) 宗祖の「反」の訓みと用法……………80

37)「モノノミトナル」の意味 ……………82

38)「山家の伝教大師」の鎮護国家 ……………83

39)「歓喜地」は正定聚の位 ……………86

40)「正覚のはなより化生して」とは？ ……………89

41)「無生の生」と氷上燃火の譬 ……………91

42）夢告讃を草稿本で味わう ……………………………96

43）「弥陀の尊号となへつつ」の「つつ」……………………99

44）「行者」と「信者」………………………………… 102

45）「ねてもさめても」の意味 ………………………… 105

46）「自力の心をむねとして」の意味 ……………… 106

47）「他力の信心うるひとを　うやまひ・・・」…………… 108

48）「如来大悲の恩徳は」の歌曲 ………………… 108

49）「罪福心」の意味 ………………………………… 110

50）「他力の信をえんひとは」の「ん」について ……… 113

51）「有情利益はおもふまじ」と菩提心 ……………… 118

D　諸釈文関係（『教行信証』など）

52）「捷径」（『総序』）………………………………… 121

53）「信心の業識とは？」（『行巻』）………………… 123

54）「勅命」とは？（『行巻』）……………………… 130

55）「別序」における「自」と「従」（『信巻』）………… 133

56）「白道」はなぜ「貪瞋煩悩中」か？（『信巻』）……… 136

57）「真実信心必具名号」の訓点（『信巻』）………… 139

58）「冥衆護持の益」が第一益（『信巻』）…………… 143

59）「臨終一念の夕べ、大般涅槃を超証す」に

　　　　明証（『信巻』）………………………………… 145

60）「恥づべし傷むべし」と「矣」（『信巻』）………… 146

61）「心を弘誓の仏地に樹て」の出拠（『化巻』）… 149

62）『涅槃経』転写の問題（『化巻』）……………… 150

63）後序中の「兮」と「悲喜の涙」…………………… 154

64)「漸頓のなかの頓」は誤記？（『親鸞聖人御消息』）‥‥‥ 156

65)「大乗至極の教」の真意（『親鸞聖人御消息』）‥‥‥‥ 159

66)「自然のやう」と「よう」（『親鸞聖人御消息』）‥‥‥ 161

67)「ありけめ」の文意について（『恵信尼消息』）‥‥‥‥ 164

68)「思いたつ」心がなぜ起こる？（『歎異抄』）‥‥‥‥‥ 169

69)「存知のごとく」は「ご承知のように」（『歎異抄』）‥ 173

70)『嘆徳文』の異本 ‥‥‥‥‥‥‥‥‥‥‥‥‥‥‥‥‥ 177

E 御文章関係

71)「善知識ばかりをたのむ」（二帖十一通）‥‥‥‥‥‥ 181

72)「末代無智」と「一文不知」（五帖一、二通）‥‥‥‥ 182

73)「信心獲得章」について（五帖五通）‥‥‥‥‥‥‥‥ 183

74)「南無阿弥陀仏となりまします」（五帖八通）‥‥‥‥ 187

75)「白骨章」（五帖十六通）の出拠『無常講式』‥‥‥‥ 191

76) 蓮如の「たのむ」対象‥‥‥‥‥‥‥‥‥‥‥‥‥‥ 195

F 用字・用語

77)「遇」と「逢」‥‥‥‥‥‥‥‥‥‥‥‥‥‥‥‥‥‥ 198

78)「聖人」と「上人」‥‥‥‥‥‥‥‥‥‥‥‥‥‥‥‥ 199

79)「すくふ（救・済・拯)」‥‥‥‥‥‥‥‥‥‥‥‥‥‥ 201

80) 親鸞聖人と「極楽」‥‥‥‥‥‥‥‥‥‥‥‥‥‥‥‥ 202

81)「信ず」の目的語（法然・親鸞・蓮如）‥‥‥‥‥‥‥ 204

G 諸種の話題

82)『論註』の「応知」と二種法身説 ‥‥‥‥‥‥‥‥‥‥ 208

83)「法性のみやこへかへる」‥‥‥‥‥‥‥‥‥‥‥‥‥ 210

84) 凡夫の「はからひ」と仏の「御はからひ」‥‥‥‥‥‥ 214

85）「唯」の訓み：「やや」のルーツ ……………………… 219

86）七高僧―聖徳太子の順 ………………………………… 222

87）本尊に「方便法身之尊形」の裏書き ……………… 224

88）高僧の入寂年齢 ………………………………………… 229

89）宗教の定義 ……………………………………………… 231

90）仏の三不能 ……………………………………………… 234

91）無碍光とニュートリノ ……………………………… 237

H 図や表

92）用語頻度に見る法然と親鸞の特徴 ……………… 239

93）善鸞義絶問題に関する論文・著書等 ……………… 248

94）九品往生の便覧 ……………………………………… 260

95）十界（三界・六道）一覧 …………………………… 264

96）日本仏教１３宗一覧 ………………………………… 266

97）アンケートⅠ：「死んだらどうなる」 …………… 270

98）アンケートⅡ：「念仏することについて」 ……… 274

99）試論：浄土とは？ …………………………………… 282

100）法語：「おまえも死ぬぞ」 ……………………… 284

§ あ と が き ……………………………………………… 287

A　経典関係

1)「如是我聞」の訓み

　「お経みたいに訳のわからんこと言うな」などといわれるほど、漢文ばかりの経典は、読誦する者にも、聞く者にも、意味は直通しがたいもの。だから、昔から僧侶は漢文経典の訓みには苦労し、工夫したようだ。『真蹟』で『教行信証』などを見ても、親鸞聖人は、人がちゃんと訓めるよう、ていねいに訓点をつけておられるご親切に感心している。

　そこで、愚生は常用している三部経（抄）の下に対照的に訓読を付けた『真宗法要聖典　訓読付』の経本を編纂したが、まず経冒頭の「如是我聞」をどう訓んだらよいのかから迷った。手元の諸経本等を調べたところ、次のようになっている。

　　ア　高田『聖典』「かくのごとく、われ聞けり。」

　　イ　柏原『聖典』「是の如く、我聞く。」

　　ウ　柏原『三経講』「是の如き、我聞きたまへき。」

　　エ　　〃（改訂）　「　〃　　　　　　たまえき。」

　　オ　東『聖典』「かくのごとく、我聞きたまえき。」

　　カ　西『聖典』「かくのごとく、われ聞きたてまつりき。」

　　キ　『真聖全　一』「是ノ如ク我聞キ下ヘキ」

　　ク　『定本』八　　　「かくのごとくわれききたまへき」（観経）
　　　　この底本は兵庫県川西市火打　勝福寺所蔵至徳二年書写本（本巻）康応元年書写本

　　ケ　『定本』九「如ク是ノ我レ聞ヘキ。」（法事讃　巻下の中の阿弥陀経）この底本は高田派専修寺に蔵される親鸞聖人加点の古版本によっている。

興味の趣くままに諸本を見たが、ケの底本が聖人の真蹟であるとすると、「われききたまへき」が原初のようである。エ、オは「たまへき」を現代仮名の「たまえき」としたもの。(ここで「たまえき」に違和感が起きた。ひょっとして「たまいき」の誤記ではないかと、一時疑ったが、古語文法を調べると、これは尊敬の「たまひき」とは異なる謙譲の「たまへき」であることを知り、危なかったと冷や汗をかき、「かくのごとく我聞きたまえき」と印刷した。)

　聖人が「このように私はお聞かせいただきました」という意趣の訓みをされているのに、ア、イでよいのだろうかと思う次第。

　「如是」は信成就、「我聞」は聞成就だと言われている。やはり「たまへ(え)き」と、わが機を省み、法を尊ぶ姿勢がよいのではなかろうか…阿難の立場になって。「仏説」の「経」は頂戴すべきものと再確認した。

2)「恵以真実之利」と便利

　『無量寿経』の発起序（出世本懐）で次の経文を読む度に思うことがある。

　「如来、無蓋の大悲をもって三界を矜哀したまふ。世に出興するゆゑは、道教を光闡して、群萌を拯ひ恵むに真実の利をもつてせんと欲してなり（欲拯群萌。恵以真実之利。）」(現代語訳：如来はこの上ない慈悲の心で迷いの世界をお哀れみになる。世にお出ましになるわけは、仏の教えを説き述べて人々を救い、まことの利益を恵みたいとお考えになるからである。)〈『三経現代』〉

　如来さまが我々迷いの衆生（群萌）をお拯いくださる「まことの利益」（真実之利＝真利）に対して、我々は「便利」にうつつをぬかしているのではないか。「便利」とは「仮の利益」なのだ、ということを、親鸞聖人の次のお言葉から学んだ。

　「二種の往生とは、一つには即往生。二つには便往生なり。便往生とはすなはちこれ胎生辺地、双樹林下の往生なり。即往生とはすなはちこれ報土化生なり。」（化身土巻）〈西『聖典』393；東『聖典』339〉

　このご文は、観無量寿経に「上品上生といふは、もし衆生ありて、かの国に生ぜんと願ずるものは、三種の心を発して即便往生す」とある「即便」（どちらの字も「すなわち」の意味）の二字を分けて解釈されたもの。即往生は真実の報土に化生＊するが便往生は方便化土（仮の浄土）に胎生＊するのであるといわれている。（＊化生、胎生についてはＡ－16を参照。）

　即も便も同じ「すなわち」なのに、なぜ便には「仮」の意味があるのかと思い、手元の『角川漢和中辞典』で調べたところ、「便とは人のものごとをする召使の意味。ひいて、つごうがよいの意」と出ている。それで分かる。召使い・小間使いは、いると都合がよく、便利であるが、大事な本命的な仕事は任されない。

　しかも、熟語には「便乗」（ついでに乗る）、「便法」（まにあわせのやりかた）、「便宜主義」（根本的な処置によらない、まにあわせのやりかた）など、「便」にはどこかに「本物でない、仮の」という意味合いがあるようだ。

　そこで、気づいた：「便利」とは「仮の利益」であって、真実の利益（真利）ではないのだと。

11

たしかに、今の時代は衣・食・住から交通・通信等、便利な
ものに満ちていて、毎日その恩恵は受けている。しかし、そこ
で受けている利益は、われわれの存在・人生の根本問題、「生
まれ甲斐」（人間何のために生まれてきたのか？このいのちの
行方はどうなっているのか？）の解決には間に合わないのでは
ないか。その解決をするものこそ「真実之利」なのである。
　お釈迦さまは、その真実の利を与えるために「世に出興され
た」のだと、上の経文から独り味わった次第。

3）「如来の十号」

　無量寿経で、「五十三仏」の後、いわゆる「如来の十号」が
出てくる。例えば、東『聖典』では：

〔上段〕爾時次有佛。名世自在王　如来　應供　等正覺　明
　　　　行足　善逝　世間解　無上士　調御丈夫　天人師
　　　　佛　世尊。

〔下段〕その時に次に仏ましましき。世自在王、如来・応供・
　　　　等正覚・明行足・善逝・世間解・無上士・調御丈
　　　　夫・天人師・仏・世尊と名づけたてまつる。

となっている。ここは「如来の十号」だと言われているので数
えてみると、如来から世尊までで十一号となる。なぜか？諸本
を調べてみると、3種の扱い方がある。

(1)十一号のまま：
　・『大正蔵経』　・『真聖全』　・東『聖典』　・高田『聖
　典』

(2)どれか2つの号を1つにまとめて十号とする：
　・柏原『聖典』：「無上士調御丈夫」を1つとみる

・中村『仏教語』：最後の「仏世尊」を1つとみる。(それを分けて十一号とすることも認める)

(3)最初の如来は数えず、「応供」以下で十号とする：

　・西『聖典』　・多屋『仏教学』

　・『新辞典』…最初の「如来」は総名。「応供」以下はその徳を表す「徳名」である。

どうやら、(3)の説明が分かりやすいと思うが、因みに SAT で大蔵経全体を検索した結果、驚いた。2系統ある。

a)「如来　應供　等正覺　明行足　善逝　世間解　無上士　調御丈夫　天人師　佛　世尊」(句点なし)

　　・・・14経(華厳経、無量寿経、大阿弥陀経、大般泥洹経など)

b)「如来　應供　正遍知　明行足　善逝　世間解　無上士　調御丈夫　天人師　佛　世尊」(句点なし)

　　・・・289経(妙法蓮華経、大般涅槃経、大集経、悲華経など)

いずれも、この「十号」の中に句点はついていない。中をどう数えるかは別として、a) b)ともにそのままで「十号」として伝来されてきたようだ。しかも

c)「十号」で検索すると、845件も上がってきて、その中289件は「十号具足」となっている。

例：「若出家學道。當成正覺。十號具足。時。諸相師卽白王言。」(長阿含経)

結論としては、十号の「分別」に走らず、十号のお徳を「具足」された仏(覚者)に帰依することこそ大切なのだと学ばせていただいた次第。

4)「我行精進・忍終不悔」の感動

『無量寿経』で、法蔵菩薩が師の世自在王仏の威徳を「光顔
巍巍…」（光輝く顔ばせよ）と讃えた偈頌「嘆仏偈」の結びの
言葉にいつも感動を覚える。

ア）偈文：　仮令身止・諸苦毒中・我行精進・忍終不悔
　　　　　　　　　　　けりょうしんし　　しょくどくちゅう　が ぎょうしょうじん　にんじゅうふ け

訓読：たとひ身をもろもろの苦毒のうちに止くとも、わ
　　　　　　　　　　　　　　　　　　　　　　　　　お
　　　が行、精進にして、忍びてつひに悔いじ。
　　　　　しょうじん　　　　　　　　　　　し の　　　　　　く

現代語：たとえどんな苦難にこの身を沈めても、さと
　　　　りを求めて耐え忍び、修行に励んで決して悔いる
　　　　ことはない。

〈Q：「苦毒」「我行」の内容は何だろう？と思い調べると…〉

イ）『如来会』*にはこう出ている。

（*『無量寿経』の別訳＝親鸞聖人がよく参照された経）

偈文：縦※沈無間諸地獄　如是願心終不退

訓読：たとひ無間の諸の地獄に沈むとも かくのごとき
　　　　　　　　　む けん もろもろ　じ ごく
　　　　の願心はつひに退せざらん
　　　　　　　　　　　　　たい

意訳：たとえ無間地獄の色々の苦しみの中にこの身が
　　　　沈んでも（衆生を安らげ利益する）この願いは、
　　　　決して退かない。

ウ）漢訳の元になった『梵文（サンスクリット語）の和訳』
　　では：

梵文和訳：たとえわたしがアヴィーチ（阿鼻地獄・無
　　　　　間地獄）に行き、（そこに）常にとどまることに
　　　　　なろうとも、誓願の力をひるがえすことはないよ
　　　　　うにしよう。

14

【味わい】法蔵菩薩の「わが行」とは、こうして自らはさとりを得ても、苦しんでいる衆生を救おうという誓願達成のための行である。（次項 5）参照）その行を徹底するためにたとえ菩薩の身が、諸の「苦毒」・無間地獄（最悪の地獄）の苦の中に沈み込んでしまっても、後悔はしない…衆生を救うためなら。このようなひどい目に遭うのだったら、あらゆる衆生を救おうなどという誓願をおこすのではなかったなどと後悔するようなことは絶対にない、と誓われているのである。

　だから、今わたしたちが苦しみ悩んでいるときには、その「苦毒」の中に法蔵菩薩は来てくださり、共に苦しみ、もがきながら、「私とともに耐え抜こう」と励ましていてくださっているのだ。

　　　「泣くがよい　生きたえがたい日は　泣くがよい」
　　　「涙には　涙にやどる　ほとけあり
　　　　　そのみほとけを　法蔵という」　　　（木村無相）
　いつ読んでも、何度味わっても、自ずと涙し、念仏がでる法蔵菩薩の願心である。

〈参考〉　※経文に出る「たとえ」の漢字：

　仮令（もしも、よしや、かりに）、　｜　設（もし、たとい。−仮定のことば。）
　縦令（もし、よしや、かりに）、　　｜
　縦（たとえ…であっても）

5）「抜諸生死勤苦之本」：「抜本」…根っこからの救い

　「嘆仏偈」を述べ終わった法蔵菩薩が、世自在王仏にこう願われる。

　「この通りです。世尊、わたしはこの上ないさとりを求める心

を起こしました。どうぞ、わたしのためにひろく教えをお説きください。わたしは、それにしたがって修行し、仏がたの国のすぐれたところを選び取り、この上なくうるわしい国土を清らかにととのえたいのです。どうぞわたしに、この世で速やかにさとりを開かせ、<u>人々の迷いと苦しみのもとを除かせてください</u>。」(『三経現代』)

下線部の原文と訓みはこうなる。

　経文：抜諸生死勤苦之本
　　　　ばつしょしょうじごんくしほん
　訓読：諸の生死勤苦の本を抜かしめたまへ
　　　　もろもろ しょう じごんく　もと

何とすごい法蔵菩薩の願いであろうか。まず自らがこの世でさとり（正覚）を得たい。それはひとえに「十方の衆生」(次次項7「欲生我国」参照)を救うため（普遍的救済）であり、しかも、その「迷いと苦しみの本を抜き・除きたい」といわれる。まさに「抜本的救済」(<u>本質的救済</u>)・・・言い換えれば、衆生・人間を「根っこから救いたい」という本願の確かさが窺われる。注目すべき経文ではないか。(「根っこからの救い」といえば、B27)光寿無量の意味 でも名号の抜本的救済が味わわれる。)

6)「仏…仏…仏…仏…」:「仏」みな同じか？
…「仏」の読みわけ

　5)の経段のあと、法蔵菩薩が世自在王仏の教えを受けて、本願を建立され、いよいよその本願（四十八願）を説き出されるまでに、概略下記のような一段がある。ところが「仏」という字がいくつも出る。みな同じ仏のことではないようだ。原文では紛らわしくて瞬時に判別しにくいのが気になる。諸派・諸種の訓読や、現代語訳では、その種別がわかるように工夫され

ている。今、その趣旨を記号で表した原文を提示してみる。訓
読では「西『聖典』」が最も分かり易いようだ。

　　記号：○釈迦牟尼仏　☆世自在王仏　●正覚・阿弥陀仏
　　　　　◇諸仏

　　経文：<u>仏</u>○告阿難。法蔵比丘。説此頌已。而白<u>仏</u>☆言。唯然世尊。
　　　　我発無上。正覚之心。願<u>仏</u>☆為我。広宣経法。我当修行。
　　　　摂取<u>仏</u>●国。清浄荘厳。無量妙土。令我於世。速成正覚。
　　　　抜諸生死。勤苦之本。

　　　　　<u>仏</u>○語阿難。時世饒王<u>仏</u>☆。告法蔵比丘。如所修行。
　　　　荘厳<u>仏</u>●土。汝自当知。比丘白<u>仏</u>☆。斯義弘深。非我境界。
　　　　（中略）

　　　　　阿難白<u>仏</u>○。彼<u>仏</u>☆国土。寿量幾何。<u>仏</u>○言其<u>仏</u>☆寿命
　　　　四十二劫。時法蔵比丘。摂取二百一十億。諸<u>仏</u>◇妙土。
　　　　清浄之行。如是修已。詣彼<u>仏</u>☆所。稽首礼足。繞<u>仏</u>☆三匝。
　　　　合掌而住。白<u>仏</u>☆言世尊。我已摂取。荘厳<u>仏</u>●土。清浄
　　　　之行。<u>仏</u>☆告比丘。汝今可説。宜知是時。

　　　　（この後に出る四十八願の「設我得<u>仏</u>●」などにも留意すべきである。
　　　　仏のさとりを得た覚者（仏陀）はみな「仏」である。（3「仏の十号」
　　　　…さとりの徳号を参照）

7）「欲生我国」の三願

　　四十八願の中で、第十八、十九、二十願の3願は、親鸞聖人の
　　「三願転入」とも関連して重要な願である。念のため願文と訓
　　読と現代語を掲げる。

　　《第十八願》
　　経文：設我得仏。十方衆生。至心信楽。欲生我国。乃至十

念。若不生者。不取正覚。唯除五逆。誹謗正法。

訓読：たとひわれ仏を得たらんに、十方の衆生、至心信楽し
てわが国に生ぜんと欲ひて、乃至十念せん。もし生ぜ
ずは、正覚を取らじ。ただ*五逆と誹謗正法とをば除く。

（*ただし〈『定本』〉）

現代語：わたしが仏になるとき、すべての人々が心から信じて、
わたしの国に生れたいと願い、わずか十回でも念仏して、
もし生まれることができないようなら、わたしは決し
てさとりを開きません。ただし、五逆の罪を犯したり、
仏の教えを謗るものだけは除かれます。

《第十九願》

経文：設我得仏。十方衆生。発菩提心。修諸功徳。至心発願。
欲生我国。臨寿終時。仮令不與。大衆囲繞。現其
人前者。不取正覚。

訓読：たとひわれ仏を得たらんに、十方の衆生、菩提心を発し、
もろもろの功徳を修して、至心発願してわが国に生ぜ
んと欲せん。寿終る時に臨んで、たとひ大衆と囲繞し
てその人の前に現ぜずは、正覚を取らじ。

現代語：わたしが仏になるとき、すべての人々がさとりを求
める心を起こして、さまざまな功徳を積み、心からわ
たしの国に生れたいと願うなら、命を終えようとする
とき、わたしが多くの聖者たちとともにその人の前に
現われましょう。そうでなければ、わたしは決してさ
とりを開きません。

《第二十願》

経文：設我得仏。十方衆生。聞我名号。係念我国。植諸徳本。

至心廻向。欲生 我国。不果遂者。不取 正 覚。

訓読：たとひわれ仏を得たらんに、十方の衆生、わが名号を
　　　聞きて、念をわが国に係け、もろもろの徳本を植えて、
　　　至心回向してわが国に生ぜんと欲せん。果遂せずは、
　　　正 覚を取らじ。

現代語：わたしが仏になるとき、すべての人々がわたしの名
　　　を聞いて、この国に思いをめぐらし、さまざまな功徳
　　　を積んで、心からその功徳をもってわたしの国に生ま
　　　れたいと願うなら、その願いをきっと果たしとげさせ
　　　ましょう。そうでなければ、わたしは決してさとりを
　　　開きません。

この三願はどれも「十方衆生」と呼びかけられ、「欲生我国」
との願いを起こすのが特徴。この二句は、四十八願中この三
願にしかない。「十方衆生」とは救済の普遍性を、「欲生我国」
とは救済の究極を示していると言われている。しかし、現代
語訳では、「すべての人々（十方の衆生）が」と主語になっ
ている。だから「わたしの国に生まれたいと願う（欲生我国）」
のも衆生である。

　そこで疑問が出る。現代人（衆生）に欲生心、浄土に生ま
れたい、さとりを得たいという願いがあるだろうか。なかっ
たら「十方衆生」みな救われることはないのではないか？
ところが、親鸞聖人は

　「次に欲生といふは　すなはちこれ　如来　諸有の群生を
　招喚したまう勅命なり」（信巻：三心一心問答）

　（次に欲生というのは、如来が迷いの衆生を招き喚びかけ
　られる仰せである）（『本典現代』）

19

と言われる。主語が違うのである。我々衆生が欲生するのでなく、「浄土に生まれてこい」「生まれたいと願えよ」と、如来が我々に、大悲の心で必死に喚ばれているお心だと聖人はいただかれている。

　この如来の切なるお喚び声を、三願の「十方衆生」「欲生我国」に聞かせてもらわねばならない。「そこに十方衆生がいる、迷える衆生がいるということは、もう仏をして仏であるということに安んじさせない・・・衆生の運命とわが運命とを一つにせんとする（法蔵）菩薩として出現されることになったのであります」（金子大榮『四十八願講義』99頁）とのこと。4）、5）の大悲心に通じる深い感銘を頂き、独り念仏が出てくださる。

8）現実生活に根づく願

　四十八願の中で、仏法を究める・仏法に救われていく願（上記の三願など）が大切なことは言うを俟たないが、現実生活における苦しみ悩みを除こうという菩薩の誓願がいくつもある。

　それらの要点を現代語訳でみていこう。

　「わたしが仏になるとき、わが国で『・・・』ならばわたしはさとりを開きません」という誓願である。

第三　悉皆金色の願：『天人や人々がすべて金色に輝く身となる
　　　ことがないようなら…』

　　　《皮膚の色による人種・身分差別〈四姓制度＝（英語で）
　　　カースト＝（インド語では）ヴァルナ「色」が原義〉を無
　　　くしようとの願い。釈尊の仏教教団では四姓はなく平等で
　　　あった。法臈（比丘になった以後の年数）で順位が決まっ

ただけ。》

第四　無有好醜の願：『人々の姿かたちがまちまちで美醜がある
　　　ようならば…』

《美を好み、醜を嫌うのは人間の性、現実問題である。》

第十五　眷属長寿の願：『人々の寿命に限りがあるようなら
　　　ば・・・。ただ寿命の長短を自由にしたいものは別として
　　　…』

《長命の願いは万人共通；尊厳死等の問題もあるが−。》

第二十四　供養如意の願：『菩薩が諸仏を供養するのに望みの品
　　　が得られないようなら…』

《仏様へのお供え・お師匠への御礼で苦労することもある。》

第二十六　得金剛身の願：『菩薩が金剛力士のように強靱な身体
　　　を得られないようなら…』

《身体が虚弱で悩む人もいる。人みな頑健でありたい。》

第二十九　得弁才智の願：『菩薩が教えを受け、口にとなえて心
　　　にたもち、弁舌をふるって人々に説き聞かせる智慧を得ら
　　　れないなら…』

《これは仏教を学び布教する者にとって最高の願い。》

第三十五　女人往生の願：『すべての仏がたの世界の女性が、わ
　　　たしの名を聞いて喜び信じ、さとりを求める心を起し、女
　　　性であることをきらったとして、命を終えて後にふたたび
　　　女性の身となるようなら…』

《これは仏教が女性を差別しているのではない。インドで
も東洋でも女性が抑圧された歴史があったことは否めない。
その被抑圧者を救おうというのが仏教の平等精神である。
釈尊の教団では、現に比丘尼（女性の出家者）が存在して

いた。この願はその一端である。第四十一願を参照されたい。〝セクハラ〟など無くなってほしい。》

第三十八　衣服随念（えぶくずいねん）の願：『人々が衣服を欲しいと思えば、すぐに、仏のお心にかなった尊い衣服が得られ、裁縫や染め直し、洗濯などが不要です。もしそうでないようなら…』

　　《インドで見た、河畔や湖畔で布を叩いて洗濯している光景が思い浮かぶ。》

第四十一　聞名（もんみょう）具根（ぐこん）の願：『他の国の菩薩たちがわたしの名を聞いて、仏になるまでの間、その身に不自由なところがあるようなら…』

　　《身体障害者に対する、仏教の慈悲・平等精神が窺える。身体に障害のある人が抑圧された時代があった。仏教はその悲惨を救おうとするものであり、その一端がこの願に表れている。》

第四十六　随意聞法（ずいいもんぽう）の願：『わたしの国の菩薩は、その願いのままに聞きたいと思う教えをおのずから聞くことができるでしょう。そうでなければ…』

　　《なかなか仏法のよい話を聞けないという声を聞く。また聞法する人が少ないという現実もある。世は末法？》

※法蔵菩薩はこうして衆生の現実・世間のことをよくお解りの「世間解（せけんげ）」だった。だからその本願が成就された名号は十方に聞こえるわけである。

9）「究竟靡所聞」の訓み

　『無量寿経』の「三誓偈」中「究竟靡所聞」の訓み方について、若い時から疑義があった。教職を停年退官してから佛教大学の

大学院に学ぶ機縁ができたので、親しくなった先生方に尋ねたりして、今ある線まで辿りついたが、最終結論には達していない問題である。

　これまでの経緯を述べ、諸賢のご高見を賜りたいと思う。

⑦　真宗で常用の『無量寿経』で、三誓偈（重誓偈）の第三誓が

　　①「我至成仏道　名声超十方　究竟靡所聞　誓不成正覚」

　　②（我、仏道を成るに至りて、名声十方に超えん。

　　　　究竟して聞ゆるところなくは、誓う、正覚を成らじ。）

　　　　　—東『聖典』、高田『聖典』、柏原『聖典』、『真聖全』、

　　　　　『真蹟』1「教行信証—行巻」での訓点も同じ。

　　となっているが、疑義が湧いた。

　Q1　下線部が（A）「聞えざるところあらば」なら論理的であるが、（B）「聞ゆるところなくは」というのでは論理的でないと思われる。

　　理由：(A)の文の裏には「聞えざるところなし」（＝どこででも聞える）の意趣が窺われるが

　　　　　(B)の裏は「聞ゆるところがある」であって、「どこででも聞える」という強意表現にはならない。むしろ「聞ゆるところがある」といえば「聞えないところもある」との含意さえある。

　　梵本から漢訳した際に、何か不備があったのではないか。

　　因みに次の参照文③、④は（A）「聞えざるところあらば」の意になっている。

　③梵文和訳（『岩波梵三訳』）：

　　「もしもわたくしが覚りの境地におもむいた後に、わた

くしの名がすみやかに十方の、多くの無限の諸仏国土に
ひろく達しないならば、わたくしは、〈十〉力ある、世
の主（＝仏）とはならないでしょう」

④英訳　（*The Three Pure Land Sutras* by Hisao Inagaki）

　　When I attain Buddhahood,

　　My name shall be heard throughout the ten directions;

　　Should there be any place where it is not heard,

　　May I not attain perfect Enlightenment.

★要するに「究竟靡所聞（聞こゆる所なくは）」は不適当
な漢訳・訓読だといえる。

　　そこで調べたのが、異本の問題である。

イ　　『大正新脩大蔵経』（高麗版所収）では

⑤「我至成仏道　名声超十方　究竟靡不聞　誓不成等覚」
となっていて、「不」のところに注記がある：

　　　　　「＝所；（宋）（元）、流布本亦然」

　　　　　「等」の注記：「等流布本作正」

とある。高麗版だけが「究竟靡不聞」だ。しかしまた疑
問が湧く。

Ｑ２　大正新脩大蔵経＝高麗版の文⑤をどう訓むのか。

⑥（我仏道を成るに至りて　名声十方に超えん　究竟して
聞えざる（は）なし。　誓う、正覚を成らじ。）とでも
訓むのであろうか。すると「…究竟靡不聞」までは論理
的につながるが、最後の「誓不成正覚」が文脈から浮い
てしまう。「…でないならば…正覚を成らじ」となって
こそ初めて反語的に「誓い」の文意が通る。それには前
段に否定語がなければならない。「聞えざる（は）なし。」

では二重否定で肯定となり、文脈はそこで完結してしまい、後の「誓う、正覚を成らじ」は不要となるのではないか。

Ｑ3　なぜ高麗版で「所」を「不」に変えたのか。

やはり上記Ｑ1で述べたような疑点があったからではなかろうか。

Ｑ4　この問題の箇所はそもそも梵本そのものではどうなっているのか。

囗 以上のような疑問点を仏教大学の安達俊英先生にお尋ねしたところ、概略次のような回答を得た。

❶Ｑ4：梵本では「③梵文和訳（『浄土三部経上』岩波文庫）」の訳の通り。

❷少なくとも梵本では「聞えざるところあらば」に近い意味といえる。

❸『無量寿経』と成立年代的にも内容的にも最も近い『大宝積経』如来会では、「我證菩提坐道場　名聞不遍十方界　無量無辺異仏刹　不取十力世中尊」となっており、現存の梵本に非常に近い訳文となっている。

❹『無量寿経』の「究竟靡所聞」は誤訳の可能性もある。意味を十分理解せずに梵本の単語をそのまま漢文に置き換えてしまったかもしれない。

❺それが誤訳でない可能性もある。そもそも「究竟靡所聞」の「所」は場所を意味するのではなく、基本的には受け身の意味と考えられる。（もし「所」が場所を意味するなら、「聞所」の語順となる。）受身とすると、①の文は　「名声十方に超え、究竟せん。聞かれずんば誓って正覚を成ぜじ」

25

と読み下すことができ、意味は「名声が十方に達し、行き渡りますように。もし（名声が）聞かれない（ようなことがある）ならば悟りを得ません」となろう。

❻いずれにしても、浄土宗や真宗での伝統的書き下しは、文意を十分に表すものではないように思える。決して間違いという言う訳でもないが。

❼Ｑ２の高麗版は「究竟して聞こえざることなからん。（しからずんば）誓って正覚を成ぜじ」と（　）内を補わないと読めない無理がある。

以上、何度もQ-Aを繰り返したが、どうやら❺のあたりに落ち着くだろううか。

エ　決着

ところが流石、西『聖典』では、「聞ゆるところなくは」に「聞こえないところがあるならという意」という大局的な脚註がついていた。問題点は内々意識されている証左であろう。（回り道したがいろいろな知見を得る縁であった。）

10）心打つ法蔵菩薩の修行

大誓願〈四十八願・三誓偈（重誓偈）〉を説示し終わった後に述べられる法蔵菩薩の修行には、法蔵魂が漲（みなぎ）っている。

(1)　選択五劫思惟した本願を成就するため、法蔵菩薩が永劫の修行をされる。

①於不可思議 兆 載永劫　積植菩薩無 量 徳 行（お ふ か し ぎ ちょうさいようごう　しゃくじきほ さ むりょうとくぎょう）

（はかり知ることのできない長い年月をかけて、限りない修行に励み菩薩の功徳を積んだのである。）

☆本願建立のための思惟が五劫なら、その本願満足のた

めの修行は<u>兆載永劫</u>。救われるべき衆生ある限り修行
中ではないか？ 今も私のために！ その声を聞こう、
その願いを知ろう！

②菩薩修行の《意業》

・不生 欲覚瞋覚害覚　不起欲想瞋想害想

　　（貪りの心や怒りの心や害を与えようとする心を起こ
　　さず、また、そういう想いを持ってさえいなかった。）

☆「もうおねがい　ゆるして　ゆるしてください　おね
　がいします」２０１８年、義父に虐待死させられた結
　愛ちゃんのメモ。彼は法蔵菩薩の悲願など聞いたこと
　も無かったのだろうか？ 人ごとではない。生涯、貪・
　瞋・痴の煩悩に満ちた凡夫の私にかけられている悲願
　だ。念仏しながら読誦してみよう。

・不著色声香味触法

　　（眼・耳・鼻・舌・身・意の六感に執着しない）

☆六感・六根に快楽を求めるのが私の本性、迷いの元だ
　との教え。世俗は六根の満足を生きがいとしているの
　では？ 噫々！

・忍力成就 不計衆苦

　　（堪え忍ぶ力を備え、あらゆる労苦を厭わない）

☆「ならぬ堪忍するが堪忍」と聞き、六度の行に「忍
　辱」があるというのに、少々の苦労でも厭い、投げ出
　したい私！「省力」「合理化」が美徳であるかのよう
　な世相・・・そこに恐慌・災害が起きる「劫濁」の娑
　婆にいることを忘れて！

・少欲知足

27

（欲は少なく足るを知る）

☆「少欲知足」はSATで検索すると1354回も出る仏語。
（特に『四分律』『十分律』）。因みに京都・竜安寺の
蹲踞の「吾唯知足（われ・ただ・たるを・しる）」は
SATに出てこない。〈その蹲踞は徳川光圀の寄進だと
いう。〉世には「大欲不足」の人が跋扈している。（ゴ
ーン元日産会長だけだろうか？）

• 和顔愛語

（和やかな顔をし、優しい言葉をかける）

☆高麗版『無量寿経』では「和顔軟語」となっている。「愛
語」（SATで1271回）の好例：ある寺の小僧、庫裡の
大掃除の際、師匠愛蔵の絵皿ごと縁側から落ち、割っ
てしまう。「坊、怪我はなかったか！」の師匠の愛語
に感動し、回心したという。「愛語よく回天の力あり」
（道元）

• 先意承問

（相手の心を汲み取って相手の求めに応じる）

☆思い出すのは、千利休の孫、宗旦の落ち椿の逸話。
宗旦と親しい安居院正安寺の住職が、庭で美しく咲い
た妙蓮寺椿の一枝を小僧に命じ宗旦のもとに届けさせ
た。ところが途中でたった一輪の花がポトリと落ちて
しまう。茫然自失の小僧、意を決して宗旦に一部始終
を話す。黙って聞いていた宗旦、やおら椿の枝と落ち
た一輪を持って今日庵に入り、壁床に利休作の竹花入
を掛けて枝を入れ、落ちた花をその下に置き、小僧を
招き入れて「これでよし」。薄茶を振る舞い、労をね

　ぎらったという。

　まさに「先意承問」の好例ではなかろうか。

「水は手でつかめません、水は汲むものです。

人の心はつかめません、心は汲むものです。」

　　　　　　　　　　　　　　　　　　—東井義雄

③菩薩修行の《身業》
- 恭敬三宝（く ぎょうさんぽう）（仏・法・僧の三宝を敬い、身に福を得る）
- 奉事師長（ぶ じ しちょう）（師匠や先輩につかえ、心に智慧を得る）
- 令諸衆生 功徳成就（りょうしょしゅじょう　く どくじょうじゅ）（修行の功徳をすべての衆生に与え成就させる）

☆Ｅ７３でも触れるが、御文章（５－５）「（信心獲得章」でこの「令諸衆生功徳成就」は「弥陀如来の凡夫に回向しましますこころなり」と引用され、親鸞聖人は信巻で「もろもろの衆生をして功徳を成就せしむ」と左訓されている、重要な一句である。本願名号をいただけば、法蔵菩薩のご修行の功徳がすべて与えられるとは！「円満徳号」（ゆ えん）の所以である。

④菩薩の《さとり》
- 住空無相無願之法（じゅうくう む そう む がんし ほう）・・・観法如化（かんぼうによ け）（一切の存在は空であり、一切が空であるから差別の相は無く、願求すべき何ものも無いという道理をさとり、・・・すべては幻のようだと見とおしていた。）

☆法蔵菩薩の発願と修行、阿弥陀仏としての浄土建立と十方摂化は、親鸞聖人によれば「大乗の至極」と言われる。では、大乗仏教の根底にある「空」思想（縁起・無自性・空）との関連はあるのか？上記の経文はある

と答える。法蔵菩薩の志願の根底に空思想があるというのだ。『無量寿経』の中には所々に「空」思想が顕れている。浄土の有的荘厳は無相的真如法性の顕現である。だから真実報土へは「化生」（C35参照）するのだといただいている。

⑤菩薩修行の《口業》

- 遠離麤言 自害害彼 彼此倶害（善くない言葉は自分も人をも害するのを避ける）
- 修習 善語 自利利人 人我兼利（自分も人をも利する善い言葉を使われた）

☆八正道の第二に「正語」があるように、正しい言葉・善語を用いる大事な口業を法蔵菩薩は修行された。先の「愛語」もその一つ。『阿弥陀経』にも「説 誠 実言」とある。究極は「まことの言葉－南無阿弥陀仏」であろう。（140頁「まことの言葉」参照）

なぜ究極が念仏か？ 次の法句で味わいたい。

・ほぉやけどなんまんだぶつさまやのう（K.K 氏）

・・・平成31年への了慶寺『百八法句』入選作

「ほぉやけど」は方言で、「そうではあるが」の意。認知症の妻を持つ老の身、愚痴言いたいこと一杯あるが・・・究極、お念仏「さま」が「まこと」ですと大安心。愚痴・苦悩の有情を捨てない弥陀大悲の喚び声が「南無阿弥陀仏」。これほどの「まこと」（真実）はない。

11)「自然虚無の身・無極の体」—さとりの顕れ

　法蔵菩薩が建立された安楽浄土には、目や耳や舌を楽しませるすばらしい荘厳［有相的］があると描かれているが、その中に仏法の真理・さとり［無相的］の顕われが説かれ、光彩を放っていることに注目したい。

　たとえば、

　　①宝　　樹：七つの宝でできた樹林に清風が吹き、宮商*など五つの音声がみごとに調和して聞こえる。(*宮・商はドとレに相当する<u>不協和音</u>であるが、浄土では調和するのである。)

　　②道場樹：高さ・広さ・根周りともに巨大な菩提樹に宝の網がかかって光り、微風が吹いて妙音を出すと、人々は無生法忍*など三つのさとりを得る。(*真理にかない形相を超えて<u>不生不滅の真実をありのままにさとること</u>)

　　③宝　　池：七つの宝でできた水浴池に八つの功徳をもった水が湛えられ、意のまま水は増減し、身も心もさわやかになる。そしてさざ波の中に「寂静（さとりの法）の声」「<u>空・無我の声</u>*」などが聞こえる。(*すべての事物は、因縁によって仮に和合して存在しているのであり〈空〉、実体的な我はない〈無我〉という道理を説く声)

　　④往生者：安楽国に往生した者はみな清らかな体と勝れた声と自由自在にはたらく智慧をそなえ、顔かたちも端正きわまりない。<u>みな色もなく、形もなく、きわもない涅槃</u>をさとった<u>法身</u>(ほっしん)<u>の体を得ている</u>からである。(「皆受自然。虚無之身。無極之体」＝自然・虚無・無極は涅槃の異名。浄土における身体は、涅槃のさとりにかない、一切の限定を超えた絶

31

対の自由をもつものであるという意。〈西『聖典』37〉／参考：「こむししんといふはきはもなきほふしんのたいなり」（左訓）／「解脱は名づけて虚無といふ（中略）如来はすなはちこれ虚無なり」（『涅槃経』…真仏土巻）

〈G83「法性のみやこへかへる」を参照〉

12)「飯食沙門」と仏壇の荘厳

大経下巻の「中輩」段に

「飯食沙門（ぼんじきしやもん）。懸繒然灯（けんぞうねんとう）。散華（さんげ）焼香（しょうこう）。」（沙門（しゃもん）に飯食（ぼんじき）せしめ繒（ぞう）を懸（か）け灯（とう）を然（とも）し、華（け）を散（さん）じて香（こう）を焼（た）く）〈現代語：修行者に食べものを供養し、絹の天蓋をかけ、灯明を献じ、散華や焼香をする。〉とある。

ここを読むとお仏壇の荘厳のルーツが書いてあると安心する。「飯食」はお仏飯、「繒（ぞう）」は打敷に通じ、「灯・散華」は灯明（ロウソクや輪灯）・仏花、「焼香」は2千数百年の時を経て今も実行されている。ただ、最近は灯明や花など、そして仏飯まで人工の代用品になっているのを見かけるが、自戒・他戒すべきこと。懈怠してはならない。

13)「其仏本願力」と『語燈録』

東方偈（とうほうげ）（往觀偈（おうごんげ））の中に：

「其仏本願力（ごぶつほんがんりき） 聞名欲往生（もんみょうよくおうじょう） 皆悉到彼国（かいしつとうひこく） 自致不退転（じちふたいてん）」（その仏の本願力、名（みな）を聞きて往生せんと欲（おも）へば、みなことごとくかの国に到（いた）りて、おのづから不退転（ふたいてん）に致（いた）る）は「破地獄（はじごく）の文（もん）*」、それで葬式のとき火屋勤行（ひやごんぎょう）の回向文に誦（あ）げるのだと聞いている。要は「本願力に遇い、名を聞く」ことである。

（＊ある破戒僧が死に、閻魔王の前で「この経文だけは聞いている」と唱えたら、地獄行きを免れたという。…法然上人の『黒谷上人語燈録』巻十一に出ている。）

14）「五眼」―法眼・見真について

大経下巻、初めの方で浄土に生まれた菩薩に「五眼の徳」が具わるとある。

経文：「肉眼清徹。靡不分了。天眼通達。無量無限。法眼観察。究竟諸道。慧眼見真。能度彼岸。仏眼具足。覚了法性。」〈東『聖典』54〉

現代語訳：「その（菩薩の）眼は五眼の徳＊をそなえており、清く澄みとおって、明らかでないものは何もなく、すべての世界を自由に見とおし、さまざまな道を見きわめ、平等の真理に到達し、すべてのものの本性をさとり尽くしている。」〈『三経現代』89〉

脚注　＊五眼の徳　仏の眼にそなわる五つのすぐれた徳。①現実の色彩を見る（肉眼）、②三世十方を見とおす（天眼）、③現象の差別を見わける（法眼）、④真理の平等を見ぬく（慧眼）、⑤前の四眼の徳をそなえる（仏眼）。〈『三経現代』89〉

Ｑ１　「法眼」について：

上記の脚注は『新辞典』、柏原『三経講』とも整合しており、よくわかるが、念のため中村『仏教語』を見ると記述がかなり違う。特に「(3)慧眼。二乗の人の眼で、真空無相。すなわち一切の現象は空であって定まった特質（相）がないと見抜く眼。(4)法眼。菩薩が一切の衆生を救うため

に一切の法門を照見する眼」が異なる。順序も入れ替わっている。

そこで『仏教大辞彙』を開くと、6段に亘り、詳細な記述がある。今問題の慧眼は「観達の智慧、空理を照見す」、法眼は「差別の諸法を密 に了知す」と、その順に述べられてある。これは何種もの経論（『摩訶般若波羅蜜経』、『無量寿経』、『大智度論』、『瑜伽師地論』等）を元にした説であり、「其他経論の説一概し難し」と述べられている。

低脳にはこの辺が限界。上記の『大経』－「脚注」で満足すべきだ。唯、一つ「法眼」の「法」は、いわゆる「教法」の法ではないと直感した。

（A17「無縁・法縁の慈悲」の項を参照されたい。）

Q2「見真」について

小僧のころから「見真大師」は明治天皇から親鸞聖人への諡号であり、京都の本山にはその扁額が掛けられていることを見聞きしていた。その諡号の出拠が、上記の経文「五眼」の中の「慧眼見真」である。『顕浄土真実教行証文類』と「真実」を重んじられた親鸞聖人にとっては、実に相応しい諡号だと感銘し、上記経文を読誦するときはいつも懐かしんできた。

しかし、その「大師号」は、非僧非俗・愚禿の一生を謙虚に過ごされた聖人には相応しくないとかの理由で、今は東西両本願寺の宗制・宗憲から削除され、使用されていないとのことである。

宗務・政治のことに疎い者とて、その決定の是非を云々する力はないが、唯聖人が一筋に「見真」のお方であった

という一点だけは、身にしみている。愚生はいわゆる左でも右でもない。真実の中道・仏道を歩む「慧眼」に惹かれているだけ。「真実明に帰命せよ」と聞こえてくる。

15)「易往而無人」と「共諍不急之事」

　『大経』下巻の「三毒・五悪段」は、中国で撰述されたものだといわれていて、やや軽視される向きもあるが、果たして学ぶところがないであろうか。親鸞聖人は三毒段からの文(1)を信巻や文類聚鈔に引用されている。

(1)　必得超絶去。往生安養国。横截五悪趣。悪趣自然閉。
昇道無窮極。易往而無人。其国不逆違。自然之所牽。

　〈現代語：必ずこの世を超え離れて無量寿仏の国に往生し、ただちに輪廻を断ち切って、迷いの世界にもどることなく、この上ないさとりを開くことができる。無量寿仏の国は往生しやすいにもかかわらず、往く人がまれである。しかしその国は、間違いなく仏の願いのままにすべての人々を受け入れてくださる。〉〈『三経現代』〉

　　聖人が引用された(1)の文は、経典ではさらに(2)のように続く。

(2)　何不棄世事。勤行求道徳。可獲極長生。寿楽無有極。
然世人薄俗。共諍不急之事。於此劇悪。極苦之中。
勤身営務。以自給済。無尊無卑。無貧無富。少長男女。
共憂銭財。有無同然。憂思適等。屏営愁苦。累念積慮。為心走使。無有安時。有田憂田。有宅憂宅。

　〈現代語：人々はなぜ世俗のことをふり捨てて、つとめてさとりの功徳を求めようとしないのか。求めたなら、限りない命を得て、いつまでもきわまりない楽しみがえ

られるだろう。

　ところが世間の人々はまことに浅はかであって、みな急がなくてもよいことを争いあっており、この激しい悪と苦の中であくせくと働き、それによってやっと生計を立てているに過ぎない。身分の高いものも低いものも、貧しいものも富めるものも、老若男女を問わず、みな金銭のことで悩んでいる。それがあろうがなかろうが、憂え悩むことには変わりがなく、あれこれと嘆き苦しみ、後先のことをいろいろと心配し、いつも欲のために追い回されて、少しも安らかなときがないのである。田があれば田に悩み、家があれば家に悩む。（後略）〉

《気にかかることば》

　☆なぜ「（浄土へは）往き易くして人なし（易往而無人）」なのか。「阿弥陀仏の本願力によるから浄土に往生することは容易であるが、自力の心を捨てて真実信心を得る人は少ないから、浄土に往生する人は稀であるという意」だと、西『聖典』の脚註にある。その通りだろうが某書に「あなたがまだ来てない！という意味だ」と書いてありドキリとした。一般論・他人事ではなく私自身の問題なのであった。この経句を読むたびに緊張する。

　☆「不急の事」にあくせくするのは愚かなこと。では何が急務なのか？「かりもの」という詩に教えられた。

　　　「なに一つ持たずに　娑婆に出てきて　なに一つ持たずに死んでいく　おれの物だと　りきんでいるが　みんな借りもの　なにもない」（をさ　はるみ）

借り物は置いていくだけ。その先は？ これが急務だった。

16)「化生・胎生」について

　五悪段のあと、お釈迦さまが慈氏菩薩に安楽国土のすべてを見せられ、特に化生（けしょう）の者と胎生（たいしょう）の者との違いを観察させられる。

化生者　場所：百千由旬（広い）七宝の宮殿　真実報土

　　　　状況：自在に十方諸仏を供養している

　　　　生因：仏智不思議（五智）を信じた

　　　　　　　　　　　十八願の機

　　　　　　　＊＊＊智慧があった

胎生者　場所：百〜五百由旬（狭い）宮殿　報土中の化土

　　　　状況：・楽は受けているが閉じこめられ、不自由

　　　　　　　・五百年間、三宝（仏・法・僧）を見られない

　　　　　　　・自力－疑惑心を悔いれば、報土に化生できる

　　　　生因：仏智不思議を疑い、罪福信・自力で諸行・念仏

　　　　　　　　　　十九願の機、二十願の機

　　　　　　　＊＊＊智慧がなかった

◇気になること：

①「報土の信者はおほからず　化土の行者はかずおほし」と和讃にあるのに、上記経文での広さは逆でないか。化生者の報土は「百千由旬」と広いが胎生者の化土は「百〜五百由旬」と狭い。報土の中に化土があるのだから、本来報土の方が広いのに来生信者は少ないから、その少なさが余計目立つのであろう。（A15（1）「易往而無人」を参照）

②胎生者の特質は：自利のみで利他精神（諸仏供養）がない・・・実報土で「弥陀同体のさとり」（G83参照）を得ていないから。故に、還相回向に出ることもできない。

③胎生者が自身の疑惑の罪を悔いれば、報土に化生できるというところに、如来の大悲が感じられる。

17)「無縁の慈悲」と「法縁」

☆Q ある浄土真宗系の有名月刊雑誌で「三縁の慈悲」についての解説があり、その中で

(1)「中悲は、法縁の慈悲ともいい、仏教の教えによって救おうとする慈悲です。」と記されていた。

「法縁」の「法」を「教法」と解しているようだが、それでよいのか？。そこで、『西聖典』で調べてみる。

『観無量寿経』真身観の後半を開く。

(2)「仏心とは大慈悲これなり。*無縁の慈をもつてもろもろの衆生を摂したまふ。」（仏心者大慈悲是。以無縁慈。摂諸衆生。）

(3)脚注：《*無縁の慈　平等にして無差別な仏の大慈悲。→三縁[2]》（巻末註を見よの意）

(4)巻末註（『西聖典』1475頁）

さんえん［三縁］[2]　三種の慈悲のこと。①衆生縁。衆生の実体があるとみて衆生に対して生ずる世俗的な慈悲で小悲ともいう。　②法縁。衆生の実体はないが、個体を構成する五蘊の法体は実有であるとする小乗の聖者のおこす慈悲で中悲ともいう。　③無縁。差別の見解を離れた平等絶対の慈悲で初地以上の菩薩や仏のおこす大慈

悲をいう。

　☆以上の解説からすると、「法縁の慈悲」の「法」とは「教
　　法」的な意味ではなく、「法体」（ものがら）的意味で
　　あるようだ。因みに諸辞典類を参照する。

【法縁】について

（A）『中村元　仏教語大辞典』

　【法縁の慈悲】一切の諸事象は因縁の和合によって生じた
　　ものであるから、もとより自性なしと知って起こす慈悲
　　をいう。無学の二乗と、十地以前の菩薩の慈悲。

（B）『総合仏教大辞典』（法蔵館）

　⑵法縁の慈悲。　諸法は無我であるとの真理を悟って起こ
　　す慈悲。これは無学（阿羅漢）の二乗および初地以上の
　　菩薩の慈悲で、中悲という。

（C）Wikepedia

　　法縁（ほうえん）とは、すでに煩悩を断じた聖人が、人々
　　が法は空なりという理を知らずに、ただ苦を逃れ楽を得
　　ようとあがくのをみて、抜苦与楽せんと思う心をいう。

☆では、【法】についての定義はどうか？

（D）『総合仏教大辞典』（法蔵館）

　ほう　法　（梵）ダルマ dharma の訳（達磨、達摩、駄摩、
　　曇摩、曇無、曇と音写する。任持（能持）自性・軌生
　　物解の二義をもつとされる。即ちそれ自体の自性（独
　　自の本性）を保持して改変せず、よく軌範となって人
　　に一定の事物を理解させる根拠となるものをいう。従
　　って法は任持自性の意味からいえば、自性をもって存
　　在している一切の「存在」をさし、軌生物解の意味か

らいえば、認識の標準となる<u>規範、法（のり）、</u>方則、
道理、教説、真理、善行をさすことになる。

①色法、心法、一切諸法、万法などという法は、すべて
<u>存在を意味する。</u>

②仏の教えを<u>仏法、教法、</u>正法軌如といい、外道の教え
を邪法と称するなど、法の語はすべての行為の規範、教
説を意味する。つまり真理といわれるものは不変にして
普遍なる真実の道理であるから、法と呼ばれるのにふさ
わしいが、この真理を説いているのが仏の教説だからで
ある。

（E）フリー百科事典『ウィキペディア (Wikipedia)』

上記にも述べたように、「法」の概念は仏教では多岐に
わたる。ロシアの仏教学者<u>シチェルバツコイ</u>（英：
Fyodor Shcherbatskoy）は、「法」の語をほぼ二義にま
とめている。

1. 「真理」の意味を中心とする一群。仏教の「教義」「教
   法」「法則」などの意味がある。

2. 「存在」の意味を中心とする一群。「存在するもの」
   という意味であり、存在の「性質」「徳性」、さらには
   「具体的な存在」を構成している実体的要素なども含
   めて考えられる。

従って、<u>「法縁の慈悲」の「法」は、上記の2「存在」の意
味である。</u>その解釈を（A）に当てはめれば、「一切の諸事象
は因縁の和合によって生じたものであるから、もとより<u>自性な
し</u>と知って」とは「あらゆる存在は（五蘊仮和合のように）因
縁の仮和合によって生じたものであるから、自性、つまり「我」

がないの意。換言すれば「諸法無我」〈（B）参照〉である。

結論：「法縁の慈悲」とは「諸法無我（あらゆる存在に自性〈我〉
　　　はない）とさとった声聞・縁覚や菩薩が（まだそのさと
　　　りに至らない者に対して）おこす慈悲」のことである。

付記：（A14）「五眼」参照：「法眼観察」（『大経』下巻）でも、
　　　その「法」は「存在・現象」の意味。「教法」ではない。

18）「不遑念仏」の訓み

　『観無量寿経』の下下品に、五逆十悪を犯した悪人の命終の
様子がこう書かれている。

　「かくのごときの愚人、命終らんとする時に臨みて、善知識
の、種々に安慰して、ために妙法を説き、<u>教へて念仏せしむる</u>
に遇はん。この人、苦に<ruby>逼<rt>せ</rt></ruby>められて<u>念仏するに<ruby>遑<rt>いとま</rt></ruby>あらず</u>。善友、
告げていはく、〈なんじもし<u>念ずるあたはずは</u>、まさに無量寿
仏と称すべし〉と。」（西、東、高田、柏原の各『聖典』－同趣）

　「念仏」というと、我々真宗系の者は、「称名念仏」と思い
やすいが、上記の文では、下線の「念仏」は「仏を念ずる」の
意味でないと、最後の〈念ずるあたはずは〉と整合しない。

　だから、上記下線部は<u>「教えて仏を念ぜしむる」「仏を念ず</u>
<u>るに遑あらず」</u>と訓読する方がよいと思う。（さもなければ、
注記をつけるべきであろう。）伝統的訓みでは誤解を生じやすい。

19）観経の要点：二つの「<ruby>汝<rt>なんじ</rt></ruby>」

　『観無量寿経』の要点として、二つの「汝」に注目している。

　①経文：<u>汝是凡夫</u>。<ruby>心<rt>しん</rt></ruby><ruby>想<rt>そう</rt></ruby><ruby>羸<rt>るい</rt></ruby><ruby>劣<rt>れつ</rt></ruby>。<ruby>未<rt>み</rt></ruby><ruby>得<rt>とく</rt></ruby><ruby>天<rt>てん</rt></ruby><ruby>眼<rt>げん</rt></ruby>。<ruby>不<rt>ふ</rt></ruby><ruby>能<rt>のう</rt></ruby><ruby>遠<rt>おん</rt></ruby><ruby>観<rt>かん</rt></ruby>。

　　訓読：<u><ruby>汝<rt>なんぢ</rt></ruby></u>はこれ凡夫なり。<ruby>心<rt>しん</rt></ruby><ruby>想<rt>そう</rt></ruby><ruby>羸<rt>るい</rt></ruby><ruby>劣<rt>れつ</rt></ruby>にして、いまだ<ruby>天<rt>てん</rt></ruby><ruby>眼<rt>げん</rt></ruby>

を得ざれば、遠く観ることあたはず。〉

現代語訳：そなたは愚かな人間で、力が劣っており、まだ
天眼通（未来を予知する不思議な力）を得ていな
いから、はるか遠くを見とおすことができない。

これは、悪いわが子のために苦しみ悩む韋提希夫人（王妃）に
対するお釈迦さまの言葉。「王妃といっても先の見通しもでき
ない人間凡夫だと自覚しなさい」という厳しいが慈愛にみちた
お諭し。「凡夫の自覚」がこの経の基盤である。
　そして阿弥陀仏を観たてまつり、阿弥陀仏に救われる十六の
観法が説かれた上で、最後に要の結論が述べられる。

　②経文：汝好持是語。持是語者。即是持無量寿仏名。

　訓読：汝よくこの語を持て。この語を持てといふは、す
なはちこれ無量寿仏の名を持てとなり。

現代語訳：そなたはこのこと＊をしっかりと心にとどめる
がよい。このことを心にとどめよというのは、す
なはち無量寿仏の名を心にとどめ（口に称えよ）※
ということである。

（＊このこと＝もし念仏する者がいるなら、その人
は白蓮華と讃えられる尊い人だと知るがよい…
前段の経文。）

※口に称えよは善導大師の解釈。「観経にいろい
ろ説かれてきたが、仏の本願の意を窺うと、衆
生にただひたすら阿弥陀仏の名を称えさせたい
ということだ」（散善義－取意）と述べられてい
る。

　☆『観無量寿経』とは、「私は凡夫だ」と自覚できた人

が「称名念仏」に救われるお経である。

20)「舎利弗」への呼びかけは３５回

　「『阿弥陀経』は〈無問自説の経〉といって、お弟子が何も問いを出さないのに、釈尊自ら説き出さずにはおれないでご説法を始められたお経である。阿弥陀経では釈尊が<u>３６回</u>、舎利弗よと呼びかけておられるのに、舎利弗は１回も返事をしていません」というような<u>誤った解説</u>がよくなされている。

　しかし実際に数えてみると、阿弥陀経に出る<u>「舎利弗」という名前は３８回</u>。その中３回は三人称的な叙述であって、呼びかけではない。

　①「衆所知識。長老舎利弗」

　②「爾時仏告長老舎利弗」

　③「仏説此経已。舎利弗。及諸比丘」

　それ以外の<u>３５回は釈迦牟尼仏からの呼びかけ</u>「舎利弗（よ）」である。

　②には「告」の字があるから「長老舎利弗」が呼びかけだと誤解されやすいが、『真宗聖教全書　一』によると

　爾ノ時仏告^{ゲ下ハク}二長老舎利弗二一、（ソノ時仏長老舎利弗ニ告ゲタマハク）

となっていて、「長老舎利弗」は仏が「告」げられている対象・目的語であって、呼びかけ語ではない。呼びかけなら「長老」がつくのはおかしい。これを呼びかけ語と数えるから、全体で<u>３６回</u>という誤算になるわけ。正確には「舎利弗は３５回呼ばれている」と認識して欲しい。間違いの孫引きが蔓延している現状に苦言を呈する次第である。

21)「其人民」の何が「無量無辺阿僧祇劫」なのか？

　『阿弥陀経』の「名義段」(「阿弥陀」という名の意味)で、光明が無量だから阿弥陀と号するのであると述べられたあと：

　「又舎利弗。彼仏寿命。及其人民。無量無辺。阿僧祇劫。故名阿弥陀。」(また舎利弗、かの仏の寿命およびその人民〔の寿命〕も、無量無辺阿僧祇劫*なり。ゆゑに阿弥陀と名づく。)

（西『聖典』）

〈*きわまりなく、数えることができない長い時間〉

と、寿命が無量であるから彼の仏を阿弥陀と名づけるのだと出ている。ところが漢文で「彼仏寿命」の後「及其人民。無量無辺〜」とだけあって「及其人民寿命」となっていないのが、物足りなく思われる。(ある解説本では「其の人民の数が無量だ」と書いてあって不審！)。

　だが、西『聖典』では、「その人民〔の寿命〕も」と補ってあって、安心できる。

　しかしその補いの根拠はあるのか？　調べてみるとある。

☆「まことに、シャーリプトラよ、かの如来と、かの人々の寿命の量は無量である。」…（『岩波梵三訳)』)

☆「又舎利子。極楽世界浄仏土中。仏有何縁名無量寿。舎利子。由彼如来及諸有情寿命無量無数大劫。由是縁故。彼土如来名無量寿。」(かの如来および諸の有情の寿命は無量無数大劫なるにより)

　…（『称讃浄土仏摂受経』…玄奘三蔵による『阿弥陀経』の別訳)

　もうこれで、「気がかり」なく、安心して読経できる。

44

22)「少善根」に対する「大善根」とは？

　『阿弥陀経』の「倶会一処」段の次に

☆「舎利弗。不可以 少 善根。福徳因縁。得 生 彼国。」
<small>しゃりほつ　　ふ か い しょうぜんごん　　ふくとくいんねん　　とくしょう ひ こく</small>

　（舎利弗、少善根福徳*の因縁をもってかの国に生ずること
を得べからず。）とあり、少善根福徳*の註に〈*自力を励ま
して行うわずかな善根功徳。大善大功徳である念仏以外のす
べての行〉と出ている。念仏が「大善大功徳」であるという
論拠があるのだろうか？　それがあるのだ。

☆親鸞聖人の『教行信証』（化身土巻）〈『本典現代』〉に：

　〝元照律師の『阿弥陀経義疏』にいっている。「釈尊は、念
仏の功徳がすぐれていることを明らかにしようとされ、まず
念仏以外の善を劣ったものとしてわずかな功徳しかないとい
われる。（中略）もし『阿弥陀経』の教えにしたがって念仏
するなら、間違いなく往生するであろう。だから念仏は多く
の功徳があると知ることができる。

　かつて、わたしはこのような解釈をしたが、世間の人はな
お疑って信じなかった。しかし最近、襄陽の石碑に刻まれた
<small>じょうよう</small>
『阿弥陀経』の文を見たところ、わたしの解釈と見事に一致
しており、そこではじめて深く信じるようになったのである。
その文には次のように説かれている。〈善良なものよ、阿弥
陀仏について説かれるのを聞いて、心を乱すことなくただひ
とすじに名号を称えるがよい。名号を称えることにより、あ
らゆる罪が除かれる。すなわち念仏は多くの功徳をそなえた
行である〉」、

《原文》善男子善女人。聞説阿弥陀仏。一心不乱専称名号。

　　　　以称名故諸罪消滅。即是多功徳・多善根・多福徳因
　　　　縁。

　　　　（下線部の２５文字が常用の羅什訳の『阿弥陀経』
　　　　より多い）

☆法然上人の『選択本願念仏集』にもよく似た２１字多い石経
　文が引用されている。

　　　　一心不乱。専持名号以称名故諸罪消滅。即是多善根福徳
　　　　因縁。

　　　　（元照より後代、王日休の『龍舒浄土文』からの引用）

★ただ、藤田宏達著『浄土三部経の研究』（岩波書店：2007）
　p.145によると、「襄陽石経の年代についても、元照は梁代、
　王日休は隋代の書としているが、どちらも疑問である。すで
　に明の袾宏が右書［『阿弥陀経疏鈔』］において、異文の
　二十一字は前人が註釈した文をそのまま誤って本文の中に混
　入したものであると述べている。房山雲居寺石経を見ても、
　一番古い唐刻の『阿弥陀経』にはこの二十一字（もしくは
　二十五字）は見当たらないから、この異文は唐代以降、おそ
　らくは唐末宋初のころの加筆と見てよいであろう。（後略）」
　と、石経の異文には懐疑的である。

※要は、自分自らが念仏によって救われていく・人生最大の問題
　＝生まれ甲斐＝いのちの行方の解決ができることが、「大善根」
　「大功徳」であろう。古人・先達も同じ思いではなかっただろ
　うか。

23)「西方世界」の「無量寿仏」について

　単細胞的な疑問であるが、『阿弥陀経』の六方段に入るところで「舎利弗、われいま阿弥陀仏の不可思議の功徳を讃歎するがごとく、東方にまた、阿閦鞞仏・…」と述べ、西方段では「舎利弗、西方の世界に、無量寿仏・…浄光仏、かくのごときらの恒河沙数の諸仏ましましておのおのその国にして・・・誠実の言を説きたまはく、〈なんぢら衆生、まさにこの不可思議の功徳を称讃したまふ一切諸仏に護念せらるる経を信ずべし〉」と説かれている。そこで疑問は、阿弥陀仏の「不可思議の功徳」を、西方の無量寿仏（＝阿弥陀仏）が自ら称讃されるのか？何か矛盾しているのでは？という単純な疑問である。

　☆そこは藤田宏達著『浄土三部経の研究』（153頁）にこう書かれている。

　〝奇異なことは、六方段の西方仏の第一にサンスクリット本ではアミターユス（Amitāyus）、羅什訳では「無量寿」をあげていることであって、これによると阿弥陀仏が西方にあってみずからを讃歎するという奇妙な形になっている。これは明らかに矛盾である。古来、浄土教釈家はこの点について苦心して会通（えつう）を試みているが、もとより無理であって、これは本来この部分（六方段）が、〈仏名経〉類の原初形態からの転用したものであると見れば、解決がつくであろう。すなわち、〈阿弥陀経〉の編纂者は、阿弥陀仏思想を高揚するために、〈仏名経〉類の原初形態の経説を転用して結合したのである（後略）〟

このように経典の編纂という観点から説明されると、なるほ

どと分かるのだが、またいろんな疑問が湧いてくる。

☆ＳＡＴで『仏説仏名経』を覗いてみると「三千仏」とも云われる実に多くの仏名が記されている。みな「南無」をつけて仏名を称えて、過去の滅罪、現世の招福、来世の証果を願うもののようだ。その多数の諸仏の一に、「南無（西方）阿弥陀仏」もあるが、並列的であって、特別に崇められてはいない。

しかし、『無量寿経』では「諸仏が無量寿仏の名を称揚」（第十七願）し、「無量寿仏の威神光明は、最尊第一なり。諸仏の光明、及ぶことあたはざるところなり」とあり、『大智度論』では「（阿弥陀）如来は無上法王なり」とある。ピラミッドの頂上のように思える。

これはその（因位法蔵菩薩の）本願成就の名号の威神力（絶大なる救済力）によるものであるが、そこに至るまでには五十三の過去諸仏のはたらきがあったことに留意すべきではないか。端的にいえば、十方のあらゆる衆生を拯くわんという仏の大智大悲が、五十三仏を通して順次熟成されていき、遂に世自在王仏－法蔵菩薩・阿弥陀仏として完成されたのだ。諸仏の願いが阿弥陀仏の本願として成就し、その阿弥陀仏の本願成就を諸仏は「皆共に讃嘆」されているのではないか・・・（学問的ではないが）このように味わっている次第である。

☆今一つ「西方の無量寿仏」について、平素感じていることがある。

「西方の世界に、無量寿仏・無量相仏・無量幢仏・大光仏・大明仏・宝相仏・浄光仏、かくのごときらの恒河沙の

数の諸仏ましまして…」とある。「恒河（ガンジス河）の
砂の数ほど」というおびただしい数の諸仏とは、おそらく、
西方の無量寿仏・阿弥陀仏の浄土に往生し、「弥陀同体」
のさとりを開かれた人々のことではなかろうか。「弥陀初
会の聖衆は　算数のおよぶことぞなき」（阿弥陀仏の最初
の説法の座に集まった聖者がたは、とても数え尽すことが
できない）と浄土和讃にも詠われている。その無数の諸仏
が「おのおのその国にして、広長の舌相を出して（ものす
ごく大きな声をだして）、あまねく三千大千世界に覆いて
（宇宙中に響きわたるように）、誠実の言（まことの言葉）
を説きたまう」という。そのまことの言葉とは、「汝等衆
生よ、まさにこの（阿弥陀仏の）不可思議の功徳を称讃す
る（讃える）、一切諸仏に護念せらるる経（護られている『阿
弥陀経』）を信ずべし」ということである。

　西方の阿弥陀仏の浄土に往かれた無数の諸仏・ご先祖方
が声を嗄らして、我々に阿弥陀仏のお徳・南無阿弥陀仏を
信じなさいと呼びかけられている一段ではないか、と愚生
は頂いている。それでご法事などのとき、この西方段を訓
読して、「今日ご法事の釈○○様もお浄土から還相回向（こ
の世に向かってご説法）なさっておられることでしょう。
どうぞ〈念仏を信ずべし〉のお言葉をいただいてください」
と、一口法話をするのである。

24)「この諸仏の諸説の名（みな）」：善導大師

　幼少時から『阿弥陀経』の読誦をしてきたが、その経本その
ものに異本があると知ったのは後年になってからである。藤田

宏達『浄土三部経の研究』（142〜144頁）に六方段が終わった
後に異本があると出ている。要約すると：

　　①蔵経本（大正蔵経高麗版／宋版／元版／明版／清版）：
　　　　「聞是経受持者及聞諸仏名者」
　　　　（この経を聞きて受持する者および諸仏の名を聞く者）
　　②流布本：（善導の『法事讃』以後、唐代に流布；日本で
　　　　　　　も常用）
　　　　「聞是諸仏諸説名及経名者」
　　　　（この諸仏の説くところの〔阿弥陀仏〕の名および〔そ
　　　　　の〕経の名を聞く者）

①では、「阿弥陀仏の経と諸仏の名が同格に考えられている」
のに対して、②では、「全体が阿弥陀仏の名と経に統一されて
いる」のである。

　善導の『法事讃』にはこう出ている。

　　第十六段
　　　高接下讃云　下接高讃云
　　　高座入文
　　　舎利弗於汝意云何何故名為一切諸
　　　仏所護念経舎利弗若有善男子善女
　　　人聞是諸仏所説名及経名者是諸善
　　　男子善女人皆為一切諸仏共所護念
　　　皆得不退転於阿耨多羅三藐三菩提

　善導はこの『阿弥陀経』を１０万巻も書写して流布したとい
われる。だから、蔵経版の『阿弥陀経』後半では阿弥陀仏の思
想が薄れているのに対して、阿弥陀仏の名を尊んだ善導の流布
本が広く大衆に喜ばれたに違いない。その流布本が今現に日本

でも広く読誦されているが、「この諸仏の所説の<ruby>名<rt>みな</rt></ruby>および経の名を聞かんもの」と阿弥陀仏の「み名」を尊んで<ruby>訓<rt>よ</rt></ruby>んでいるのは西『聖典』のみ。他の『聖典』では「み名」でなく、「名」だけである。

この個所にさしかかるとき、善導大師の卓見が偲ばれ、六方段で諸仏が称讃しておられるのは阿弥陀仏の「み名」であると再確認でき、ありがたく読誦している次第。蔵経本を主とする仏教学では、この流布本を「異本」というかも知れないが、それこそ（真の）「意本」ではないかといただいている。

※それにしても、経典の読誦は音読のみが当然となっている日本仏教界の現状は問題だと思う。「お経は呪文だ」との印象を与える。どうして訓読しないのか。経文の意味が伝わらなければ、仏法は広まらない。益々仏教離れが進む。筆者は漢和対照の三部経（抄）を編纂し、参詣者に配布して読誦し、それなりの効果を感じている。

25)「皆得不退転於阿耨多羅三藐三菩提」の「於」について

小僧時代から数えきれないくらい『阿弥陀経』を読んできたが、あるときふと疑問を感じた。

①舎利弗。若有人。已発願。今発願。当発願。欲生阿弥陀仏国者。是諸人等。皆得<u>不退転於阿耨多羅三藐三菩提</u>。於彼国土。若已生。若今生。若当生。（鳩摩羅什訳『阿弥陀経』原文）

②舎利弗、もし人ありて、すでに発願し、いま発願し、まさに発願し、阿弥陀仏国に生ぜんと欲はんものは、このもろ

もろの人等、みな阿耨多羅三藐三菩提を退転せざること
を得て、かの国土において、もしはすでに生れ、もしはい
ま生れ、もしはまさに生れん。（西『聖典』）

③舎利弗よ、もし人々が阿弥陀仏の国に生れたいとすでに願
い、または今願い、あるいはこれから願うなら、みなこの
上ないさとりに向かって退くことのない位に至り、その国
にすでに生れているか、または今生れるか、あるいはこれ
から生れるのである。

（『三経現代』）

Q　問題は、下線部の意味である。②の「阿耨多羅三藐三菩
提（無上の正覚・さとり）を退転しない」状態というのは
何か。文脈からよむと

④「完全に正覚・さとりを得た」という意味のように思える
が、ひるがえって考えると、そもそも、「無上のさとり」
は仏道のゴールである。そのゴールインを達成してしまっ
たら、もう「退転」（後戻り）などあり得ないのではないか。
それなのになぜわざわざ「不退転」などと、「退転」を予
想した言い方をするのか。

【「不退転」】

本来「不退転」とは

⑤「退くことのない位。仏道修行の過程で、すでに得た功徳
を決して失うことがないこと。また、その境地」（中村元『仏
教語大辞典』）

である。ゴールに至る以前の段階での地位・境地なのであ
る。

　いみじくも『阿弥陀経』と同じ訳者になる『十住毘婆沙

論』（鳩摩羅什訳）にこうある。

⑥「もし菩薩この身において阿惟越致地（不退転）に至ること
を得て、阿耨多羅三藐三菩提を成就せんと欲せば、まさに
この十方諸仏を念じ、その名号を称すべし。」（『浄土真宗
聖典　七祖版』　本願寺　6頁）

明らかに、不退転に至ることが先で、そのあと阿耨多羅三
藐三菩提（完全なさとり）を得る。つまり、不退転とは、
阿耨菩提に向かっている途中で得る「正覚必定」の安心の
境地なのだ。

　その意味では、③の現代語訳「この上ないさとりに向か
って退くことのない位」が当を得ている。（これは、藤田
宏達先生の訳「…に対して」を基にしたものであろう
が・・・。）

もし、④のように、「阿耨多羅三藐三菩提そのものから退
転しない」ということになれば、②でも③でも、正覚を得
た後に「浄土に生まれる」という文脈になる。「さとり」
が先で、「往生浄土」が後という、妙な順序になってしま
うではないか。当然、往生⇒成仏（得涅槃）の順でなけれ
ばならぬ。

だから、①の意味は、③が真意であると理解すべきである。

【漢訳経典での「於」】

　しかし、「於」の問題は氷解していない。

⑦「阿耨多羅三藐三菩提より退転せざることを得」（岩波文
庫『浄土三部経（下）』

これはサンスクリットからの翻訳であり、はっきり「…よ
り」と訳している。筆者は、梵語が余り得意でないので、

仏教大学の梵語学教授山極伸之先生にお尋ねしたら、こう
　いう回答をしていただいた。
⑧『阿弥陀経』の当該箇所については、思想的・内容的に
　「samyaksambodhi（等正覚）に向かって不退転」としか
　理解できませんので、「等正覚から不退転」という訳がつ
　いているとするならば、そちらが間違い（ないしは誤解さ
　れやすい翻訳）ということになるでしょう。原文のレベル
　でいうと、まず「於格」を「〜に向かって：〜に対して」
　と読むことは可能だと思います。
　　そもそも<u>「於格」は様々な意味で使われる</u>のですが、文
　法的に許容範囲だと思います（『辻文法』282頁3のb「目的」
　など）。また、漢文の「於」についても「〜に向かって」
　という意味がありますので（『漢語大詞典』6巻1573頁）、
　こちらも「向かって」の意味で翻訳していると解釈するこ
　とができます。（下線は筆者）
　どうやら、中国の仏典翻訳家は、サンスクリットの「於格」
はみな一様に「於」と訳したのではないかと思われる。しかし、
於格には単なる「…において」（場所的）のみならず、いろい
ろな意味があることを現に知った。（次項26）参照。

26)　無量寿経中の「於」の訓み

　　『無量寿経』の中の「於」を調査した結果、以下に示す8類
型を分類できた。（訓読は主として西『聖典』）
　　（英訳：The Three Pur Land Sutras, by Hisao Inagaki）
　ア「…（の所）において」
　　＊「吾當<u>於</u>世為無上尊」

（われまさに世において無上尊となるべし）

イ「…（の時）において」」

　＊「我於無量劫（不為大施主）」

　　（われ無量劫において）

ウ「…を」目的語

　＊「（或照一由旬。二三四五由旬。）如是転倍。乃至照於一仏
　　利土。」

　　（かくのごとくうたた倍して、乃至一仏利土を照らす）

　＊「（若聞深法。歓喜信楽。不生疑惑。）乃至一念念於彼仏。」

　　（乃至一念、彼の仏を念じ）

エ「…から」

　＊「必於無量尊。受記成等覚」

　　（かならず無量尊において、記を受けて等覚を成らん）（英
　　　訳では　…から〈from〉）

オ「…と比較して」

　＊「彼所滴水比於大海」

　　（かの滴る所の水を大海に比するに）
　　（しただ）

　　（英訳では compare... with...）

カ「…よりも」

　＊「仏言我哀愍。汝等諸天人民。甚於父母念子。」

　　（…我、汝ら諸天・人民を哀愍すること、父母の子を念う
　　　よりも甚だし）（英訳では greater than...）

キ「…に対して」

　＊「若有諸小王子。得罪於王。輒内彼宮中。」

　　（若し諸の小王子ありて罪を王に得ば、すなはち彼の宮中
　　　にいれて・・・）

（英訳では　…に対して〈against〉）

ク「…のため、…に向かって」

＊「若有衆生。聞此経者。於無上道。終不退転。」

（若し衆生有りて此の経を聞く者は、無上道に於いてつひに退転せじ）

（英訳では　…they will attain the Stage of Non-retrogression for realizing the highest Enlightenment.)

（…彼らは、最高のさとりを実現するための不退の位を得るであろう）

《このクの例は、A25の「於阿耨多羅三藐三菩提」と同じ用法である》

☆〈参考：『教行信証』信巻…「斯心即是出於念仏往生之願」（この心すなはちこれ念仏往生の願より出でたり）と訓点してある。

【結論】

このように経典を読むとき「於」には注意を要する。ただ「…において」と訓むだけでは、原意を読み取れないことがある。『阿弥陀経』の「得不退転於阿耨多羅三藐三菩提」もその一例。もし「阿耨多羅三藐三菩提を退転せざることを得て」と訓み慣わしてしまっている（印刷してしまっている）場合は、せめても「…に向かって」と註をつけるべきであろう。

（筆者編著の『真宗法要聖典』（永田文昌堂）ではその註をつけている。）

B　正信偈等関係

　正信偈や文類正信偈は常用していて、何ら問題もないようだが、心に懸かる言葉がいくつかある。

27）光寿無量の意味・・・根っこからのすくい

「帰命無量寿如来　南無不可思議光」

…無量寿如来に帰命し　不可思議光に南無したてまつる。

（光といのちきわみなき　阿弥陀ほとけを仰がなん）

（和訳正信偈）

この帰敬の二句は梵語「南無阿弥陀仏」（ナモーミターユス・ナモーミターバ・ブッダ）の漢訳として、親鸞聖人が善導大師と曇鸞大師の言葉を依用されたこと。そして、「無量寿」は過去・現在・未来三世にわたる時間的無限性を、「無量光」は十方にひろがる空間的包括性を表し、時空を超えた絶対の救済を示すことばである・・・等、大抵の正信偈の講釈・解説書にはそう書かれている。なるほどと鳥瞰図的な視点にうなづけるものではある。

　しかし、その解釈は如来の方（約法）からの視点であり、我々苦悩の有情の立場（約機）からいうと、今一つ直截的に伝わってくるものが感じられないのは、筆者の頑迷さ故であろうか。

　ところが、あるとき日曜学校の生徒に聞いた。「人間にとって一番大事なものは何かね？」すると「いのちです」「心です」と２つ返事がきて、唸った。いみじくも親鸞聖人が歎異抄で「煩悩具足の凡夫、火宅無常の世界は、よろづのことみなもつてそらごとたはごと、まことあることなきに、ただ念仏のみぞまこ

とにておはします」と、この世の人間の問題を「煩悩」と「無
常」、つまり「心を苦しめ、心を暗くする煩悩」と「生まれた
いのちはたえず移りかわり、必ず死なねばならぬといういのち
の無常」の二点で抑えておられるではないか。小学生と聖人と
の直感がぴたり符合していたので驚いた。

　法蔵菩薩は「生死勤苦の本を抜かしめたまへ」（A5）とこの
人間の根っこの問題を見通し、その解決に光明無量の願、寿命
無量の願を建てられ、その願成就して光寿無量の「阿弥陀仏」
となられたのだ。生死勤苦とはまず生・老・病・死の四苦―い
のち無常の苦。死にたくないものが死んでいかねばならぬ。そ
の抜本的対策は何か？死なない無量のいのちを与える仏になる
ことだ。八苦の後四苦（愛別離苦・怨憎会苦・求不得苦・五蘊
盛苦）は主に心の苦しみ―煩悩にこころが暗くなる。闇は光を
求める。明るく生きたいという願いに阿弥陀仏は「無量の光」
「さわりない光」で照らして闇を破り、光につつまれた喜びの
中に生かしめようと光の仏になっておられる。

　「光・寿」無量のアミタ（amita）仏は、人間存在の根っこ
の問題「煩悩と無常」を抜本的に解決してくださる仏さまなの
である。我が身の問題に直接ふれてくださる仏さまなのである。
煩悩・無常のことはすべて「まかせよ。必ずすくう」とのお喚
び声に、ただ「ハイ・南無阿弥陀仏、帰命無量寿如来　南無不
可思議光」と、お念仏申すばかり・・・「根っこからの救い」
のお念仏である。

28）「劫」の譬喩…『大智度論』
　「五劫思惟之摂受」のところでは「劫」という長大な時間の

説明が必要となる。

　普通は（例　西『聖典』1467頁には）「盤石劫」(ばんじゃくこう)（四十里四方の石を、百年に一度ずつ薄い衣で払って、その石が摩滅しても劫は尽きない）とか、また、「芥子劫」(けしこう)（四十里四方の城に芥子を満たし、百年ごとに一粒ずつ取り出し、すべての芥子がなくなっても劫は尽きない）という譬喩で、その計り知れない長い時間を説明している。

　しかし、念のためその出拠という『大智度論』をみると、「四十里」はいずれも「四千里」となっている。譬喩であり、科学的計測ではないから目くじらをたてるほどではないが、「千」を「十」と誤写したまま、流布してきた可能性は否めない。

　『大智度論』巻5・大智度初品中菩薩功徳釈論第十にこう出ている：

「劫義、仏譬喩説、四千里石山、有長寿人百歳過、持細軟衣一来払拭、令是大石山尽、劫故未尽。四千里大城、満中芥子、不概令平、有長寿人百歳過、一来取一芥子去、芥子尽、劫故不尽。」

29)「譬如日光覆雲霧」の語順

　「譬如日光覆雲霧　雲霧之下明無闇」（譬えば日光の雲霧に覆はるれども雲霧の下明かにして闇なきがごとし）とあるが、柏原祐義『正信偈講義』の【出拠】では『北本涅槃経』二十六の「譬如雲霧覆蔽日月」（譬へば雲霧の日月を覆蔽するがごとし）を挙げてある。

　そこで、ふとその下線部の語順が逆転していることに気づき、親鸞聖人はなぜ受動態の訓みにしてまで語順を変えられたのか。なぜ「日光」を先に出して「雲霧」を後にし、「覆はるれども」

とわざわざ受け身読みにされたのか？と疑問を感じた。

　いろいろ愚考試問してみたが、私的な結論ではこの一節の冒頭「摂取心光常照護」（摂取の心光は常に照護したまふ）に答があるのだと思う。つまりその一句がこの一節の主題であり、「摂取心光」が主語である。だからこの節の結句の主語も「日光」とされたのであろう。

　「已能雖破無明闇」（すでによく無明の闇を破るといへども）と、ひとたび「無明の闇が破れる」、つまり「私は生涯、煩悩の尽きない罪深いもの、ようこそお照らしくださいました。地獄行きより他ないこの身を、かならず救わんとご本願をお建てくださり、〝本願を信じ、南無阿弥陀仏と念仏せよ、かならず救う〟と、常に呼びかけ、煩悩に暗くなろうとする心をいつもお照らしくださいますとは！」と心の底から信知されたら、もう如来の摂取の光明の中に常に包まれている。それが「現生で正定聚」のすがた。この世からかならず仏と成る身と定まり、今から浄土への白道を明るく歩ませていただくのである。

　しかし、もう煩悩がなくなったのではない。「不断煩悩得涅槃」（煩悩を断たずして涅槃を得る）。「凡夫といふは無明煩悩われらが身にみちみちて・・・臨終の一念にいたるまでとどまらず、きえず、たえず」（『一念多念証文』）であるが、如来の大願の力（おはたらき）で、その煩悩あるままで救われていくのが仏智の不思議。煩悩が起こるまま、その身で救われていくとはもったいない、「南無阿弥陀仏」と念仏に転じられていく。これを親鸞聖人は「転悪成善の益」「入正定聚の益」と仰せであり、これが「真実信心天」（信心が決定し、正定聚に入った境地）。もはや「貪愛瞋憎之雲霧」（貪りや憎しみの雲や霧）は、起き

てはくるが無力である。天・日光の輝きを消すことはできない、
雲霧の下－正定聚の境地は明るいのである、とのお示しである。
　この一節の要は「阿弥陀仏の心光が、常に信心の者を照らし
護りたまふゆゑ、貪瞋煩悩は起こっても、信心は決して失せな
いといふ利益をあげて、信心を勧められるのである。」（柏原祐
義『正信偈講義』177頁）
《参照》『尊號真像銘文』（西聖典673頁、東聖典532頁）

30)「天親」と「世親」

　正信偈に２回出てくる「天親菩薩」について、親鸞聖人は『尊
号真像銘文』（広本）（聖人86歳著）で「晨旦（中国）には天親
菩薩と申す。またいまはいはく、世親菩薩と申す。旧訳には天
親、新訳には世親菩薩と申す」と書かれているが、聖人の著述
の中での使用回数は以下の通り：
　天親　４１回　（内『教行信証』での１６回を含む）
　世親　１２回※（内『教行信証』では　０回）※
　　　　　　　　　　※（尊号真像銘文で５回、唯信鈔文意
　　　　　　　　　　　で２回、弥陀如来名号徳で２回など）
　※親鸞聖人にとっては、「天親」が常用であり、「世親」はご
　　く晩年になってから「今は曰く」（今日の流行として）と、
　　数回使われた程度だと思われる。
　参考までに：SAT 大正蔵経では
　　天親菩薩　３７３回
　　世親菩薩　３６２回　である。
【世親という訳語についての疑義】
　「天親」にしろ「世親」にしろ、元のサンスクリット語

Vasubandhu の意味を Oxford の Sanskrit English Dictionary
で調べると疑義が生じた。

　vasu には　excellent, good, beneficent という原義がまず挙
げてあり、そのあと N. of gods (as 'good or bright ones') とあ
って、いろいろな神（「天」に通じる）の名前が出ているが、「世」
（world）に相当する訳語は見当たらない。（熟語の項で
Vasubandhu はちゃんと N. of a celebrated Buddhist scholar
と出ている。）

　bandhu には connection, relation, ---kinship, kinsman, friend
という語義が出ているので、「親」という漢訳は適当だと思わ
れる。

　鳩摩羅什が「天親」、玄奘が「世親」と訳したそうで、新訳
の方が「正」しいとされているようだが、私には、上記のよう
な梵英辞典の説明からして、「天親」という旧訳の方がよいよ
うに思われる。玄奘は何の典拠で「世親」と訳したのだろうか、
不審である。

　・・・以上の疑問を佛教大学梵語学の山極伸之先生にお尋ね
　　したところ以下の趣旨の御回答を得た。

①Vasubandhu の「vasu」の語義：サンスクリット語とし
　ては、確かに「神」とか「財産・富」とかの意味しかも
　っておらず、「世界」「時代」という意味は見あたらない。

②「世」という訳語については、漢字の「世」に上記の「神」
　などの意味があるかどうかという中国古語の問題になるか
　と思うが少なくとも『大漢和辞典』にはそのような意味は
　見あたらない。

③「世親」という訳語はどうやら玄奘によって定着したもの

であると想像される。玄奘は『大唐西域記』の中で、Vasubandhu を「天親」と訳すのは誤りだと主張し、自らの訳語の正当性を述べているが―

④「世親」という誰もが普通に使っている訳語は、必ずしもサンスクリット語を忠実に訳したものではないことは間違いない。それを問題視するという視点は、通説を安易に信用しないという点で大切なことかと思う。

31)「授浄教」の実状（『観経』でなく『浄土論』か）

正信偈の曇鸞（476-542）章にある「三蔵流支授浄教　焚焼仙経帰楽邦」の１行は、道宣（596-667・中国唐代）の書いた『続高僧伝』六（645）にある「釋曇鸞伝三」に基づくものである。（以下にその略訳）

「曇鸞は北魏・雁門の人・・・龍樹等の『四論』・仏性等を研究し、さらに『大集経』の注解を試みたが気疾に罹り、わが命の危機の克服を願って、江南の本草学者陶隠居を訪ね『仙経十巻』を得る。帰路洛陽で訳経三蔵菩提留支（＝流支*）に逢い〝この仙経ほどの長生不死の法は仏法中にあるまい〟というと、三蔵は地に唾をして〝何たることをいう。たとえ少時死せざるも遂には三有を輪廻するのみ。これを観よ。これに依って修行すれば、まさに生死を解脱できる〟、と言って観経（浄土の教）を授けた。曇鸞は尋いで（両手拡げて？）頂受し、持ってきた仙経は並べて火に焚いてしまった。その後自行化他に励み、浄土教を広く流布したのである。」

（*NB：菩提留志は『無量寿如来会』の訳者であり、菩提留支とは別人）

Q１ そこで、「授浄教」の中味が問題になる。道宣は『観経』

を授けたと「曇鸞伝」に書いていることは事実であるが、実際は、『観経』ではなく、『浄土論』であったという有力な説が複数※あり、筆者も同感である。理由として以下の数点が挙げられる。

※「浄教」は『浄土論』という説の例：

・野上俊静『中国浄土三祖伝』39～46頁

・神子上慧龍『往生論註解説』7頁

・早島鏡正・大谷光真『浄土論註』19頁

・稲垣久雄『曇鸞 往生論註 英訳と研究』29頁

・岸一英：『無量寿経論校異』13頁

①曇鸞と流支との邂逅は、流支が『浄土論』を翻訳していた時期（529～531年）であった。曇鸞が江南から仙経を持ち帰った529年と符合する。

②流支は多くの経論を訳したが、『浄土論』翻訳以外に浄土教関連の訳経はしていない。偶々翻訳していた『浄土論』を曇鸞に示した蓋然性が高い。

③『観経』は曇鸞帰浄（530年頃）の約100年前（424～442年）に畺良耶舎によって漢訳成立しており、学僧曇鸞はすでに触れていた可能性がある。

④道宣が『続高僧伝』を書いた（645年）のは、曇鸞没後100年ほども経ってからであり、そのころの唐代は『観無量寿経』を中心とする中国浄土教の最盛期であった。道綽（562～645）が観経を２００回講釈したこと、善導（613～681）が『観経疏』４巻を著述したことなど、その例である。

　〝この「観経浄土教」の時代背景にあって、道宣が

　　１００年前の曇鸞の帰浄契機を「観経の授受」と記載し
　たことは自然なことと言える。それは史実というよりも、
　道宣の生存した隋・唐初の浄土教の反影を示すものであ
　ろう、(野上説・取意)
⑤何と言っても曇鸞帰浄後の偉業は『浄土論註』の撰述で
　ある。『浄土論』を授って天親の熱烈な浄土願生心に感
　動し、仙経を焚焼してまで浄土教に帰依した結果の大作
　であることを思えば、帰浄の主たる動機は『浄土論』以
　外には考えられない。
Q２　正信偈の解説書には「浄教」を『観経』として解説し
　ているもの（柏原祐義『正信偈講義』、蜂屋賢喜代『正信
　偈講話』、他多数）と、『観経』・『浄土論』の二説ありと言
　及するもの（信楽峻麿『教行証文類講義　正信偈』、宮城
　顗『正信念仏偈講義』など）がある。下記の拙著では、『浄
　土論』と推論している。
Q３　宗祖が正信偈で「授観経」ではなく、「授浄教」と記
　述された深慮に今更ながら感服している。
　　因みに「浄教」はSATで380回検索されるが、『浄土宗
　聖典CD-ROM』では０回、『浄土真宗聖典　註釈版』で
　は５回（その中、宗祖関係が３回）である。宗祖は、「浄教」
　とすれば、韋提希に「浄土」を願わしめた『観経』も入り、
　当然『浄土論』も含意される・・・特に「天親菩薩論註解」
　と続けられたように、後者を意図されなかったはずはない。
Q４　以上のまとめとして、「三蔵流支授浄教　焚焼仙経帰
　楽邦」の１行は次のように意訳した。
　　また、曇鸞大師が梁国の陶弘景という仙人から長生不死

の秘訣の書をもらってきて菩提流支三蔵にそれを見せて誇ったところ、流支三蔵は浄土の教えこそ無量の寿(いのち)を得る妙法だと示されたので、曇鸞大師は目覚めて神仙の経を焼き捨て、浄土を願うようになられたのである。

（拙著『いのちの感動 正信偈』永田文昌堂）

32)「一生造悪値弘誓」の訓み

　親鸞聖人は標記の１句を「一生悪ヲ造レドモ、弘誓ニ値（マウア）ヒヌレバ」と訓んでおられる。また「遇（ぐ）」はまうあふといふ。まうあふと申すは、本願力を信ずるなり。」（『一念多念文意』）とも示されている。

　聖人は「値」「遇」の字を、単に「あふ」と読まれずに「まうあふ」と訓まれているのは、どういうお意(こころ)か。調べてみた。

(1)『日本国語辞典』

　　もう－あ・う　まうあふ【参逢・値・遇】

　　（自ハ四）（「まいあう」の変化した語）

　　参上してお目にかかる。尊い方などにお会いする。会わせていただく。

　　参考：

　　　もう－でる　まう・でる【詣】文 まう・づ

　　　（自ダ下二）（「まいづ（参出）」の変化したもの）貴所へ行く、至るの意の謙譲語。①貴所・貴人のもとへ出向く。参上する。　②神仏にお参りする。参詣する。

　　解釈：「まうあふ」も「まうづ）」も、参（まゐ）＋逢（あふ）の音便→まうあふ。参（まゐ）＋出（いづ）の音便→まうづと同じ成り立ちであり、「貴いもの」の意

の「参」との合成語である。

したがって「まうあふ」は、<u>得がたい仏縁に遇いがたくして遇い得た</u>という意味である。

(2)親鸞聖人の撰述された文書中で「値」「遇」をどう訓まれているか？

☆「値」の訓み〈全３２件中〉

　Ａ「まうあふ」　２４件

　　（仏法〈弘誓・浄土の教・経・真宗・真心〉、仏、仏世などに「まうあふ」）

　Ｂ「あふ」　　　３件　　（善知識、弟子などに）

　Ｃ「漢文」　　　５件　　（値遇、難値難見など）

☆「遇」の訓み〈全３４件中〉

　Ａ「まうあふ」　１４件

　　（本願力、弘誓、如来世尊、この光、真宗などに「まうあふ」）

　Ｂ「あふ」　　　１３件

　　　（善知識、病、火、光、師釋などに）

　Ｃ「漢文」　　　７件　　（値遇、遇無空過者など）

　以上、親鸞聖人は「仏・法」（仏世、本願など）そのものについては、値・遇の字を使いながら「まうあふ」と謙譲語で訓まれている。（時には「逢」を「まうあふ」と訓まれている例もある。）

　「噫（ああ）、弘誓の強縁（ごうえん）、多生（たしょう）にも値（まうあ）ひがたく」とは、よほどの「強縁」であったのだという聖人の感慨が生に伝わってくる。「真宗」に値遇していながら、その尊さを知らぬ者は、まさに「忘恩」の徒だと、慚愧すべきであろう。

33)「法性之常楽」と涅槃の四徳

「正信偈」善導章の「与韋提等獲三忍　即証法性之常楽」（韋提と等しく三忍を獲、すなはち法性の常楽を証せしむといへり）の「法性之常楽」とは涅槃の四徳「常・楽・我・浄」を指すことは明らかである。

「涅槃の四種の徳」とは何か〈西『聖典』1487頁〉の巻末註に簡潔な説明がある；

①永遠不変の常徳、②苦悩のない楽徳、

③自在の力の我徳、④煩悩のけがれのない浄徳

Q1　①、②、④は容易に理解できるが、③の「我徳」が「自在の力」とはどういう意味か？「諸法無我」の「我」との関連はどうなのか？という疑問が湧く。

Q2　〈西『聖典』1487頁〉（同頁）の巻末註に「してんどう」（四顛倒）の項があるが、表現が舌足らずで曖昧なことに気付いた。

この問題に関して一論をまとめたので転載する。

＊＊＊＊＊＊＊＊＊＊＊

『浄土真宗聖典　第二版』の巻末註「四顛倒」と「涅槃の四徳」の「常楽我浄」に思う

（平成３０年２月５日）

真宗出雲路派　藤枝宏壽

§ はじめに

ある時、ある法縁の方から、『浄土真宗聖典　註釈版第二版』

の巻末註に出ている「四顚倒の常楽我浄と、涅槃の四徳の常楽
我浄とは同じ内容でしょうか」と問われて、日頃「仏法は無我
にて候」（蓮如）とか「我執は煩悩の親玉」（法話）などと聞い
ていた程度の無学の愚生、虚を衝かれて驚きました。そこで老
耄が読める程度の聖典、聖教、参考書をまさぐり、ご縁ある諸
先生方にご教示をお願いし（特に木辺派の北村文雄先生から懇
切な御指導をいただき）、おぼろげながら私なりに感得できた
ことを以下に書いてみました。

記

1）『浄土真宗聖典（註釈版）第二版』（１４８７頁）の巻
　　末註について

　してんどう（四顚倒）の項の表記には問題があるようです。
　　　下線部のように直されたらいかがでしょうか？

原文：道理に背く四つの見解。すなわち凡夫が無常・苦・無
　　　我・不浄のこの世を常・楽・我・浄と思い誤ること。こ
　　　れを有為の四顚倒という。

　　　　また、声聞・縁覚が常・楽・我・浄の無為涅槃の法を
　　　無常・無楽・無我・不浄であると思い誤ること。これを
　　　無為の四顚倒という。

修正案：道理に背く四つの見解。すなわち有為の凡夫が、こ
　　　の世は本来、無常・苦・無我・不浄であるのに、それを
　　　常・楽・我・浄と思い誤ること。これを有為の四顚倒と
　　　いう。

　　　　また『涅槃経』等に説く常・楽・我・浄の無為涅槃の
　　　法（涅槃の「四徳」）を、声聞・縁覚が無常・無楽・無我・
　　　不浄であると思い誤ること。これを無為の四顚倒という。

（補注№1を参照）」

修正の理由：

① 「有為の四顚倒」の内容を明確にするため「有為の」「この世は」等の言葉を補うとよい。次のような意味が明確になるから。

　仏教を知らない<u>有為（まよい）の凡夫が、この世は本来、無常・苦・無我・不浄であるのに</u>、それを常（この世、自己はこのまま続く）・楽（現在の楽に酔うている）・我（吾に_が我ありと執着している）・浄（わが身心は汚濁されていない・浄である）と思い誤る。それを「有為<u>の</u>四顚倒」つまり「有為の凡夫がおこす四つの道理の顚倒」という。（「有為<u>の</u>四顚倒」の「<u>の</u>」は（主格）「<u>が</u>」の意味である。類例：事件<u>の</u>発生＝事件<u>が</u>発生すること。）

② 「『涅槃経』等」「涅槃の四徳」「補注参照」等を挿入するのは、常楽我浄の意味に時代差があることを明示する必要があるからである。さもないと、有為の四顚倒の常楽我浄と、無為涅槃の四徳の常楽我浄とが、同一視される危険性がある。

　涅槃の四徳という常・楽・我・浄は、『涅槃経』に至って説かれるようになった無為涅槃に入られた如来法身の徳である。その無為涅槃を理解できない声聞・縁覚（小乗）は、その涅槃の「常・楽・我・浄」を『涅槃経』以前の「無常・苦（無楽）・無我・不浄」と同じだと錯誤した。それを「無為の顚倒」という。「無為涅槃の徳<u>を</u>顚倒した」という意味である。（「無為<u>の</u>顚倒」の「<u>の</u>」は、対格「<u>を</u>」の意味。類例：事故<u>の</u>検証＝事故<u>を</u>検証

すること。）

　2）新たに設けてほしい「補注」の一例：

補注（№1）：「常楽我浄」（「我」の意味）の変遷

　インドには仏教以前のウパニシャッド時代から「常・一・主・宰」（常住し、唯一で、万物の主体であり、支配〈宰〉者である意味）の我（アートマン）が、個体・万物を動かす本体としてその内部に存在するという思想（有我説）があった。例えば個人の場合、その心臓の中に拇指・芥子・微塵より微小な「我」が実在し、その個人の業・行動を支配し、輪廻の先を決めるというように思われていた。釈尊はそのような実体的我の存在を無記とされ、或いは否定されて「諸法無我」が仏教の特徴となった。

　この原始仏教の無我説は、大乗仏教においては、般若系統の空思想の根本となり、「人空」（人間の自己の中の実体として自我などはないとする立場）と「法空」（存在するものは、すべて因縁によって生じたのであるから、実体としての自我はないとする立場）が説かれた。縁起・無自性・空の思想である。しかし、空病・悪取空（虚無的な空観）や但空（空のみにとらわれ不空をみない）は偏見であるとし、真空妙有（一切を空であるとして否定したとき、現実のもろもろの事物は肯定されて妙有となること）の思想に展開し、その妙有思想からやがて如来蔵思想（すべての衆生の煩悩の中に覆われ蔵されている、本来清らかな如来法身があるという思想）が生まれ、『涅槃経』に至って仏身常住・悉有仏性の説となっていった。

　『大般涅槃経』（四十巻・北本）では、まず仏陀の涅槃（入滅）の光景から入るが、本論では「仏身常住」（悟りを開いた仏の身体

は法として永遠に存在する）と「悉有仏性」（すべての人間は仏となりうる可能性を有している）を強調している。それまで「涅槃」は聖者の死（無常）を意味していたが、今や煩悩から解脱し、悟りの智慧を得られた仏陀は、法身として永遠に生き続ける「常住」を特性とすることになったのである。そこに涅槃の四徳として新たな「常・楽・我・浄」が説かれるようになった。

　こうして大乗の『涅槃経』で涅槃の四徳として説かれた「常・楽・我・浄」の「我」は、沙羅樹の下で滅していく仏陀の肉身ではなく、大我・真我としての法身である。つまり、これまで仏陀を仏陀たらしめたのは煩悩を「解脱」し、さとりの「智慧」を得ておられた「法身」であられたからであり、その法身のまま今は無常（生死）を超えた常住の存在になられ、自由自在に法を説き衆生を救う「はたらき」になっておられるから「大我」なのである。「我」の「常一主宰」性が今は法身としての特性に転化・昇華しているのであると考えられよう。

　しかし、この大乗の無為涅槃を解しえない声聞・縁覚（小乗仏教）は、涅槃の四徳の「常・楽・我・浄」を顚倒して、大乗以前の仏教無我説「無常・苦・無我・不浄」のことであると執着した（「無為の四顚倒」）。

　したがって、仏教無我説（この世の真理は「無常・苦・無我・不浄」）を仏教以外の凡夫が顚倒した「有為の四顚倒」（常・楽・我・浄）の「我」（吾に我ありと執着すること）と、上記、涅槃の四徳（常・楽・我・浄）の「我」（自在に教化する法身の存在）とは全く違う概念であることは明白である。

　因みに『仏教大辞彙』には「我」の３分類が出ていて参考になる。〈仏教経典に出る「我」は次の３種である。①実我：イ

ンドの外道が主張する我、また凡夫の妄情で在るという実体的
我。仏教はこれに対し無我説をたてる。　②仮我（け が）：普通に自分
を指す呼称。　③真我：涅槃の妙徳としての我。〉

§おわりに

今回の学習で感じたことがいくつかある。

まず、(1)インド古代からの我（アートマン）思想は、バラモ
ン教、仏教、ジャイナ教、ヒンドゥー教、諸哲学派等に大きな
影響を及ぼしてきた隠然たるインド思想の一大底流である。だ
から、初期仏教の無我説がやがて大乗仏教の仏身常住、法身の
大我思想へと展開したその底流の大きなうねりと感じられた。

(2)『大般涅槃経』（４０巻・北本）には、仏弟子達が何代に
もわたって「涅槃」の真意を追究する努力を積み上げていった
成立の変遷過程が見受けられるという（横超慧日『涅槃経』取
意）。すると「仏説」と書いてあっても、それは経典編纂者の
説ではないかという疑問がわく。（「だから大乗非仏説論がある
のだ」との声もするが、他方「『仏説』は釈迦の金言だ、一言
一句も疑ってはならぬ」との叱声も聞こえる。）そこで思うのは、
釈尊の成道から小乗―大乗を経て親鸞聖人まで、仏教思想は単
なる変遷ではなく、一つの大きな意義をもつ必然的「発展・展
開」をしてきたのだ。その展開の方向性とは「十方衆生の救済」、
換言すれば「顚倒を離れられない有為の凡愚を得涅槃させたい」、
極言すれば「成道の究極的民主化」（「一切衆生悉有仏性」の精
神）であったと言えるのではないかと愚考している次第である。

(3)「涅槃寂静」は大乗仏教の最終到達目標である。親鸞聖人
も「如来すなはち涅槃なり　涅槃を仏性となづけたり　凡地（ぼんじ）に
してはさとられず　安養にいたりて証すべし」（浄土和讃）と、

凡夫が「まよいのままに（不断煩悩）すくいあり（得涅槃）」の身とさせてくださる「弥陀の誓願不思議」を喜ばれ、その涅槃の徳を「（即証）法性之常楽」（我浄）と讃えられている。また涅槃の四徳の「我」は「自在」の意味だというが、『讃阿弥陀仏偈和讃』の直前に「自在人^{我礼}」と、自在に衆生を教化される阿弥陀仏の徳が讃えられている。まことに「無始流転の苦をすてて　無上涅槃を期すること　如来二種の回向の　恩徳まことに謝しがたし」（正像末和讃）である。この真宗門徒最大の喜びを胸に、報恩念仏に勤しみたいと思う。有為の四顛倒の有無を自らの身に問いながら－。冗言ご高覧に感謝します。

【参考文献】

1　国訳一切経　涅槃部　一、二　（大東出版社）

2　〈我〉の思想　前田専学博士還暦記念論集（春秋社）
　　・無記と非我　…羽矢辰夫
　　・原始仏教における無我と我（2）…高橋審也
　　・大乗『涅槃経』におけるアートマン説…藤井教公
　　・『涅槃経』とアートマン　…松本史朗

3　岩波講座　東洋思想　第六巻　インド思想
　　・アートマン論　総論　…前田専学
　　・輪廻と業　…井狩彌介

4　自我と無我　インド思想と仏教の根本問題　中村元 編（平楽寺書店）
　　・無我と主体—自我の縁起的理解、原始仏教を中心として—　…平川　彰

5　涅槃経（平楽寺書店）…横超慧日

6　涅槃経を読む（講談社）…田上太秀

7　仏教学セミナー（大谷大学仏教学講座）

・2号・3号　仏教における有形なるものと無形なるも
の　…舟橋一哉

・10号　真空妙有 －仏教学と真宗学との接点 …舟橋
一哉

【参照辞典類】

1　『仏教大辞彙』（冨山房）

2　『望月仏教大辞典』（世界聖典刊行協会）

3　『仏教語大辞典』中村元編　（東京書籍）

4　『仏教学辞典』多屋頼俊・横超慧日・舟橋一哉編（法蔵館）

5　『総合仏教大辞典』（法蔵館）

6　『広説仏教語大辞典』中村元著（東京書籍）

＊＊＊＊＊＊＊＊＊＊＊＊＊＊＊＊

34)「満足本誓歴十劫」の訓み

『浄土文類聚鈔』中の「念仏正信偈」に

原文　思惟摂取経五劫　菩提妙果酬上願

満足本誓歴十劫　寿命延長莫能量

訓読　思惟摂取するに五劫を経たり。菩提の妙果、上願に酬
ひたり。

本誓を満足するに十劫を歴たり。寿命延長にして、
よく量ることなし。

（西・東・柏原『聖典』、『真聖全　一』）

とあるが、下線部の意味は何であろうか。法蔵菩薩が修行し
て本誓を満足する（＝成仏する）までに十劫を経過したという
意味であろうか？

「本誓を満足するに十劫を歴たり」ではなく、「本誓を満足せしより十劫を歴たり」ではないか。これは、直前の行の「思惟摂取するに五劫を経たり」に口調を合わせて訓んだものと思えるが、意味からすると、五劫「かかって」思惟し、その願が満足「してから」（＝法蔵菩薩が正覚を取ってから）十劫を歴たということでなければならぬ（『無量寿経』の「仏言成仏已來。凡歴十劫」に明かである）。「満足するに」という訓みは明らかに不適当と思われるが、親鸞聖人がそう書かれたのであろうか？

　調べたところ『定本親鸞聖人全集 二』では、底本（滋賀県光延寺蔵 延慶２（1309）年書写本）の漢文が「□□本誓」と欠字になっていて、そこの訓みも見えない。また『真宗聖教全書 二』では「【満】欠減囲」と注がついている。いずれも原本に欠損があるので、誰か後代の人が前行「囲惟摂取するに五劫を経たり」に口調を合わせて「本誓を満足するに十劫を歴たり」と、安直に漢字・訓みを補ったのではないか。

　それをそのまま後代でも踏襲して現行となっているのではなかろうか。それでは「聖典」（生きたテキスト）としての権威にかかわる。間違った伝統は正すべきだ。間違いの踏襲・孫引きがあってはならない。それには、まず原本・底本に誤記がないかを吟味しなければならない・・・特に写本を底本とする場合には－。もし底本通りにという原則を貫くならば、問題箇所には必ず注記を付けるべきであろう。

　因みに高田『聖典』では

　「本誓を満足して十劫を歴たり」となっている。

35)「如来本願顕称名」の深意

　Q「正信念仏偈」（正信偈）に出てくる「名号・念仏」は

　①「本願名号正定業　至心信楽願為因」
　　（本願の名号は正定の業なり。至心信楽の願を因とす。）

　②「弥陀仏本願念仏　邪見憍慢悪衆生　信楽受持甚為難
　　難中之難無過斯」（弥陀仏の本願念仏は、邪見 憍 慢の悪
　　衆生、信 楽 受持すること、はなはだもって難し。難の
　　なかの難これに過ぎたるはなし。）

　の２回であり、衆生が信受する対象＝（如来の側）の意味
　あいである。しかし

　『浄土文類聚鈔』の「念仏正信偈」（文類偈）には、衆生が
　称える「称名」が２回出ている。

　③「発信称名光摂護　亦獲現生無量徳」
　　（信を発して称名すれば光 摂 護したまふ、また現 生 無量
　　の徳を獲。）

　④「天親菩薩論註解　如来本願顕称名」
　　（天親菩薩の『論』を註解して、如来の本願、称名 に顕す。）

　特に④は、正信偈では⑤「天親菩薩論註解　報土因果顕誓
　願」（報土の因果 誓願に顕す）と〈仏の側〉であった「誓
　願」を、今文類偈では衆生の側「称名」にひき寄せて顕さ
　れたものと窺える。その意趣は何か？

　　☆本来、⑥「正信念仏偈」と⑦「念仏正信偈」は、　同
　　じ１２０句６０行の類似の偈頌を二篇作成された宗祖
　　の本意は何であろうか？　偈題の頭を「正信念仏…」
　　と「念仏正信…」とに順序を変えて、併記された真意

は何か？　『浄土文類聚鈔』の解説《西聖典476》には、「行信不離を明らかにする」祖意とある。すなわち、「信」と「念仏」（行）とは不即不離であるとの基本的立場から、

行：③、④「称名」；⑦「念仏正信偈」

信：①、②「本願名号、本願念仏」；⑥「正信念仏偈」

と整合的に表現されたのであろう。

◎「行信不離」の意味は『御消息』に分かりやすく述べられている。

⑧「弥陀の本願と申すは、名号をとなへんものをば極楽へ迎へんと誓はせたまひたるを、ふかく信じてとなふるがめでたきことにて候ふなり。信心ありとも、名号をとなへざらんは詮なく候ふ。また一向名号をとなふとも、信心あさくは往生しがたく候ふ。されば、念仏往生とふかく信じて、しかも名号をとなへんずるは、疑なき報土の往生にてあるべく候ふなり」《西聖典785》

◎「行信不離」はまた『信の一念・行の一念』の御消息にも展開されている。

⑨「信の一念・行の一念ふたつなれども、信をはなれたる行もなし、行の一念をはなれたる信の一念もなし。そのゆゑは、行と申すは、本願の名号をひとこゑとなへて往生すと申すことをききて、ひとこゑをもとなへ、もしは十念をもせんは行なり。この御ちかひをききて、疑ふこころのすこしもなきを信の一念と申せば、信と行とふたつときけども、行をひとこゑするとききて疑はねば、行をはなれたる信はなしとききて候ふ。また、信はなれた

る行なしとおぼしめすべし。《西聖典749》

結論：親鸞聖人の信心は称名を離れたものではない。信心慶
　　　ぶ相^{すがた}が称名念仏であった。信心が主体で、称名は付加
　　　と分離されたのではなかった、と窺う次第である。

C 和讃関係

36) 宗祖の「反」の訓みと用法

親鸞聖人の和讃によくでる御左訓は、いろいろな意味で　有難い味わいができる、貴重なご教示である。

例：

「清浄光明ならびなし・・・

　畢　　　　竟　　　依を　　帰　　　　命せよ」
　└オワリ反　└オワル反　　　└ヨル反　└メシニ反
　　ツイニ反　　キワム反　　　　　シタガフ反

Q　気になるのは、聖人が書かれている「反」という字そのものはどう訓むのであろうか。「はん」か？「たん」か？と愚問していたとき、たまたま梯俊夫「『三帖和讃』の左訓に見る《反》について」（『顕真学報』２９所載）という論文を入手できた。1940年のもので、読みにくい文体であるが、概略次のように読み取れた。

　1　「反」は「ト、ヨム」と読む（妙玄寺　義門という人の説）

　2　その「ヨム」には宗祖の場合３つの用法・意味合いがある。

　　①「反」即音（例：宿　シウ反）…漢文の読み方

　　②「反」即訓（例：畢　オワリ反　ツイニ反）

　　　　　　　　　　　　　　　　　…和文での訓み方

　　③「反」即義（例：解脱　サトリ反）…意味

そして、①、②は『倭名鈔』『万葉集』などに例があるが、③の例はなく、宗祖独特のものである。

※ 所が、梯實圓著『聖典セミナー　教行信証　信の巻』129－130頁では

　「作(さ)の字(じ)、則羅(そくら)の反(はん)、則落(そくらく)の反(はん)、蔵落(ぞうらく)の反(はん)」

と訓んである。(この部分は信巻の本文の上の余白に横書きに書かれた書き込み「作字　則羅反　則落反　蔵落反…」であるためか、西、東、高田の『聖典』には抜けている。『定本』には『真蹟』どおり載せてある。)

　ともかくも、梯實圓師は「反(はん)」と訓まれていることに注目した。だからといって、それが親鸞聖人の実際の「よみかた」であったかどうかは定かでない。

　因みに、西『三帖和讃　現代語訳』の巻末には、親鸞聖人の和讃の左訓がすべて一覧できる表があって重宝だ。そこで「反」の頻度をみると：　浄土和讃（特に讃阿弥陀仏偈和讃）について国宝本で６４回、顕智本で５６回、高僧和讃については、国定本で３０回。顕智本には左訓そのものがない。三時讃については、両本とも０回。文明本には左訓はあるが、「反」は１回も使用されてない。

　その調査中、特筆すべき発見があった。観経和讃の「宿因その期をまたずして」の「宿」について「シウ反ムカシトヨム」と左訓してある。図らずも宗祖が「反」の訓みを示されている珍しい例だ。通例なら「シウ反ムカシ反」と書くところを、口で読みながら書かれて「シウ反ムカシトヨム」と無意識に書かれたのではあるまいか。とすれば梯俊夫氏の説１のよい論拠となったことであろう。

37)「モノノミトナル」の意味

　「真実明ニ帰命セヨ」の左訓に「シントイフハイツワリヘツラ
ハヌヲシントイフ　ジチトイフハカナラズモノヽミトナルヲイ
フナリ」とあり、心していただけよと若い頃より聞いていたが、
その後半を「実というのは、如来は必ず物（人間・私）の身に
なってくださる真実の親様である」、有難い仏さまだと早合点
をしていた。

　〈それは、あながち私の早合点というより、「身となる」と
いう解釈が他にもある。例えば“「ものの実となる」とは、「衆
生の身になってはたらく」という感じが強いように思います。”
（大峯顕『永遠と今　浄土和讃を読む　上』56頁）とあり、「み」
は「実」としながら、その意味合いを「身」と解釈してある。〉

　所が、愚生は後になって「モノノミトナル」とは「物（人間・
私）が実となる」こと、つまり人間としての結実、人と生まれ
た「生まれ甲斐」を得られるように如来がおはからいくださる
意味ではないかと思うようになった。理由は２つある。

(1)まず、『唯信鈔文意』に上のご左訓に関連する個所がある。

　【六】「不得外現賢善精進之相」（散善義）といふは、あらは
　　に、かしこきすがた、善人のかたちをあらはすことなかれ、
　　精進なるすがたをしめすことなかれとなり。そのゆゑは
　　「内懐虚仮」なればなり。「内」はうちといふ、こころの
　　うちに煩悩を具せるゆゑに虚なり、仮なり。「虚」はむな
　　しくして実ならぬなり。「仮」はかりにして真ならぬなり。
　　このこころは上にあらはせり。この信心はまことの浄土の
　　たねとなり、みとなるべしと。いつはらず、へつらはず、

　実報土のたねとなる信心なり。」(『唯信鈔文意』西『聖典』

　715頁)（下線は筆者）

「たね」と「み」であるから、この「み」は「実」であり、「結

実」の意味である。「この信心」（他力の信心）(714頁）によっ

て、浄土の実となる、浄土に往生して仏と成る、涅槃のさとり

をひらくべしという如来・真実明の願いであろう。

(2)今ひとつは、高僧和讃－源空讃。

　　「曠劫多生のあひだにも　　出離の強縁しらざりき

　　本師源空いまさずは　このたびむなしくすぎなまし」

もし法然聖人にお遇いして、迷いを離れて涅槃のさとりを得

られるという出離の強縁がいただけなかったら、このたびの

我が人生を空しく過ぎることになったでしょうに、というお

言葉の中に、聖人の「ものの実となる」（生まれ甲斐を得る）

道が成就した深いお慶びを感じたからである。

　現今、「何のために生まれたのか・生きているのか」とい

う人生の意義への問いに答えるのが、宗教の入り口であり、

究極であると言われている。「人間成就」のテーマともいえる。

だが、真の人間成就は、この世から仏に成る身と定まる、す

なわち生まれ甲斐を得ること、「もののみ（実）となる」こ

とであるといただいている次第である。

38)「山家の伝教大師」の鎮護国家

　「山家の伝教大師は国土人民をあはれみて

　　七難消滅の誦文には　南無阿弥陀仏をとなふべし」

　Q1　「比叡山の最澄は、国中の苦しむ人々を哀れんで、さ

　　まざまな災いを除く教えの中で、南無阿弥陀仏を称えるが

よいと<u>いわれている</u>」〈『和讃現代』〉ということだが、最澄はどこでそう言われているのか。

Q２　「<u>念仏成仏是れ真宗</u>」といわれている宗祖が、なぜ伝教大師を和讃に持ち出されたのか？

　　・・・という疑問がかねてあった。調べていく中、二つの教えに遇い、疑問が解けた。

A１　黒田覚忍著『聖典セミナー浄土和讃』に導かれ、存覚上人撰の『持名鈔』（末）で４つの知見を得た。

①『金光明経』は鎮護国家の妙典であり、その経の中「寿量品」を説かれた阿弥陀如来は「息災延命の仏」である。

　　（・・・「現世利益和讃の第一首」参照）

②インドの毘舎離国（びしゃり）で疫病が流行ったとき、月蓋長者（がつがい）が釈尊の教えで阿弥陀仏を念じすくわれた。

　　　　（疫病・・・COVID-19感染騒ぎと同類か？）

③嵯峨天皇（９Ｃ）の時「日てり、雨くだり、病おこり、戦いできて」国土（いくき）が不穏になる。天皇が伝教大師に、この難をとどめる行法がないかを問われる。

　　「七難消滅の法には南無阿弥陀仏にしかず」と大師は答えられた。

④念仏の利益は現世と来世（浄土往生）を兼ねている。「ただひとすじに出離生死のために念仏を行ずれば、<u>はからざるに今生の祈祷ともなるなり。</u>」ちょうど、稲を求めて種を蒔き育てれば、藁は望まなくても<u>おのずから得られる</u>のと同じだ。

　　・・・宗祖が念仏の現世利益を喜ばれたのはこの意味であったのだ。<u>現世利益は願生浄土の"副産物"。</u>

A2　金子大榮著『現世利益和讃講話』に導かれて－：

①伝教大師は桓武天皇の御聖旨を奉戴して、一切衆生を救いたい、殊に日本の国をよい国にしたいと願われ、『金光明経』『仁王経』『法華経』この三部の経典を読んで、護国の法を行ぜられた。

②この三部の経典の一々について、伝教大師が講式・式文を書かれ、読まれている。その第一に陛下の御安泰を念じ、幾度も幾度も桓武天皇をはじめ、平城天皇の御名前を奉じて御安泰を念じておられる。そして、皇太子殿下も皇后陛下も、また諸大臣達も、さらには日本中の国々の名前を書きその国々の庶民に至るまで、皆安泰であるように書いてある。そうして、五穀が豊穣で、天災地変が無いように、しかも、その上に人々は皆真実の道、人の道を修めるように・・・。そして若し様々の罪があるならば自分が代ってこれを受けようとまで・・・伝教大師自ら代表して、国々の人々の罪とがを懺悔して行き、それによって人々が幸福になったならば、さらに愈々仏道を歩むようにということまで述べられてある。しかも講式の間に「阿弥陀仏、阿弥陀仏」という言葉が入っているという。

☆最澄がこのように真摯に国家・国民（「国土人民）の安泰祈願をされ念仏を立てられたことに、宗祖は深い感銘を受けられたのであろう。「世の中安穏なれ、仏法ひろまれ」の祖意に相通じるものがあるのではなかろうか。

39)「歓喜地」は正定聚の位

　　　　「本師龍樹菩薩は　　　大乗無上の法をとき
　　　　　歓喜地（かんぎじ）を証してぞ　ひとへに念仏すすめける」

という『高僧和讃』があり、そこにこういう左訓がついている。

　　　「歓喜地は正定聚の位なり。身によろこぶを歓といふ、こ
　　　ころによろこぶを喜といふ。得べきものを得てんず（得て
　　　しまえるだろう）とおもひてよろこぶを歓喜といふ」（原文はカ
　　　タカナ）

　　歓喜地は正定聚の位だと言われる。ところで歓喜地というの
は「この心をもつて初地(しよじ)に入るを歓喜地と名づく」（行
巻・十住毘婆沙論＜西『聖典』＞147）とあるように初地＝第
41階位である。＜菩薩の修行階位は十信・十住・十行・十回向・十地と50
段階あり、その上の51位が等正覚・等覚。最後の52位が妙覚・正覚＝仏である。
＞　　要❶　歓喜地＝初地＝第41階位

　　他方、正定聚については『親鸞聖人御消息 (11)』を見る。

　　　「信心をえたるひとは、かならず正定聚の位に住するがゆゑ
　　　に等正覚の位と申すなり。『大無量寿経』には、摂取不捨
　　　の利益に定まるものを正定聚となづけ、『無量寿如来会』
　　　には等正覚と説きたまへり。その名こそかはりたれども、
　　　正定聚・等正覚は、ひとつこころ、ひとつ位なり。等正覚
　　　と申す位は、補処の弥勒とおなじ位なり。弥勒とおなじく、
　　　このたび無上覚にいたるべきゆゑに、弥勒とおなじと説き
　　　たまへり。」＜西『聖典』758頁；東『聖典』591頁＞

　　　　要❷　正定聚＝等正覚＝彌勒＝第51階位

Q41位の歓喜地❶がどうして51位の正定聚❷と同じであるとい

えるのか？と疑問が涌いたが、以下いくつかの資料により、同じだと納得することができた。

資料（1）本典行巻【71】御自釈

「しかれば真実の行信を獲れば、心に歓喜多きがゆゑに、これを歓喜地と名づく。これを初果に喩ふることは、初果の聖者、なほ睡眠し懶堕なれども二十九有に至らず。いかにいはんや十方群生海、この行信に帰命すれば摂取して捨てたまはず。ゆゑに阿弥陀仏と名づけたてまつると。これを他力といふ。ここをもつて龍樹大士は「即時入必定」（易行品）といへり。曇鸞大師は「入正定聚之数」（論註・上意）といへり。仰いでこれを憑むべし。もつぱらこれを行ずべきなり。」＜西『聖典』186；東『聖典』190＞

　　要❸ 真実行信⇒心多歓喜＝歓喜地⇒他力⇒正定聚

　　（真に本願を信じ念仏を申せば心は歓喜に満ち、そのまま仏に成る身と定まり、今生から救いの光に包まれる。本願他力の御はたらきによるからだ。）

資料（2）本典信巻【73】御自釈

「〈横超断四流〉といふは、横超とは、横は竪超・竪出に対す、超は迂に対し回に対するの言なり。竪超とは大乗真実の教なり。竪出とは大乗権方便の教、二乗・三乗迂回の教なり。横超とはすなはち願成就一実円満の真教、真宗これなり。また横出あり、すなはち三輩・九品、定散の教、化土・懈慢、迂回の善なり。大願清浄の報土には品位階次をいはず。一念須臾のあひだに、すみやかに疾く無上正真道を超証す。ゆゑに横超といふなり。」（西『聖典』254）

　　要❹ 願力成就＝横超他力＝品位階次をいはず

（他力不思議によって往生と同時に仏のさとりを開く浄
　　土では、自力修行の52階位はない。現生でも41位歓喜地
　　がそのまま51位の正定聚になる。横超他力によるからで
　　ある。）
資料（3）親鸞聖人御消息（13）
「（前略）また弥勒とひとしと候ふは、弥勒は<u>等覚</u>の分なり、
　これは因位の分なり、これは十四・十五の月の円満したま
　ふが、すでに八日・九日の月のいまだ円満したまはぬほど
　を申し候ふなり。これは自力修行のやうなり。われらは<u>信
　心決定の凡夫、位〔は〕正定聚の位</u>なり。これは因位なり、
　これ等覚の分なり。かれは自力なり、これは他力なり。自
　他のかはりこそ候へども、因位の位はひとしといふなり。
　また弥勒の妙覚のさとりはおそく、われらが滅度にいたる
　ことは<ruby>疾<rt>と</rt></ruby>く候はんずるなり。かれ（弥勒）は五十六億七千万
　歳のあかつきを期し、これ（われら）はちくまく（竹の内側に
　ついている極めて薄い膜）をへだつるほどなり。かれは漸・頓
　のなかの頓《頓は漸の誤記＝蓮位による写し間違いではないか？》、
　これは頓のなかの頓なり。滅度といふは妙覚なり。曇鸞の
　『註』（論註・下）にいはく、〈樹あり、好堅樹といふ。こ
　の木、地の底に百年わだかまりゐて、生ふるとき一日に百
　丈生ひ候ふ〉（意）なるぞ。<u>この木、地の底に百年候ふは、
　われらが娑婆世界に候ひて、正定聚の位に住する分なり、
　一日に百丈生ひ候ふなるは、滅度にいたる分</u>なり、これに
　たとへて候ふなり。これは他力のやうなり。松の生長する
　は、としごとに寸をすぎず。これはおそし、自力修行のや
　うなり。また如来とひとしといふは煩悩成就の凡夫、仏の

88

心光に照らされまゐらせて信心歓喜す。<u>信心歓喜するゆゑ
に正定聚の数に住す</u>。信心といふは智なり。この智は、<u>他
力の光明に摂取せられまゐらせぬるゆゑにうるところの智</u>
なり。仏の光明も智なり。かるがゆゑに、おなじといふな
り。おなじといふは、信心をひとしといふなり。歓喜地と
いふは信心を歓喜するなり。<u>わが信心を歓喜するゆゑにお
なじ</u>といふなり。くはしく御自筆にしるされて候ふを、書
き写してまゐらせ候ふ。（後略）」＜西『聖典』764－765；
東『聖典』585-586＞

要❺ 光明摂取⇒信心歓喜⇒（他力・頓）⇒正定聚

　（弥勒菩薩は自力道であって、漸であるから、等覚〈51位〉
　から妙覚〈52位〉への進みも遅い〈「五十六億七千万年」〉。
　凡夫は他力道で頓だから速い〈「このたびさとりをひらく
　べし」〉。このように「かれ」（彼＝弥勒・自力）と「これ」
　（凡夫・他力）とは異なる。故に「煩悩成就の凡夫は、仏
　の心光に照らされて<u>信心歓喜し、他力のゆゑに頓に正定聚
　の数に住す</u>」のである。

結論：以上の資料から、横超他力の信心の故に「歓喜地は正定
　　　聚の位」であるとの明証を得た。

40)「正覚のはなより化生して」とは？

　親鸞聖人の和讃に
　〝如来浄華（によらいじょうけ）の聖衆（しょうじゅ）は　正覚（しょうがく）のはなより化生（けしょう）して〟
と出ているが、「化生（けしょう）」とはどういうことか。
　この出拠は天親菩薩の『浄土論』の「如来浄華衆　正覚華化
生」である。また『歎異抄』五条などに出てくる「六道四生」

89

の「四生」の説明には、胎生、卵生、湿生、化生を挙げるのが通例。

　こうして「化生」という言葉にはよく（60回ほども）『聖典』で出会うし、SAT では、3500回以上も出てくるが、実際どう受け取ったらよいのであろうか。法話でどう説明したらよいのであろうか。

　西『聖典』の巻末註にはこう出ている。

　　けしょう〔化生〕　(1)衆生が生まれる四種の形態のうち、何のよりどころもなく業力によって忽然として生まれること。迷界の四生の一。(2)真実信心の行者が報土に生まれること。本願の不思議により、疑城胎宮にとどまることなく自然に生滅を超える無生の生を受けることをいう。この化生に対して、仏智を疑惑する者の往生（方便化土往生）を胎生という。

(1)が仏教一般でいう意味であり、(2)が『無量寿経』下巻の仏智疑惑段に基づく浄土真宗での意味である。特に「自然に生滅を超える無生の生（次項参照）を受ける」というところは、『浄土論』『論註』に依拠している。

　ところが、ある大宗派の仏教雑誌に、『歎異抄』第五条に関連して「化生」をこう説明してあった。

　　〝凡夫が仏になるということは、ある意味、「化けて生まれる」ほど不思議なことなのです。怪談話では、よく「化けて出るぞ！」などと言いますが、私のような悪凡夫が往生させていただく、ご法義の話も、「化けて生まれる」話を聞くのです〟と。

　「化ける」とはあまりにも卑俗になりすぎた説明では ないだ

ろうか。

　そもそも「無生の生」とは仏のみがわかるさとりの境界に入ることである。「無生」は生滅のない境界だから実体はない。その無形的境界に入ることを「（無生の）生」「化生」というが、その「生」はもはや実体的、有形的「生まれ」のことではない。（「化けて生まれる」というときは、まだ「お化け」という実体、形を想定している。）色・形を離れた（無生の）「生まれ」など想像もできない凡夫の次元では、何とも考えようがない。　何かよい譬えがないものかと思いめぐらせていたとき、フト思いついたことがある。

　「ナフタリン」の「昇華」（固体が液体にならず直接気体になること）に譬えたらどうであろう。凡夫の境界では形（固形）にこだわる。仏の境界は色もなく形もましまさぬ。その凡夫の「固形」が仏の誓願不思議によって、仏の境界（色・形がないから、いわば「気体」に擬えられる）に「昇華」するようなもの。それを聖典では「化生」と説かれているのだ。「化生」とは「在り方そのものがすっかり変化して生まれる」ことだと説明できるのではないか。仏におまかせの世界ではあるが—。

41）「無生の生」と氷上燃火の譬

　「如来清浄本願の　　　無生の生なりければ
　　本則三三の品なれど　　一二もかはることぞなき」

　　　　　　　　　（高僧和讃　西『聖典』586、東『聖典』493）

【語句の意味】

　如来　阿弥陀如来

91

清浄　①自ら汚濁のない清浄な　②他の汚濁を清浄にする
　　　（浄化する）

本願　まよい（汚濁）の衆生をすべて救おうという願い

無生の生　「六道の生を離れたる生なり。六道四生に生まる
　　　　ること真実信心の人にはなきゆゑに無生とはいふ」(親
　　　　鸞聖人のご左訓)

　　　　まよいの境界（地獄・餓鬼・畜生・修羅・人間・天上
　　　　という六道、あるいは、胎生・卵生・湿生・化生とい
　　　　う迷界の四生）に生まれず、「無生」というさとりの
　　　　境界に生まれる（浄土の化生をする）こと。生滅を超
　　　　えた境界に入ること。

本則三三の品　「もとは九品の衆生の報土に生まれぬれば、
　　　　一人もかはることなしとなり」（ご左訓）

　　　　『観無量寿経』には浄土に往生する衆生に九品の種別
　　　　があると説かれているが、「無生の生」という往生を
　　　　得れば、みな同じさとりの境界に生まれる・・・一、
　　　　二の区別はないのである。

【全体の通釈】

　「如来の清浄な願心で成就された浄土の往生は、生滅を離れ
た生であって、この世では九品の機類があるけれど、浄土で
は、一、二の差もない。」

★Q１　この和讃の前半は「無生の生」ということであり、
　　　　後半は「浄土では九品の差がない」ということと、両
　　　　者の間に脈絡の希薄さが感じられる。その間隙を埋め
　　　　るものが、「氷上燃火の譬」ではないかと思う。以下、
　　　　この和讃の出拠である『往生論註』で確かめたい。

前半の出拠：『往生論註』「八一　第一義諦」より

⑦　「かの浄土はこれ阿弥陀如来の清浄本願の無生の生
　　なり。（三有虚妄の生のごときにはあらざることを
　　明かすなり。）」（西『聖典　七祖篇』123頁）

※これで前半の出拠「八一　第一義諦」は明白であるが、
　それに続く「八二　第一義諦」に「無生の生」の意味
　を明かす問答と３つの譬喩がある。その中の１つが「氷
　上燃火の譬」である。

（関連して）『往生論註』の

⑦　「問ひていはく、上に、生は無生なりと知るといふ
　　は、まさにこれ上品生のものなるべし。もし下下品
　　の人の、十念に乗じて往生するは、あに実の生を取
　　るにあらずや。・・・（上掲書125頁）
　　　〈実の生＝輪廻転生する実体的生＝三有虚妄の生〉

※「無生の生」を理解できるのは、上品の機類だけであ
　って下品の者は、実体的「実の生」で終わるのではな
　いか？と問う。

⑦　答ふ。たとへば❶浄摩尼珠を、これを濁水に置け
　　ば・・・。また❷これ摩尼殊を玄黄の幣をもっ
　　て・・・。❸また氷の上に火を燃くに、火猛ければ
　　すなはち氷解く。氷解くればすなはち火滅するがご
　　とし。かの下品の人、法性無生を知らずといへども、
　　ただ仏名を称する力をもつて往生の意をなして、か
　　の土に生ぜんと願ずるに、かの土はこれ無生の界な
　　れば、見生の火、自然に滅するなり。（上掲書126頁）

※氷の上で火を燃やすとき、火勢が強ければ氷は解け、

氷が解ければ火が消えるようなものである。かの下下品の人は「法性無生」すなわち浄土の生まれは不生不滅の道理をさとることであるということこそ知らないが、ただ仏の名号を称え、心を専らにして浄土に生まれようと願うならば、かの安楽浄土は、無生のさとりの世界であるから、浄土に生まれてみれば、実の生を見ようとする煩悩の火（「見生の火」）は、解けた氷の水で自然に消えてしまい、無生の生に転化されるのである。

　この問答と譬喩の中に、<u>上品と下品の往生者がともに無生の生を得る</u>ことが説かれる。そのことが含意されてこそ、和讃の後半が頷けるのである。

<u>後半</u>：『往生論註』「七八　荘厳大義門功徳成就」より

㋑　「しかるに往生を願ずるもの、本はすなはち三三の品なれども、いまは一二の殊なりなし。」

（西『聖典 七祖篇』121頁）

※「本は」とは、「この世では」ということで、上の通釈に合う。

★Q２　親鸞聖人の著述の中に「<u>氷上燃火の譬</u>」は引用も直接の言及もないが、標記の和讃を綿密に読むかぎり、<u>その譬喩なくしては、前半－後半の繋がりは出てこない</u>。聖人がこの譬喩に着目されていたことが隠然と分かるのである。

　因みに、道綽の『安楽集』巻上（西『聖典 七祖篇』229頁）にも、上記の『往生論註』出拠文とほぼ同じ記載がある。親鸞聖人はそれにも目を通されたであろ

う。

◎味わい：

　ある哲学者・宗教学者、真宗系大学教授が、2000年当時こう書いている。「『浄土』の観念は現代の人間の自己理解にとって無縁なものとなり、場所をもたないものとなっているのである。（中略）それと同時に、もともとこの観念を基礎にして成り立ってきた<u>浄土教そのものにおいても、浄土の観念は居場所のないものとなり、廃棄することは出来ないが邪魔で目障りな居候のごとき存在に堕しているのである。</u>」（傍線筆者）

　浄土教を講義しながら、浄土を否定するのであろうか。もし浄土系の僧侶で浄土を疑うならば、ゆゆしき問題である。しかし、そういう人たちは、一度でもこの氷上燃火の譬を読んでいるだろうか。愚生も若いとき同様の疑問をもったが、曇鸞大師のこの教えで落着した。

　あるいは「無生」を願い、あるいは「見生」と思ったまま、どのように往生してもみな「無生」の成仏に転成されるということであれば、従来の浄土教で言われてきたことは、そのまま生きるのである。経典・聖典に説かれている浄土の美妙綺麗なお荘厳も、仏や菩薩の形を現した救済の表現も、みなそのとおりといただいて、如来の広大な智慧と慈悲のご本願を南無阿弥陀仏と信じ、いただくままで、浄土に往生させていただけば、仏智の不思議によって、仏のおさとりの境界に「化生」させていただけるのである。

従来多くの道俗が、「愚」の身こそ如来・智慧の念仏で救われると信じ、称名して、浄土に「化生」された。「見生」であろうと「無生の生」に転成されていかれた。仏法不思議の世界である。あながち賢者・智者・聖者ぶる必要はない。「無生」の道理は謹んで聞かせていただく。しかし、わが身はどこまでも下品（げぼん）。上品（じょうぼん）にはなれない凡愚の身。そこに落在できる教えを「無生の生」和讃からいただいたことである。南無阿弥陀仏　南無阿弥陀仏。

42）夢告讃を草稿本で味わう

　「正像末和讃」は、常用の『聖典』に載っているものが唯一と思っていたが、調べてみると草稿本、初稿本、文明本があり、構成も内容もかなり変容していることを知った。

　特に、夢告和讃を草稿本で読んだときの「気がかり」を記したい。

　①『親鸞聖人真蹟集成 三』（写真版）および高田『聖典』の『正像末法和讃』釈覚然（活字版）《草稿本》：

　表紙：「正像末法和讃　釈覚然」（別筆）

　第1～35頁：正像末法和讃35首（聖人自筆＋別筆：左訓付き）が順次書かれている。（常用で読みなれた和讃が多いが、順序は現行とかなり異なる。）

　例：第1～3首目：「五十六億七千万」、「念仏往生の願により」「真実信心をうるゆゑに」、

　　　9首目「三朝浄土の大師等」、

　　　13首目「釈尊かくれましまして」、

３４首目「如来の作願をたづぬれば」、そして

３５首目「如来大悲の恩徳は … 骨をくだきても謝すべし」で終わっている。

第３６頁：（右下に）「已上三十四首」(数は合わないが)

（頁中央に）（Ａ）「康元二歳丁巳二月九日の夜寅の時に夢の告にいはく

第３７頁：　　（Ｂ）弥陀の本願信ずべし

　　　　　　　　本願信ずるひとはみな

　　　　　　　　摂取不捨の利益にて

　　　　　　　　無上覚をばさとるなり

第３８頁：　　（Ｃ）この和讃をゆめにおほせをかふりてうれしさにかきつけまゐらせたるなり

　　　　　　　正嘉元年丁巳閏三月一日

　　　　　　　　　　愚禿親鸞八十五歳　書之」

Ｑ１　夢告を受けられたのは聖人８５歳の２月９日であるが、それを草稿本に書かれたのは約５０日後の閏３月１日である。夢告和讃感得の「うれしさ」に『正像末法和讃』を書き始められ、その最後に夢告の事実を披瀝されたのであろうか？それとも、『正像末法和讃』は、２月９日以前からのご執筆であり、途中で夢告を受けられたのだろうか。

第３９～４３頁：

　　　　（この夢告讃の感動の余波とも思われる和讃が同じ筆致でその後５首続く）

　　(1)「真実信心の称名は　如来回向の法なれば

　　　　不回向となづけてぞ　自力の称念きらはるる」

(2)「大日本国粟散王　仏教引興の上宮皇
　　　恩徳ふかくひろくます　奉讃たえずおもふべし」

(3)「上宮太子方便し　和国の有情をあはれみて
　　　如来の悲願弘宣せり　慶喜奉讃せしむべし」

(4)「罪業もとより所有なし　妄想顚倒よりおこる
　　　心性みなもときよければ　衆生すなはち仏なり」

(5)「無明法性ことなれど　心はすなはちひとつなり
　　　この心すなはち涅槃なり　この心すなはち如来なり」

Q２　(2)(3)の和讃二首の付記からみると、夢告の主は聖徳太
　　　子であったのだろうか？とも想像されるが、短絡的推
　　　測であろうか。

Q３　(4)(5)の和讃は夢告讃との関連で述べられたのだろうか。
　　　それとも、その前の『正像末法和讃』への付記であろ
　　　うか。例の義絶（８４歳時５月）について聖人の心底
　　　には慈信房・不信の門弟らのこと（その罪業？）が気
　　　がかりであられたのではなかろうか。そのことをも踏
　　　まえて、末代凡夫の罪業・無明も、仏智不思議の世界
　　　に入らしめられれば、清浄・涅槃の世界に包まれるの
　　　だという大乗仏教の極致を再確認され、私的に、また
　　　公的に、末法和讃の結びとされたのではないか。

２初稿本
　　（Ａ）康元二歳丁巳二月九日の夜寅の時に夢の告にいはく
　　（Ｂ）弥陀の本願信ずべし　本願信ずひとはみな
　　　　　摂取不捨の利益にて　無上覚をばさとるなり
　　・・・（高田『聖典』では、『三帖和讃　顕智本』中の『正像
　　　　末法和讃』釈顕智《初稿本》の巻頭に別記

《備考》「宗祖八六歳　9月24日　宗祖、『正像末法和
讃を著す（専修寺蔵顕智書写本奥書）」と〈西『聖
典』〉年表に記載されてある。

③常用『正像末和讃』（文明本）

同文（A）（B）　『正像末和讃』の（一）として

・・・（西『聖典』〈文明版底本〉）

Q4　草稿本から初稿本になったとき、なぜ（C）「この和
讃をゆめにおほせをかふりてうれしさにかきつけま
ゐらせたるなり」が除外されたのであろうか。ここに
こそ聖人の生（なま）の感動が顕われている。これは、東『聖
典』では注記として出ているが、西『聖典』では言及
がない。どこかに復記してほしいものである。

Q5　『定本　親鸞聖人全集　第二巻』の和讃解説・「五　正像
末法和讃」の項によると、「（草稿本の）初め九首は自
筆であるが、十首目からは別筆（覚然）である」との
こと。残念な気もするが、当初は聖人が自筆されたも
のを、覚然が筆写した。幸いにも今その書写本だけが
「草稿本」として残り、『真蹟』として我々の目に触
れられるのである。それでも、（C）の直筆はどうで
あったのか？と思われてならない。

43)「弥陀の尊号となへつつ」の「つつ」

「弥陀の尊号となへつつ　信楽まことにうるひとは
憶念の心つねにして仏恩報ずるおもひあり」

Q　この和讃の「となへつつ」の「つつ」の意味について若
いころから疑問があった。「称えながら」か？

そこでいくつか調べてみる。

A1　まず辞書的意味　『日本国語大辞典』
　　【つつ】〔接助〕（活用語の連用形を承けて）
①同じ動作の反復や継続を表わす。
　　※①の用法中の反復を表わす場合には、動作主体が複数であることに
　　　よる反復も含まれる。
②二つの動作が並行して行なわれることを示す。ながら。
　　※②反復・継続の用法が和歌の文末に用いられると多く詠嘆が感じら
　　　れる。「わが衣手に雪はふりつつ」③　単純な接続を表わす。「て」
　　　とほぼ同じ。
　　※「つつ」に本来逆接の意があるわけではなが、前後の文脈から「…
　　　にもかかわらず」「…ながら」と訳される場合がある。「しらねへお
　　　いらでもねへ。それをしりつつたのむのだ」

A2　次に「となへつつ」について　諸師の訳・解釈
❶「となえて」　❷「となえながら」　❸「となえ続けて」
などという訳語が多く、中には ❹「真実の信心を得て
阿弥陀仏の名号を称える身となった人は・・・」〈『和讃
現代』〉と、信心正因称名報恩の順に入れ替えた解釈を
訳文にしたものがあり、気になる。行き過ぎだ。❺〝「と
なえつつ」にはいろいろ難しいこともあって、私にもよ
う解りませんが・・・「弥陀の尊号を称えないで信楽を
得る人があるのか」「念仏を称えないような信心は身に
即いた信心ではない」〟（金子大榮『正像末和讃講義』
184頁）等と、暗に行信論を示唆している解釈もある。
　　特異なのは、❻〝「つつ」は「ながら」（雖も）の意：
「名号を称えていても、信心まことにうる人」と読

む・・・次の和讃（「誓願不思議をうたがひてみ名を称
する往生は・・・」冠頭和讃の二首目）と関連させ、「な
がら」で読むのがよいかもしれない、という、逆接（上
記Ａ１(3)※）の「つつ」を採る人もある。「自力の名号
をとなえていては、信心を得られない」という意味にし
ようというのであろうが、どこか無理がある。

　　以上６種の中❻は例外で、大方は「称名」することと・
「信心をえる」こととは順接する「つつ」と見ている。
語法上は順接だが、その意味づけは「行信論」、「念仏と
信心」論、「真実信心必具名号」論、「信心正因・称名報
恩」論などに展開するようだ。

Ａ３　今一つの大事な視点：親鸞聖人の和讃そのものの中で
「つつ」は全部で２７首に使われている。以下数例を挙げ
て、意味・用法を尋ねてみる。（番号は２７首中の飛び番号）

１「弥陀の名号となへつつ　信心まことにうるひとは」（冠
　頭和讃）〈辞書①③：継続・接続〉

４「安楽浄土をねがひつつ　他力の信をえぬひとは」
　（浄土和讃）〈辞書(3)的用法＝逆接〉

７「よるひるつねにまもりつつ　よろづの悪鬼をちかづけ
　ず」（浄土和讃）〈辞書①：継続〉

13「法照・少康としめしつつ　功徳蔵を開きてぞ」（高僧
　和讃）〈辞書③：接続〉

15「真宗念仏聞きえつつ　一念無疑なるをこそ」
　（高僧和讃）〈辞書①③：継続・接続〉

24「或生辺地ときらひつつ　或堕宮胎とすてらるる」
　（正像末和讃）〈辞書②：並列〉

26「疑惑を帯してうまれ<u>つつ</u>　はなはすなはちひらけねば」
　　（正像末和讃）〈辞書②：並列〉

27「天神地祇をあがめ<u>つつ</u>　卜占祭祀つとめとす」
　　（悲歎述懐和讃）〈辞書①②：継続・並列〉

◎結論　上記の4（逆接）以外は、ほとんどみな《行為A》
　と《事態B》との順接（結果・並列）である。その順接の
　内容・意味づけは個々の和讃で味わうべきものであるが、
　1と15とはよく似ている。

　　15「真宗念仏ききえ<u>つつ</u>　一念無疑なるをこそ」とは「他
　力の念仏のいわれを<u>聞いて</u>疑いなく信じている人」（『和讃
　現代』112）であり、「お念仏、すなわち南無阿弥陀仏は私
　を救うと喚びかけられている如来さまの本願のみ言葉であ
　ると疑いなく受け入れていることを信心という」（梯實圓
　『親鸞聖人の信心と念仏』268）ことだから、1「弥陀の名
　号<u>となへつつ</u>信心まことにうる人」は「弥陀の名号を<u>とな</u>
　<u>えて</u>信心をまことに得る人」といえる。標題の「弥陀の尊
　号となへつつ　信楽まことにうるひとは」も同じ訳文とな
　る。尊号称えているままが信心のすがたである。行信不離
　の妙趣。D35）「如来本願顕称名」を参照されたい。

44）「行者」と「信者」

「<u>報土の信者</u>はおほからず　<u>化土の行者</u>はかずおほし
　自力の菩提かなはねば　　久遠劫より流転せり」

（正像末和讃）

（<u>真実の浄土に往生する他力の信心のもの</u>は多くなく、<u>方便</u>
<u>の浄土に往生する自力の行を修めるもの</u>は数多い。）（『和讃

現代』）という和讃がある。仏教聖典に「行者」は頻出するが「信者」は余り出てこない。念のため数個の資料で調べてみると次の頻度である。

「行者」と「信者」（使用回数）

No.	聖典類	行者	行人	信者
1	浄土三部経（観経のみにあり）	19	1	0
2	教行信証（本典）	18	2	0
3	本典以外の宗祖著述	49	8	4*
4	歎異抄	8	0	0
5	七祖聖教（安楽集　以降）	200	35	2
6	法華経	4	0	8
7	涅槃経	36	8	11
8	大智度論	373	34	33△
9	大正蔵経	30,394	7,355	2,839△

＊印：「信者」４回の内訳：

①「念仏の信者を疑謗して　破壊瞋毒さかりなり」（正像末和讃）

②「報土の信者はおほからず　化土の行者はかずおほし」（正像末和讃）

③「為現身と申すは信者のために如来のあらはれたまふなり」（尊号真像銘文）

④「かの土に生まれんとねがふ信者には、不可称不可説不可思議の徳を具足す」（弥陀如来名号徳）

補説：「国宝本（専修寺蔵）」の『正像末法和讃』（579頁）には「五濁悪世の衆情の　選択本願信ずれば

103

不可称不可説不可思議の　功徳は信者のみにみてり」
　　とあり、同所の「顕智書写本」（643頁）には
　　「不可称不可説不可思議の　功徳は信者ぞたまはれる」
　　とある。

△印：経の文意から「信者」という名詞になっていると言う
　　よりも「信ずれ者」という意味になっている場合がかなり
　　あるようだ。

参考：

☆『仏教大辞彙』には「信者＝教法を信ずる者のこと。各寺
　　に属する信者は檀徒・信徒の二種に区別せらる。」とある
　　だけ。

☆『仏教語大辞典』（中村元）には「信者」という語句が挙
　　がっていない。「行者」は次のように出ている。

　　「行者」：①仏道を修行する者　④念仏にいそしむ人。念
　　　　　　　仏の人。念仏の徒。念仏行者。

◎浄土真宗も「信者」ではなく「本願念仏をこの身にいただ
　　き、念仏生活をする『念仏の行者』であるのが正道であろ
　　う。「金剛心の行人」（信巻　末・真仏弟子釈）とあるとお
　　りだ。

★『歎異抄』第七条には「信心の行者」とある。如来の本願
　　の摂取の光につつまれ、護られて、今生から浄土・無量光
　　明土への道行きをする人（二河白道を行く人）のことであ
　　ろう。

★「真実信心の行人は、摂取不捨のゆゑに正定聚の位に住す。
　　このゆゑに臨終まつことなし、来迎たのむことなし。信心
　　の定まるとき往生また定まるなり。」（御消息）

※　思うに、仏教の道は本来「教・行・証」である。（御本典も『浄土真実教行証文類』）。だから、仏道の修行者はみな「行者」「行人」である。今、宗祖はその「行」から「信」を開顕されたが、それでも「金剛心の行人」「信心の行者」である。ただ、時として「真実信心を得て、真実報土に往生する人」という意味で「報土の信者」などという言葉遣いになることはある。それも「化土の行者」と対比のため。

原則は、本願を信じ、念仏を申す＝行じていく者が、仏に成るのである。行者とは仏道が身についた者というニュアンスだ。単なる観念的「信者」ではない。

　　参考：　「信者になったらおしまいだ
　　　　　　信者になれぬそのままで
　　　　　　ナンマンダブツ　ナンマンダブツ」

　　　　　　　　　　　（木村無相『念仏詩抄』）

45)「ねてもさめても」の意味

「弥陀大悲の誓願を　ふかく信ぜんひとはみな

　ねてもさめてもへだてなく　南無阿弥陀仏をとなふべし」

（阿弥陀如来の大悲の誓願を深く信じている人は　だれでもみんな、寝ても覚めていても変わりなく、いつも南無阿弥陀仏とお念仏を申しましょう。）

『聖典セミナー　正像末和讃』で浅井成海先生は上記のように現代語訳しておられ、講読のところでは、「なかなかよび声を受け入れることのできない私ですが、長年の聞法のお育ての中で、南無阿弥陀仏となってはたらきつづけてくださる誓願一つでありました、と気づかせていただきます。気づかせていただ

けば、称名念仏がおもわず口から出てくださいます。それを〈ねてもさめても〉とあらわし、とぎれない称名念仏の相続を勧めてくださいます」とのご教示である。

　ところが、ふとある宗派の現代語訳が目にとまった。

　「阿弥陀さまの大悲を誓願を　深く信ずる人はみな

　眠っていても起きていてもかわりなく　南無阿弥陀仏を称えましょう。」

と書いてある。いかがであろう。「眠っていても」称えるというのは、寝言ででもという意味か？と、屁理屈が言いたくなった。ちょっとした言葉遣いの差であるが、やはり「寝ても覚めていても」と言う方が　表現としては無難なようだ。「夢告和讃」あるじゃないか！という声も聞こえてはくるが—。

　しかし問題は、表現法より「弥陀の誓願を深く信じて、日夜を問わず称名念仏しましょう」との実行の督励である。何と深く、厳しい聖人のご催促であろうか！

46）「自力の心をむねとして」の意味

　正像末和讃（５５）

　「聖道門のひとはみな自力の心をむねとして

　他力不思議にいりぬれば　義なきを義とすと信知せり」

について、ある宗派の現代語訳をみて疑問を感じた。

　　「聖道門の人はみな　自力の心を第一の大切なものとして

　　他力の不思議の世界にめざめるならば、私たちのおもいを

　　超えた本願のめぐみをまことに知るのです」（下線は筆者）

下線部を通読すると、「自力の心をもちながら他力の世界にはいる」という矛盾した文脈になってしまう。おかしい、と気づ

いて、先輩諸師の解釈等をいくつか調べ直してみた。

① 『三帖和讃講義』（柏原祐義）：「聖道門の人は、そのもと
　自力の心を根本として修行しておられたけれども、」

② 『親鸞和讃集』（名畑応順校注）岩波文庫：「聖道門の智者
　たちはみな自力の計らい心を先に立てていたが、

③ 『正像末和讃講話　下巻』（金子大榮）：御草稿の和讃では、
　「自力の心をむねとせり」としてある。／聖道門の自力の
　心と、他力真宗の心と二つ並べて、聖道門の人は自力の心
　をむねとしておるが、その聖道門の人も他力不思議の宗義
　に入りますれば、義なきを義とすと信知するのである」

④ 『聖典セミナー』浅井成海：「自力の心を最高のよりどこ
　ろとしていますが、」

⑤ 『浄土真宗聖典 三帖和讃』現代語版：「みな自力の心をよ
　りどころとしているが、」

☆以上、すべて「自力の心をむねとして」は「自力の心を主と
　しているが」の逆接の意味に正しく解釈されている。

因みに『広辞苑』の助詞「て」を見る。

　て（助詞）❶（接続助詞）前の語句を受けて後の語句に続
　ける。後に述べる内容よりも先行する内容を表す語句を
　受ける。①後の事態の成り立つ条件を示す。（ア）仮定
　条件を示す。…たならば。…ては。（イ）逆接の条件を
　示す。…のに。…ても。源氏物語（松風）「抱きおろさ
　れ―泣きなどしたまはず」。「見―見ぬふりをする」（下
　線は筆者）。（ウ）原因・理由を示す。…から。…ので。「寒
　く―泣き出す」（以下略）

⑥最後に〈高田『聖典』〉（三帖和讃　顕智本）では
　「聖道門の人はみな　自力の心をむねとせり
　　他力不思議にいりぬれば　義なきを義とすと 信知せり」
となっていて、全く誤解の余地がないことを付記する。

47）「他力の信心うるひとを　うやまひ・・・」

　「他力の信心うるひとを　うやまひおほきによろこべば
すなはちわが親友ぞと　教主世尊はほめたまふ」

（正像末和讃）

についても、初心者は「他力の信心うる<u>人を　敬い大きに喜
べば</u>」と誤解する危険性があるが、正しくは「他力の信心を
<u>得る人</u>は、仏の教えを敬い信じて喜ぶ<u>ので</u>、釈尊は<u>このもの
を</u>、わたしのまことの友である、と<u>おほめになっている</u>」（『和
讃現代』）の意味である。老婆心から一言。

48）「如来大悲の恩徳は」の歌曲

　浄土真宗の集会などでよく歌われる「如来大悲の恩徳は」の
歌曲に二種ある。
　A）（旧譜）大正七年（1918）浄土真宗本願寺派ハワイ開教
　　　教務所発行『らいさん』に初載
　　　・・・開教師　澤 康雄（1888－1932）の作曲。
　B）（新譜）真宗大谷派寺院出身　清水 脩（1911－1986）が、
　　　昭和二十七年（1952）に作曲したもの。

（出典『自照同人』87号所載）

※なぜか、現在は浄土真宗本願寺派系統でB）（大谷派ルー
　ツの曲）が多く歌われ、真宗大谷派系統でA）（本願寺派

ルーツの曲）が多く歌われているようである。

◇いずれにしても、「恩徳讃」は〝集会終りの合図〟ではない。親鸞聖人が『正像末法和讃』の結びとして草稿本から書かれていたもの。念仏行人の基本姿勢として、実に重要な和讃である。そこにこめられた聖人のお心の要を窺ってみよう。

◎「如来大悲の恩徳は　　身を粉にしても報ずべし
　師主知識の恩徳も　　ほねをくだきても謝すべし」

Ｑ１　聖人にとって「如来大悲の恩徳」とは何であったか。
　…比叡山で二十年の修行をしたが、「いづれの行もおよびがたき身なれば、とても地獄は一定すみかぞかし」と絶望のどん底にあったとき「ただ念仏して弥陀にたすけられまゐらすべし」、「ただ念仏とは、それが阿弥陀の本願であるから」と、本願念仏に救われた喜びである。

Ｑ２　「師主知識の恩徳」とは？
　…この弥陀の本願を説かれた釈尊、念仏の教えこそ時機相応と生涯かけて教えてくださった祖師方、特に「出離の強縁」に遇わせていただいた恩師法然上人の御恩徳。

Ｑ３　「身を粉にし、ほねをくだきても」とは？
　…「（法然）大師聖人の御をしへの恩徳のおもきことをしりて、骨を粉にしても報ずべしとなり、身を摧きても恩徳を報ふべしとなり」という、聖人が尊敬された聖覚法印のお言葉（法然聖人の六七日での表白）に順われたもの。

Ｑ４　「…報ずべし、謝すべし」は命令なのか？
　…親鸞聖人が、聖覚法印のお言葉を「そうだ、もっともだ」といただかれたその素直なお心に頭がさがるだけである。

「恩徳」が身にしみた人にとって「報謝」は義務感ではなく、自然の発露である。「べし」に抵抗を感ずる心にこそ、如来の大悲がかかっているのだとお聞きしている。

Q5　聖人の「恩徳報謝」の心は、末法の現代にも通じるか？

…現代人の「私」がまず、聖人の教えを聞法する他ない。聖人は言われる「今の時の道俗、己が分を思量せよ」（今日の出家のものも在家のものも、自分自身のことをよく考えなければならない）と。「分」とは自分の身の程・自己存在の実態をよくよく自覚し、本分を尽くすべきだ。僧には僧の本分がある。仏祖を崇め、仏祖の教えを学び、世俗の人を教化する務めがある。その「僧分」に徹したら、仏恩報謝は分かるはず。

俗にも俗の本分がある。三宝（仏・法・僧）帰依の心でよく聴聞すれば、我が迷妄の実態を照破し・摂取する如来の光益に遇え、信心歓喜する。仏恩報謝せずにはおれない。

要は、「私自身」が「己の分」に徹することだと、宗祖の直言を謹聴するばかりである。

49)「罪福信」の意味

「不了仏智のしるしには　　如来の諸智を疑惑して
　罪福信じ善本を　　　　　たのめば辺地にとまるなり」

（阿弥陀仏の智慧を知らないために　仏のさまざまな智慧を疑って、悪の報いを恐れて善の果報を望み、名号を称えた功徳によって往生しようとするので、方便の浄土にとどまってしまうのである。）〈『和讃現代』〉

この正像末和讃（仏智疑惑讃）で、2つの言葉が気がかりで

ある。

(1)「罪福信」とは？

「罪福」の辞書的意味は「罪とは苦果を招く悪業をいい、福とは楽果を招く善業をいう。すはわち善因楽果、悪因苦果の道理」（西『聖典』）である。

上の和讃では、「こんな罪業の身が救われるはずがないから（信罪心）、もっと善行を積まねばならぬ（信福心）」とひたすら称名念仏に力をつくす（善本たのむ）人は、「いかに罪深い身をも必ずお救いくださる絶対他力の本願」を信受していない。だから「これだけ念仏して善行を積みました」と、わが善行・自力に執らわれる。したがって、広大無辺な仏智・不思議智の広々とした世界、真実の報土に往生できず、仮の浄土までしか行けないのであると、聖人が悲しまれていることをいう。

要するに、「信罪福心」とは己の罪をおそれ、己の功徳をあてにする自力の心のことである。

これが親鸞聖人の言われた本義であるのに、次のような誤解した文言によく出会う。

❶「罪福信というてネ、災難は来るな、幸福は来いという、あの〈鬼は外、福は内〉という誰もがもっている、悲しい根性ネ。その罪福信をみたすために、神も仏も召使いに、ふみ台に利用しようという、この恐ろしい心が外に仏を画くのよ」

　　　…除災招福祈願の心を「罪福信」とする誤解

❷「罪福信は人間である限り誰でもが持っている欲望です。この罪福信を信仰だと思っている人が多いのでは

ないでしょうか。人間はだれでもこの世での幸福を求め、不幸からは逃れたい。その上何が起こるか予測のつかない将来に対する不安からは逃れられません。そういう人間の強い執着心と弱いこころとが合作したのが罪福信です。」

　・・・欲望追求の執着心を「罪福信」と誤解。

❸「少なくとも仏教では、宗教は二つあるといわれているようです。真と偽の宗教。もっと端的にいえば正信と迷信。迷信というのは、功利の宗教です。功利の宗教とは、どこまでも自分を中心にして自分の利害損得を立場にしている宗教です。親鸞さまはこういう信仰を罪福信といっておられます。罪福の罪とは、罪わざわい、つまり自分にとって都合の悪いこと。福とは幸福。自分にとって都合の悪いことは拒んで逃げまわり、自分にとって都合のいいことならどこまでも追いかけていく、という信仰です」

　・・・功利的迷信を「罪福信」と誤解している。

☆❶❷❸とも、「除災招福的、自己中心的・現世的欲望追求は、真の宗教・仏教ではない」という点では確かに正論である。しかし、それを「罪福信」と定義されると、上記和讃で親鸞聖人が使われた「信罪福心」とははっきり異なる。しかも上記の３例はある宗派系統に偏っているようだ。

　このように「ずれた」用語の起源はいつ、誰から始まったのか？　その誤用の系譜を明らかにし、誤用を是正するのも真宗学徒の一使命ではなかろうか。

(2)「たのめば」

　「たのめば辺地にとまるなり」をうっかり読むと「たのん
だら・・・」（口語文法）と思ってしまうが、原文「たの
めば」は「たのむ」の已然形「たのめ」に（理由・原因を
表す）助詞「ば」がついたもの。「たのむから辺地にとま
るなり」の意味である。念のために―、老婆心より。

50)「他力の信をえんひとは」の「ん」について

　《１》親鸞聖人の正像末和讃（皇太子聖徳奉讃）にこういう
二首がある。

（八六）聖徳皇のあはれみて仏智不思議の誓願に

　　　すすめいれしめたまひてぞ　住正定聚の身となれる

（八七）他力の信をえ⁽二⁾んひとは　仏恩報ぜんためにとて

　　　如来二種の回向を十方にひとしくひろむべし

　　　　脚注⁽二⁾ん＝む（甲）

　　　（対校本　甲＝金沢専光寺蔵*永享九年存如写本）

　　　　　　　　　　　　　　　　　　　　（*1437年）

　　　（底本は龍谷大学蔵*文明五年刊本）（*1473年）

　　　　　　　　　　　　　　　　　　『真聖全』二　526頁

　今、論じたいのは、「他力の信をえんひと」の意味・解釈で
ある。この「えん」の「ん」は、上記真聖全の脚注にあるとお
り「む」である。助動詞「む」の意味・用法は６種類ほどあり、
この「他力の信をえんひと」の「む」は婉曲の意味であると古
語文法の複数の先生はいう。

　む（ん）…推量・意志・適当・勧誘・婉曲・仮定の意味をも
　ち、四段型の活用で、用語の未然形につく。

(5)婉曲…［〜ような］

   例 「いましばしけふは心しづかに」など言はんは、（徒
      然草・一七〇段）（もう少しいて下さい。）今日はゆ
      っくり（話しましょう）などというような場合は［連
      体］

もし婉曲の意味だとすれば、「信をえんひと」の「ん」は一応、
「信をえるような人は」（「信をえる人は」）と受け取られる。

  しかし、上記和讃（八六）の「住正定聚の身となれる」（信心
をえて、必ず往生成仏できる身と定まった）という文脈からす
ると、「信をえるような人は」ではもの足りない。現に、手元
の和讃解説書にはこうある。

  i 「他力の信心を頂いた人は」（浅井成海『正像末和讃』本
    願寺出版298頁）

  ii 「他力の信心をうる人は」（名畑應順『親鸞和讃集』岩波
    文庫196頁）

  iii 「他力の信心をえた人は」（高木昭良『三帖和讃の意訳と
    解説』永田文昌堂　348頁）

  私としては、 i か iii の訳が自然あろうと思われるが、古文文
法上問題がないのか、親鸞聖人ご自身の文法としてはどうなの
かを知りたいと思い、親鸞和讃を精査してみた。

《2》親鸞和讃における「・・・（なさ）んひと」の用例

  その用例は全部で７例ある。

    ①弥陀初会の聖聚は　算数のおよぶことぞなき

      浄土をねがはんひとはみな　広大会を帰命せよ（真聖全
      二487）

    ②仏慧功徳をほめしめて　十方の有縁にきかしめん

信心すでにえんひとは　つねに仏恩報ずべし（真聖全二491）

③諸仏の護念証誠は　　悲願成就のゆゑなれば
金剛心をえんひとは　弥陀の大恩報ずべし（真聖全二496）

④本師龍樹菩薩の　をしへをつたへきかんひと
本願こころにかけしめて　つねに弥陀を称すべし（真聖全二501）

⑤不退のくらゐすみやかに　えんとおもはんひとはみな
恭敬の心に執持して　弥陀の名号称すべし（真聖全二502）

⑥弥陀大悲の誓願を　ふかく信ぜんひとはみな
ねてもさめてもへだてなく　南無阿弥陀仏をとなふべし（真聖全二522）

⑦他力の信をえんひとは　仏恩報ぜんためにとて
如来二種の回向を　十方にひとしくひろむべし（真聖全二526）

　上記の例①〜⑦はすべて一応は婉曲表現（・・・ようなひと）と解釈されるが、注目すべきは②である。「信心をすでに得たようなひとは」と解する他ない。（「すでに」がある以上「信心をえるようなひと」では不都合。「すでに」であれば、必然的に「信心得た〈得てしまった〉ようなひと」という完了の意味が暗黙のうちに入ってくることになる。）さらに、③、④、⑥にも、「すでに」は省略されているが、②と同じく「・・・（せ）ん」の中に完了の意味が了解されているように思われる。すなわち

③金剛心を<u>獲たような人</u>ならば、弥陀の大恩を報ずべきである

④教えを伝え<u>聞いたような人</u>ならば、本願を心にかけて常に阿弥陀仏を称えるべきだ

⑥誓願を深く<u>信じて（しまって）いるような人</u>ならば、ねてもさめても念仏をとなえるべきだ

となり、意味合いがしっくりいく。

そうなれば、冒頭問題の⑦の和讃も

他力の信をすでに<u>獲たような人</u>ならば、如来二種の回向を十方に遍く弘めるべきだ

と解釈できるであろう。

ともかくも、「・・・（なさ）んひと」といういわゆる<u>婉曲表現</u>が使われている和讃は、すべて「<u>・・・せよ</u>」「<u>・・・すべし</u>」で終わっている点に注意すべきである。

関連して今ひとつの論点がある。

《3》親鸞和讃における「直接表現」（非婉曲表現）・・・「（する）ひと」の例：

調べてみると、親鸞和讃には、「…（なさ）んひと」という婉曲表現よりも「…（なす）ひと」という直接表現の方がはるかに多く、２９例ある。以下、その中の１０例を挙げる。

ア　弥陀の名号となへつつ　信心まことに<u>うるひと</u>は
　　憶念の心つねにして　仏恩報ずるおもひあり　　（真聖全二485）〈以下、同書の頁数のみ記す〉

エ　若不生者のちかひゆゑ　信楽まことにときいたり
　　一念慶喜<u>するひと</u>は　往生かならずさだまりぬ（489）

キ　安楽浄土をねがひつつ　他力の信を<u>えぬひと</u>は

　　仏智不思議をうたがひて　　辺地懈慢にとまるなり（493）

コ　助正ならべて修するをば　　すなはち雑修となづけたり
　　一心をえざるひとなれば　　仏恩報ずるこころなし（509）

ス　利他の信楽うるひとは　　　願に相応するゆゑに
　　教と仏語にしたがへば　　　外の雑縁さらになし（510）

タ　五濁の時機いたりては　　　道俗ともにあらそひて
　　念仏信ずるひとをみて　　　疑謗破滅さかりなり（517）

テ　如来の回向に帰入して　　　願作仏心をうるひとは
　　自力の回向をすてはてて　　利益衆生はきはもなし（518）

ニ　五十六億七千万　　　　　　弥勒菩薩はとしをへん
　　まことの信心うるひとは　　このたびさとりをひらくべし
　　（519）

ハ　他力の信心うるひとを　　うやまひおほきによろこべば
　　すなはちわが親友ぞと　　教主世尊はほめたまふ（522）

ヘ　よしあしの文字をもしらぬひとはみな
　　まことのこころなりけるを　善悪の字しりがほは
　　おほそらごとのかたちなり（531）

　　　　　　　　　　　　　（以上２９例中の１０例）

《４》婉曲表現と直接表現との対比

　《３》の直接表現（「（する）ひと」）の例はすべて、「・・・
したら・・・となる」という教理・論理の展開文脈で用いられ
ている。教理・論理の展開であるから、特別感情の入らぬ直接
表現となっているのであろう。（因みにニ、ヌの結び「べし」
は可能の意味であって、命令・義務ではない）

　他方、《２》の①〜⑦の婉曲表現（「・・・（なさ）んひと」）
の例はすべて、「・・・せよ」「・・・すべし」という命令・義

務・当然・願望を表わす結びになっている点に注目しなければならない。すなわちそこには親鸞聖人の思い入れ、「・・・したような人ならば、ぜひ（当然）・・・すべきである（してほしい）」という感情が読み取れるのである。

更に云えば、「他力の信をえたような人は」の「ような」の中に「信を得ていないような人とは異なり」という暗黙の対比があって、「いやしくも（この難信といわれる）信を（弘誓の強縁によって）得（させていただい）たようなひとであるならば、当然、仏恩報謝のために如来回向の信を十方にひろめるべきである、ひろめずにはおれないではないか」という親鸞聖人の深い思い入れ、願いが感じられるのである。

聖人ご自身がその獲信について、「ああ、弘誓の強縁、多生にも値（もうあ）ひがたく、真実の浄信、億劫にも獲がたし。たまたま行信を獲ば、遠く宿縁を慶べ」と嘆じておられるその深い「思い入れ」が、今和讃で、ご自身に、また同信の人々に仏恩報謝を願い、勧められるとき、自然に「・・・せんひとは・・・すべし」という表現になったのであろう。「婉曲表現」という以上に深い意味のあることを味わった次第である。

51)「有情利益はおもふまじ」と菩提心

「小慈小悲もなき身にて　　有情利益はおもふまじ
　如来の願船いまさずは　　苦海をいかでかわたるべき
　（わずかばかりの慈悲さえもたないこの身であり、あらゆるものを救うことなど思えるはずもない。阿弥陀仏の本願の船がなかったなら、苦しみに満ちた迷いの海をどうして渡ることができるであろう。）（『和讃現代』）

Q1　上記下線部「おもふまじ」の「まじ」の意味解釈にいくつかある。どれであろうか。

(1)不可能と思われることを示す　〔…できそうにない。〕
　　・「思えるはずもない」（上記『和讃現代』）
　　・「思っても不可能です」（浅井成海『セミナー正像末和讃』）

(2)否定の意思　〔…ないつもりだ〕
　　・「思うまい」（名畑應順『親鸞和讃集』）

(3)否定の義務・当然〔…してはいけない。…するはずがない。〕
　　・「言い張ってはならない」（柏原祐義『三帖和讃講義』）
　　・「…したいなどと考えるなど、とんでもないことだ」
　　　（豊原大成『三帖和讃ノート』）

☆諸師の訳文それぞれ差異があるが、大局的には「小慈悲さえもないこの身では、とうてい有情利益などと大きなことは思うことさえもできない」ということになろう。

Q2　ところが、『三帖和讃　顕智本』では

　　小慈小悲もなきみにて　　有情利益は<u>おもふべき</u>
　　如来の願船いまさずは　　苦海をいかでかわたるべき

　　　　　　　　　　　　　　　　　〈『高田聖典』654〉

となっている。「まじ」が「べき」とある。意味は？

　"有情利益おもふべき"というのは、「人を助けることが、どうして思えるでありましょうか」というのです。と川瀬和敬『正像末法和讃講話』（167頁）に解説してある。大意は上記と変わらない。

Q3　気がかりなのは、親鸞聖人が「小慈小悲もなき身にて

有情利益はおもふまじ」と言われている背景に「三部経を
千部読誦」されたこととの関連である。

　寛喜３年、聖人５９歳の年、関東では寛喜の大飢饉だっ
た。聖人は風邪で熱に浮かされながら、夢の中で無量寿経
をよんでおられたが、「まはさてあらん」と言われる。恵
信尼公がどういうことですかと尋ねると、１７、８年昔（建
保２年の大飢饉のとき・佐貫で）、「衆生利益のためにとて」
よみ始めながら、「名号のほかにはなにごとの不足にて」
と思いかえして読経を中断したことを思い出したのだ、と
答えられたと『恵信尼消息』(二)に書かれている。

　この話は、聖人にも自力執心があった証拠だと、一般に
解釈されているが、ここにこそ、聖人には、人々の現実の
苦難に対して「聖道の慈悲」をおこさずにはおれない、「有
情利益」を思わずにはおれないという、強い利他心があっ
たことの証左ではなかろうか。

【結論】
　「有情利益」は、何としてでもしたいが・・・という菩提心
がこの和讃の底流にある。わが身の聖道の慈悲にては「たすけ
とぐることきはめてありがたし」。「しかれば念仏申すのみぞす
ゑとほりたる大慈悲心にて候ふべきなり」と、念仏に決着して
おられる和讃である。だからこそ、「有情利益はおもふまじ」
という聖人心底の強い菩提心が究極、如来の願船に乗ずる「浄
土の菩提心」の流布となり、現にあまねく無数の有情がその利
益・恩恵に遇うているのではなかろうか。

D　諸釈文関係　（『教行信証』など）

52)「捷径」（『総序』）

「ゆゑに知んぬ。円融至徳の嘉号は、悪を転じて徳を成す正智、難信金剛の信楽は疑いを除き証を獲しむる真理なりと。しかれば、凡小修し易き真教、愚鈍往き易き捷径なり。大聖一代の教、この徳海にしくなし」（『顕浄土教行証文類』総序）

（よって、あらゆる功徳を具えた阿弥陀仏の名号は、悪を転じて徳に変える正しい智慧のはたらきであり、得がたい金剛の信心は、疑いを除いてさとりを得させてくださるまことの道であると知ることができる。このようなわけで、浄土の教えは凡夫にも修めやすいまことの教えなのであり、愚かなものにも往きやすい近道なのである。釈尊が説かれたすべての教えの中で、この浄土の教えに及ぶものはない。）（『本典現代』）

☆ある年、今庄から敦賀へ抜ける「木の芽峠トンネル」（平成16年開通、長さ約1.8㌔）を初めて通り、その利便性によくよく感心したとき、ふと「円融至徳の嘉号（南無阿弥陀仏）は愚鈍の往きやすい浄土への捷径（近道）だ」という総序の文言が思い浮かび、「名号は浄土へのトンネル」だと直感・連想した。トンネルは、交通の難所の通過を可能にする。娑婆から浄土のさとりへの道は、凡愚の力ではとても行きがたいが、名号不思議によればまさに捷径（近道）トンネルではないか。一声、十声で往ける易行道ではないか。

　そこで種々連想が湧き、名号トンネル工事概要を内心試

みに描いてみた。

1　隧道名：名号トンネル

2　建設者：本願省　法蔵菩薩

3　所在：娑婆国〈入口は煩悩林〉…安養浄土〈出口は無
　　　　上涅槃〉

4　総　延　長：十万億仏土

5　工　　　法：菩薩志願無倦恵利群生法（ぼさつのしがんたゆまずぐんじょうをえりする）

6　建設所要歳月：五劫（思惟）と永劫（修行）（ようごう）

7　完成年度：十劫の昔

8　建　設　費：超数限（ちょうしゅげん）

9　建設目的：十方衆生を全て覚りの浄土へ迎え入れんと
　　　　する本願

10　建設効果：衆生の浄土往生・成仏が可能となる

11　隧道の特徴：①唯一の道（「無他方便」）
　　　　　　　②最短の近道（「愚鈍往きやすき捷径」（ぐどん）（せっけい）
　　　　　　　「最勝の直道」（さいしょう）（じきどう））
　　　　　　　③最速の道（「極速円融の白道」（ごくそくえんにゅうびゃくどう））
　　　　　　　④万人最易の道（「易往の大道」（いおう）（だいどう））
　　　　　　　⑤転成の道（「転悪成徳の正智」（あくをてんじてとくをなすしょうち））

12　犠牲者数：「芥子（ほど）の地も捨身の処にあらざるこ（けし）（しゃしん）（ところ）
　　　　となし」

13　注意事項：安易に慣れて事故を起さないこと

★経文等の断片的知識をはめ込んだ「お遊び」にしか見えな
いかも知れないが、当人は本気。ご味読いただきたい。特
に「名号トンネルの入り口は毎日の煩悩林にある」ことは
実感。恐恐謹言。

122

53)「信心の業識」とは？（『行巻』）

「徳号の慈父無さずは　能生の因欠けなん。光明の悲母無さずは所生の縁乖きなん。能所の因縁和合すべしといえども、**信心の業識に非ずは　光明土に到ることなし**。真実信の業識、これすなわち内因とす。光明・名の父母これすなわち外縁とす。内外の因縁和合して報土の真身を得証す。」（行文類：西『聖典』187、東『聖典』190）

（慈悲あふれる父とたとえられる名号がなければ往生の因が欠けるであろう。慈悲あふれる母とたとえられる光明がなければ往生の縁がないことになるであろう。しかし、これらの因縁がそろっても信心がなければ浄土に生まれることはできない。真実の信心を内因とし、光明と名号の父母を外縁とする。これらの内外の因縁がそろって真実報土のさとりを得るのである。）（『本典現代』）

Q　ここは「両重の因縁」として重視されるところ（正信偈では「光明名号顕因縁」）なので、注目している。しかし「信心の業識」という言葉が難解で、上記の『現代語版』でも「信心」とだけ訳し、「業識」は訳出してない。

　　どう解釈し、どう和訳したらよいのであろうか。

　　以下、「信心の業識」に関する資料を少々集めてみた。

A）辞書

(1)『仏教大辞彙』龍谷大学

　　ゴウシキ　業識　(一)善悪の業によりて招ける果報の識を云ふ。衆生の受生するや父母の縁ある所に業識来りて始めて生を得るものなり。(後略)（下線は筆者　以下同）

(2)『真宗辞典』法蔵館

　ゴッシキ【業識】過去の業に由って今生に生れてくる時に此界の生<ruby>生<rt>しょう</rt></ruby>を結ぶ初の識といふこと。即ち過去の善悪業に由り得たる此界の生を結ぶ識なれば業識といふ。

(3)『真宗新辞典』法蔵館

　ごっしき　業識　業のたましい．業によって次の生の心身をうる主体．父は能生の因、母は所生の縁で、それを外縁として自己の業識が内因となりこの身を受ける〔序分義〕（後略）

(4)西『聖典』脚注

　能生の因・所生の縁　父母を能生と所生に分けたのは、父は生ませる側（子種を下す下種）、母は生ませられる側（子種をたもち育てる持種）であるという俗説によっている。また因と縁に分けたのは、名号は正定の業因となり、光明は摂取の外縁となるからである。ただし、光明と名号は別なものではなく、しばらく因と縁に配当しただけである。

　業識　父母の和合によって母胎に宿る個人（子）の主体である識別作用。ここでは信心を業識に喩える。

B）現代語訳類

(5)金子大榮『口語訳　教行信証　付領解』法蔵館

　…またその因縁は和合するとしても、信心の業識がなければ光明土に到ることができない。

　《領解：…もし光明の悲母のみで、徳号の慈父なくば、現世に随順して、厳粛に業苦を反省することはないであろう。》

(6)『現代語訳 親鸞全集』六　本多顕彰訳

名号の主たる慈父阿弥陀仏がおられなかったら、極楽往生の因が欠けるであろう。光明土（極楽）の主たる慈母阿弥陀仏がおられなかったら、往生の縁にそむくことになるだろう。働きかけるもの（父）と働きかけられるもの（母）との因縁が和合したといっても、<u>信心の働きや認識という点でそれが行われなかったら、極楽浄土に生まれることはない</u>。真実の信心の働きや認識は、内なる正しい因である。光明の父と、名号の母は、外縁である。この内外の因縁が和合すれば、浄土に往生して、真報身のさとりをひらくのである。

(7)星野元豊『講解 教行信証』法蔵館

この産まして（手）と産まされて（手）の能動的なはたらきと受動的なはたらきが和合して信心が生まれるのであるが、しかしそこにもう一つ肝心な<u>信心の業識</u>というものがなければならない。<u>業識</u>というのは訳しにくい言葉であるが、業のことで、<u>信心の主体となる業</u>である。この業がなければいかに父母の和合があっても信心は生まれない。<u>業識とは業によってこの世に生を結ぶところの識</u>といういみである。

・・・名号と光明の因縁と<u>信心の業識</u>によって無量光明土に往生することができるのである。

・・・光に照らされて見るわが身のみにくさ、しかも光明はこの私を温かく抱いてくれる。　この堕地獄の私に弥陀の発願廻向の名号は「弥陀にまかせよ」と呼びかける。この光明と名号のはたらきは私をして<u>求念せしめず</u>

にはおかないのである。私が一心正念して往こうと決意
した、この決断への起動としてはたらくもの、それが信
心の業識である。この信心の業識こそまさしく報土の真
身得証の根本的内因といわるべきであろう。誰が往生す
るのでもない。信心の決断をしたこの私が往生するので
ある。》

(8)信楽峻麿『教行証文類講義』法蔵館
　親鸞によって明かされた「信心の業識」とは、真宗にお
ける真実信心というものが、私のもっとも深いところの
生命の根源、その人格主体において成立するところの出
来事、出世的な宗教的体験であるということを示すもの
でしょう。

(9)梯實圓『聖典セミナー　教行信証　信の巻』
　・・・信心がなければ、さとりの境界である光明無量の浄
土に到ることはできません。信心は個体発生の根元であ
る業識(ごっしき)に譬えられるようなものです。それゆえ、往生の
真因を機のうえで的示するならば、真実の信心を業識の
ように内に開ける因とし、母なる光明と父なる名号とは、
外から加わる法縁とみなすべきです。

(10)武田未来雄「親鸞における信心の業識」『印度学佛教學
研究』64巻－2号
　　行巻の両重因縁釈における「信心の業識」は、単に信
　　心を表す譬喩ではなく、衆生の深い問題のある業識が
　　信心の業識への転成を表すものであった。

(11) 宮城顗『教行信証聞記I』
　　(標記の「両重因縁の文」引用のあと) このように因縁

ということが二重になっています。そして、徳号の慈父、
光明の悲母は外縁だといわれます。つまり仏は外縁です。
縁というのは具体化への条件といってもいいかと思いま
すが、可能性が具体化するための条件、これが縁です。
仏とはどこまでも外縁です。そして、信心の業識をもっ
て内因とするという。内因というのは、内なる直接の因
です。ですから「信仏の因縁」という言葉が大事な言葉
として注意されるわけです。

⑿大峯顕『生命環流』98頁

　私の存在の謎：われわれには生の始めがわからないよう
に、死後もわかりません。… 肉体の始めのことではな
くて、私そのものは一体どこから来たかということです。
… 私自身とは何かというのは、魂の問題と言ったらわ
かり易いかもしれません。… ここでいう魂というのは、
（お釈迦さまが戯論だといわれたような）実体的な霊魂
のことではありません。私たちの体にせよ、魂にせよ、
実体的に存在するものではありません。（五蘊仮和合）
… 阿弥陀さまの本願にすっかりまかせた信心の人は、
自分の心にも体にもしがみついていないのです。どうし
てもお浄土に参りたいという自分の心にしがみついてい
たら、お浄土には往けません。心も体も阿弥陀さまにま
かせてしまうところに、他力の信心があります。そうい
う信心の自己がお浄土に生まれさせていただくのです。
　（◇参照◇ 蓮如：見玉尼の「たましゐ」（帖外御文章）
／親鸞：「信心の行者の心、報土にいたり候ひなば」（御
消息13『西聖典761頁）

結論　立派な先生方のご領解に学ぶところが多かった。「信心の業識」の現代語訳の決定版はなかった。強いていえば、「信心の自己」（上記⑫）、あるいは「信心歓ぶ心」と言えようか。

◇そもそも、この「信心の業識」を問題にした私の心底には、「往生の主体は何か？」という教学論題があった。その問いそのものが、釈尊が無記とされた戯論なのかもしれない。

　思うに、「信心」とはものがら（実体）ではない。心の状態・在り様である。阿弥陀仏の光明のお育てを受けて名号のいわれを聞けば、まよいの凡夫よそのまま来い、必ず救うとの如来の喚び声、その声が愚昧なこの身の心底に至り届き、無明煩悩に満ちたこの身に救いとは！　と、心動いたそのときに、思わずみ名をよばずにおれぬ、聞其名号信心歓喜の一瞬。その心の状態・心境を信心というのである。仏心が凡心と一つになった境地。それを名号の種が光明のお育てで信心となって生まれたというのは、父母の因縁で業識が生じると譬えたのが「信心の業識」という言葉。業識を輪廻する実体と取ってはならないと思う。

○強いて「往生の主体は？」と問うなら、星野元豊師の⑺「信心の決断をしたこの私が往生するのである」が示唆的である。

　親鸞聖人は「ここをもって愚禿釈の鸞・・・久しく万行諸善の仮門を出でて、・・・しかるにいまことに方便の真門を出でて、選択の願海に転入せり。すみやかに難

思往生の心を離れて、難思議往生を遂げんと欲す」(西『聖典』413) と仰せられている。「この私が往生する」という。「この私」は全体的・無分別的自己である。魂か、心か、体かと分析的・分別心でない。「往生の主体は？」と問うこと自体が「分別心」であったのだ。

　また聖人は「この身は、いまは、としきはまりて候へば、さだめてさきだちて往生し候はんずれば、浄土にてかならずかならずまちまゐらせ候ふべし」(西『聖典』785) とも御消息されている。

◎以上、敢えていうなら、「信心の定まったこの私、この身が往生する」のであると結論できるであろう。

※『聖典』類の記述としては、現行の西『聖典』188頁の脚注「業識」の最後に〝二〇六頁の光明名号 … の脚注を参照〟と付記してほしい。『本典現代』の方は「これらの因縁がそろってもそこに生まれた信心がなければ・・・」と下線部を補記したらどうかと思う。

　蛇足ながら愚歌一つ。自家用のメモとして—：

　　　　両重因縁

　　　父は名号　その種受けて

　　　母は光明　お育て深く

　　　生まれた信心どこへゆく

　　　目指すは父母待つ光明土

　　　直ちに来たれ護るぞよと

　　　まよいをさとりに成す教え

54)「勅命」とは？（『行巻』）

　「帰命は本願招喚の勅命なり」とは、浄土真宗の絶対他力思想を顕わす言葉であり、親鸞聖人独特の信境だと聞いている。因みに、その意味を星野元豊師の御釈でいただくと。

(1)「帰命というのは、私が帰命する私のはたらきであるが、それは如来の摂取せずんばやまずという本願から私をまねき喚ばせたまう如来の招喚の勅命にほかならない。」「煩悩の凡夫の南無という帰命のはたらきは凡夫の心から生まれたものではなくして、弥陀悲心の招喚のはたらきがこの凡夫の私の心をうながしたからではなかっただろうか。」(『講解　教行信証』行の巻)

Q　聖人のこの絶対他力の信境には、唯ただその深さに驚くばかりで、教義上は全く信服の他ない。

　　ただ一つ、「勅命」という言葉に何となく抵抗を感じた時期があった。小学校6年のとき父を戦地比島で亡くしたこともあり、若くして住職になったころのことである。

(2)「勅命」とは天皇・帝王のみことのり、逆らうことのできない至上命令のことではないか。如来が、そういう「権力」で帰命せよと命じられるはずはない。となると、この「逆らえない帝王のみことのり」という「勅」の真意は何であろうか。

　　「極悪深重の衆生は、他の方便（救いの道）さらになし」だから、念仏せよとの喚び声にしたがう他ない。逆らえない。そういう衆生の「機」（実態）の立場から「勅命」と言われたのだろうか？

A　そのように独り解釈していた。しかし、その後、ご縁ある
　　たびにいろいろ調べて分かってきたことがある。

(3)「勅命」という言葉は親鸞聖人の著述中で５回使われてい
　　る：
　　①帰命は本願招喚の勅命なり。（行巻）《『本典現代』では：
　　　「仰せ」》
　　②欲生というは、すなわちこれ如来 諸有の群生を招喚し
　　　たもう勅命なり。（信巻）《訳：「仰せ」》
　　③帰命と申すは如来の勅命にしたがふこころなり。（尊号
　　　真像銘文）《訳：「仰せ」》
　　④帰命は、すなはち釈迦・弥陀の二尊の勅命にしたがひて、
　　　召しにかなふと申すことばなり。（尊号真像銘文）《訳：
　　　「仰せ」》
　　⑤太子の勅命帰敬して　六角の御てらを信受す
　　　（皇太子聖徳奉讃）
　◇「勅命」の主は①～④すべて、本願、如来、釈迦・弥陀で
　　ある。仏の方からの「勅命」である。⑤はやや「王勅」に
　　近い。

(4)しかし「勅命」でなく「教勅」になっている例が 親鸞聖
　　人著作中５例ある：
　　❶『浄土文類聚鈔』に３回
　　　例：「いまこの心は、これ如来の大悲、諸有の衆生を招
　　　喚したまふの教勅なり。すなはち大悲の欲生心をもつて、
　　　これを回向と名づく。」
　　　他に「如来の教勅」「超捷易往の教勅」の２例
　　❷『尊號真像銘文』、『唯信鈔文意』に１回ずつ－どちらも

「釈尊の教勅」。

◇聖人は『教行信証』では「勅命」を用いられたが、『浄土
文類聚鈔』（80歳）等では「教勅」を用いておられる。

◇聖人は「勅命」「教勅」などの用語を他の仏典などで御覧
になっていたであろうと思われるが・・・

(5)念のため『大正新脩大蔵経』（ＳＡＴ）で諸経典での用語
頻度を調べた。

【勅命】82（回使用あり…蔵経全体で。その中で：）

王勅命 8　仏勅命 4　如来勅命 3　世尊勅命 0
僧勅命 4

【教勅】965

王教勅 58　仏教勅 137　如来教勅 50　世尊教勅 11
僧教勅 2

・・・概観して（ア）「勅命」よりも「教勅」の方が圧倒
的に多い。

（イ）「教勅」において「勅」の主語は「王」よりも「仏、
如来、世尊、僧」等の方が数多い。

(6)因みに親鸞聖人が重視された七祖聖教で見ると：

【勅命】0　【教勅】2（『往生要集』中の引用経典中の用
語）

(7)以上を総合して親鸞聖人のお意を謹々推察すると

①仏典では「勅」の字が「如来の仰せ」の意味で常用され
ていた。

②聖人の用語「勅命」「教勅」の「勅」に王権の意味はない。
ただ決定的・絶対的・宣布すべき真実の言葉であるとい
う意味合いがこめられているようだ。

③「帰命は本願招喚の勅命なり」と宣言された意味は、

・古来、「南無阿弥陀仏」は衆生が「阿弥陀仏に」「南無
（帰命）」するの意味であったが、その衆生たるや自
己中心的で、さとりを求める心は少なく、如来・仏法
から「逃ぐるもの」。真に南無していないのが悲しい
実態である。

・こういう一切善悪凡夫人をこそ、何としてでも済（すく）い
たいのが阿弥陀仏の本願・やるせない親の悲願。だから
「よりたのめ・よりかかれ」「まかせよ、すくう」と、
如来の方から招き喚ばずにはおれない。これだけは絶
対変わらぬ、何としてでも聞いてほしいという根強い
如来の仰せなのである、と親鸞聖人は頂かれた。

◇このような如来の広大な「仰せ」を「法」の上からいただ
いてみると、当初感じていたように、「命令」の意味は全
くなく、「機」（衆生の実態・私の現実）からはこの「勅命
にしたがう」〈(3)－③④〉ほかない。如来のお喚び声、仰
せのまま、南無阿弥陀仏と申すばかりである。

◇ただ、「勅命」は「教勅」とも親鸞聖人は言われている。
聖人の著述年代の関係（本典＝52〜75歳／浄土文類聚鈔＝
80歳？）であろうか。今回新たに学んだ次第。

55）「別序」における「自」と「従」（『信巻』）

　ある信徒（本願寺派の「中央仏教学院卒業生」）から尋ねら
れたことがあった。「信巻別序」で親鸞聖人は「自」と「従」
をどう使い分けしておられますか？

【原文】夫以獲得信楽発起自如来選択願心。開闡真心顕彰従大

聖矜哀善巧。

【訓読】それおもんみれば、信楽を獲得することは、如来選
　　　択の願心<u>より</u>発起す。真心を開闡することは、大聖矜哀
　　　の善巧<u>より</u>顕彰せり。(西『聖典』209頁；東『聖典』210頁)

【現代語訳】さて、考えてみると、他力の信心を得ることは、
　　　阿弥陀仏が本願を選び取られた慈悲の心<u>から</u>おこるのであ
　　　る。その真実の信心を広く明らかにすることは、釈尊が衆
　　　生を哀れむ心<u>から</u>おこされたすぐれたお導きによって説き
　　　明かされたのである。

Ｑ　同じ「より」でも、「如来選択の願心」の方は「自り」
　　であり、次の「大聖矜哀の善巧」では「従り」と、宗祖は
　　字の使い分けをしておられるが、字にどんな違いがあるの
　　ですか？　こう問われて、即答はできず、辞書に頼ったと
　　ころ、意外な発見をした。

Ａ１　『角川漢和中辞典』
　　　「自」は、起点を示す。「従」は経由する意。
　　　京から江戸へ行くというのは「自り」、東海道を選んで
　　行けば「東海道従り」と使い分ける。

Ａ２　諸橋『大漢和』：　「自、従也」「従…段々に経歴する
　　意に用いる、従、自也。」とあり、「従」に「経過・経歴」
　　の意味があることは角川と同じ。

Ａ３　おしえて Goo!（ネット）：
　　　漢文で使われる「ヨリ」には３つの種類がある。「自り、
　　従り、由り」
　　　(1)「自」……「〜から」として起点を示す。空間（場所）
　　と同時に「時間」を示す時にも使う。

　例：「君自故郷来、応知故郷事」→「君、故郷より来たる、応に故
　　　郷の事を知るべし」〈王維・雑詩〉

(2)「従」……同じく「起点」を示すが、「自」と比べる
　　と「それからずっと」という意味合いが強い。

　例：「従此道至吾軍、不過二十里耳」→「此の道より吾が軍に至る、
　　　二十里に過ぎざるのみ」〈司馬遷・史記〉

(3)「由」…（1）及び（2）同様、「起点」を示すが、経由・
　　経過の間を示す意味合いが強くなる。

　例：「項羽由是始為諸侯上将軍」→「項羽、是より始めて諸侯の上
　　　将軍となる」〈司馬遷・史記〉

Ａ４　『浄土三部経』

　上記の辞書で、「従」は起点、「自」は経由・継続の意味
と知り『浄土三部経』中の使用を見ると、断然「従」が多
く（20回）、「自」は１回だけである。しかも例２、例３は
全く同内容であり、「自」と「従」とは互換している。

　　大経：従＝９回（例１　従如来生 ⇒ 如来）
　　　　　　　　　（例２　従地已上至于虚空）
　　　　　自＝１回（例３　自地已上至于虚空）
　　観経：従＝10回（例４　従空而来。仏従耆闍崛山没。於
　　　　　自＝０回　　　　王宮出。）
　　小経：従＝１回（例５　従是西方）
　　　　　自＝０回

　合計　従　20回　　自　１回

Ａ５　結論

　以上の知見を元に、標記の総序の文を考察すると、いか
にも「我われの獲得する信楽は、如来の選択願心が起点で

ある」から「如来選択の願心より（自）発起す」となって
おり、次の「我われに信心が開けてくるのは大聖釈迦牟尼
仏の種々の善巧方便を通して（経由して）みのったもので
ある」から「大聖矜哀の善巧より（従）顕彰せり」と親
鸞聖人は的確に文字の使い分けをなさっている。今更なが
ら驚き、讃仰するのみである。

A5　ついでながら：

　A4の表の例4「仏従耆闍崛山没。於王宮出。」の訓読を、
「仏、耆闍崛山より、王宮に没して出でたもう」としてい
る大教団の聖典があり、驚いた。当然、「仏、耆闍崛山よ
り没して王宮に出でたもう」である。「耆闍崛山より、王
宮に没する」とは何かトンネルがあるような感じである。
ひょっとすると「従」（経由をあらわす）という字義にこ
だわり、深読みされた結果ではなかろうか。端的に、その
文言の直前に「従空而来」があり、そこは「空よりして来
たらしめたもう」と訓じてあるのに—。

56）「白道」はなぜ「衆生貪瞋煩悩中」か？（『信巻』）

　親鸞聖人は、『信巻』に善導大師のあの有名な「二河白道の
譬喩」を引用されている。その概略は：

◎『ある人が、西に向かって千里の道を歩いていこうとして
いると、突然、目の前に火の河と水の河が現われる。その
二つの河は共にその幅百歩、底なしの河。二つの河の真
ん中に道幅四、五寸の白く光る細い道が見える。《訓読原
文：「まさしく水火の中間に一つの白道あり、闊さ四五寸
ばかりなるべし」》南の火舌は炎々と燃えて白い道をなめ、

北の河もまた波浪逆巻き道を洗っている。

　旅人は愕く。人影のない荒野で、周囲を見回すと、多くのや悪獣たちが、その人一人であるのを見て、殺そうと迫ってくる。怯えた旅人は、西の方に走るが、行く手を火の河、水の河がさえぎっている。引き返せば群賊悪獣がやってくる。南北に逃げようとすれば火水の二河に落ちてしまう。

　この時、旅人は念うに、今回らば死、止まるも死、行くもまた死、一つとして死を免れないなら、むしろ、か細いこの白道を進んでいこう。そう心に決めた時、東の岸から人の声が聞こえる。「仁者、ただ決定してその道を尋ねて行け。決して死ぬことはない。もし住まらば死である。」するとまた、西岸から声がする。「汝、一心正念にして直ちに来たれ。我よく汝を護らん。水火の難に堕ることを畏れなくてよい」と。

　ここで行者は心をきめてその白道を歩みだす。これを見た群賊たちは、「その道は死の道じゃ、行くな、引き返して来い」としきりに呼びかけるが、行者はその言葉に惑わされず、一心に西に向かって進み、ほどなく西岸に着き、仏・善友とあいまみえることができ、尽きせぬ大きな喜びをえたことである。』

Q　若いころこの話を聞いて疑問を感じ、叔父に質問した。仏が白道で行者を無事助けようとするなら、なぜわざわざ水火をかぶる二河の真中に細い道をつけたのか？なぜ二河の上に吊橋をかけるとか、河底トンネルにしなかったのか？

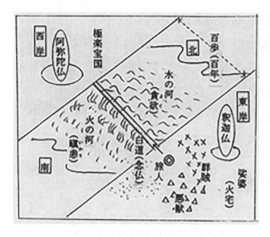

A　（叔父の答え）その問題こそこのお譬えの核心である。衆生の貪瞋煩悩（とんじんぼんのう）の真只中、つまり我れ凡夫の生臭い毎日の日暮を離れて念仏があるのではない。如来は私たちの水火の波焔の中に身を横たえて、さあこの上を歩んでゆけよと叫んでくださっているのが白道・お念仏だ。「本願の名号は生ける言葉の仏身なり」（曾我量深師）という言葉もある。だからこそ念仏は「不断煩悩得涅槃」（ぼんのうをたたずしてねはんをえる）の道なのだ。如来は摂取不捨と我れを抱きしめていてくださるのがお念仏なのだ。

　吊り橋なら、火にも水にも触らない、つまり我れの実人生とは無縁となり、真の救いとはなりえない。我れをして貪瞋煩悩の苦の中を生き抜き、歩みきらせてくださるのが、南無阿弥陀仏の白道なのだ。さあ、お念仏せんかいね。

　…愚問が縁となって、「衆生貪瞋煩悩中能生清浄願往生心」（しゅじょうとんじんぼんのうちゅうのうしょうしょうじょうがんおうじょうしん）（原文）の真意を分からせてもらった次第。愚問を嗤わずに、ようこそ真実を教えていただいたよき師に感謝し、お念仏するばかり。（この節は本書〈52〉）「捷径」"名号トンネルの入り口"の話の原点である。）

57）「真実信心必具名号」の訓点（『信巻』）

『信巻』で「三心即一」の帰結の文中に２点気がかりがある。
真実信心必具名号。名号必不具願力信心也。

〈真実の信心はかならず名号*を具す。名号はかならずしも
願力の信心を具せざるなり。〉（*名号　ここでは称名の意。）
…西『聖典』

　Q１　なぜ「*名号　ここでは称名の意。」と注をつけねば
　　ならないのか？

　①「この真実の信心は、如来の御回向下される名号が衆生
　　の胸に頂かれたとき信心と呼ばれるので、その頂いた名
　　号がおのずと口にあらわれて称名となるのであるから、
　　真実の信心には必ず名号は具わっているが、称名にはた
　　だの自力称名もあるから、これに願力回向の信心が具わ
　　っているとは云われないのである。」（『教行信証講義』（山
　　邊習學・赤沼智善）

　　　この解釈を昭和３０年代に読んだときから、原文の「名
　　号」は「称名」と思いこんでいた。しかし、同書の「所
　　行」「能行」の解説は当時十分に理解できないでいた。

　②その後読んだ諸師の解釈はみな「名号＝称名」であった。
　　（金子大榮『教行信証講読』信証巻 p.223、星野元豊『講
　　解教行信証』信の巻 p.737、信楽峻麿『教行証文類講義』
　　信巻Ⅱ p.342、梯實圓『聖典セミナー 教行信証』信の巻
　　pp.252-255)

　③上記『聖典セミナー』で『六要鈔』（存覚）と『本願鈔』
　　（覚如）との違いが分かり、①の疑問が解けた。

『六要鈔』：「はじめの名号は所帰の法*としての名号を指し、後の名号は称名を指す」　*「信心は名号を疑いなく聞き受けておこなっている信心ですから、信心には必ず所帰（帰依される）の法である名号が内に具わっています」ということ。

『本願鈔』：「名号といっても、（どちらも）称名を意味している。」

④本願招喚の勅命・「まかせよ、すくう」とのお喚び声・（南無阿弥陀仏）がこの罪業深き身に到り聞こえた、つまり名号のはたらきに私が包まれたのが信心ですから、その仰せのままに称名念仏するというのが「真実信心必具名号」の意味である。

◇そこで、大峯顯『招喚する真理』のお説に準じて、次のような「唱和法語」を作成してみた。

「まことの言葉」

南無阿弥陀仏はまことの言葉

かならず救うまかせよと

如来さまのお喚び声

仰せのままにとなえましょう

南無阿弥陀仏　南無阿弥陀仏

Ｑ２　「名号必不具願力信心」の語順はそれでよいのか？

普通の漢文では、「必不」は「必ず…ず（not）」と全部否定を表し、「不必」は「必ずしも…ならず」と部分否定に使うのが原則である。

しかし、標題の文の後半では「必不」を部分否定に訓まれているのはどういうことか？

A　この問題は昔から論議されていて、例えば、香月院深励師は「日本古代の文章には不必も必不も分けてない。そこで点を以て分ける故に『必ずしも』と点ずる」といい、「これらも和文の一格なり」と書かれているという。(梯實圓『セミナー教行信証　信の巻』258頁)

　それで一応納得したが、自分の勉強のため、『教行信証』の中に出る「必不」と「不必」について、『親鸞聖人真蹟集成』(写真版)、『定本親鸞聖人全集』等で調べてみた。

①「必不」・・・７回使用されている。

　　a　『散善義』からの引用・・・３回

　　　例「欲回此雑毒之行。求生彼仏浄土者。此必不可也」

　　　　（此レ必不可也ナリ・・・全面否定）

　　b『涅槃経』　　c『論註』・・・各１回・計２回（全面否定）

・御自釈文・・・２回

　　d「以此虚偽雑毒之善。欲生無量光明土。此必不可也」

　　　　（訓点はないが、明らかに全面否定）

　　e「名號ハ必ズシモ₃不ル₂具セ願力ノ信心ヲ₁也」

（数字は仮表記）

　　「必不」を「必ずしも願力の信心を具せざる」と部分否定で訓点されているのは、この文のみである。

②「不必」・・・２回使用・・・いずれも『本典』での『論註』からの引用文中。

　　f　『論註』の原文「然礼拝但是恭敬不必帰命」

　　　（必ずしも・・・ず）（部分否定）を

　　　「然ニ礼拝ハ但是恭敬ニシテ必ズ帰命ナラ不」と、聖人は（全体否定）に訓まれている。

g 『論註』の原文「経言十念者明業事成辨耳、<u>不必</u>須知頭数也」（・・・必ずしも頭数を知るを須（もち）いざるなり）（部分否定）を

「（経言十念者・・・耳）<u>必</u>　須ク（スベカラ）頭数ヲ知ルベカラ<u>不ル</u>也。」と、聖人は<u>全体否定</u>に訓まれている。

③ 聖人の『浄土論註訓点』（『定本親鸞聖人全集』第八巻加点篇（上））においても、ｆ,ｇと同じく<u>全体否定</u>に訓点されている。

④東・西『聖典』では祖師の記述通りではなく、<u>論註の部分否定に戻して記述</u>してある。

《調査結果の所感》

（ⅰ）『教行信証』では「不必」より「必不」の方が使用率が高い。

（ⅱ）しかも、聖人は、上記 f, g のように、「不必」を部分否定とせず、「必不」と同じ全体否定として訓まれている。

（ⅲ）だから、聖人にとっては、「必不」の連語が主であった。

（ⅳ）しかし、聖人にも「必ずしも・・・ならず」という部分否定の語法の必要はあった。

（ⅴ）それで上記 ⓔ の場合、「必不」の語順をとりつつ、部分否定とするため、わざわざ「かならずしも・・・ざる」と訓点を付けられたのである。

以上、調べた事実のままを記した。そして「これらも和文の一格なり」という深励師の婉曲的評言の意味がはっきりしたように思う。その線での 慮（おもんぱか）りが、A④に示した『東西聖典』

の修正記述であろう。訓読の聖典だけ読んでいれば、何も問題点には気付かない。今回、真蹟等、原典（漢文）を調べて気になる「聖典のことば」の真相に達し得たようだ。

58)「冥衆護持の益」が第一益（『信巻』）

『信巻』末の始めの方に「現生十種の益」が挙げられている。

「金剛の真心を獲得すれば、横に五趣八難の道を超え、かならず現生に十種の益を獲。なにものか十とする。一つには冥衆護持の益、二つには至徳具足の益、三つには転悪成善の益、四つには諸仏護念の益、五つには諸仏称讃の益、六つには心光常護の益、七つには心多歓喜の益、八つには知恩報徳の益、九つには常行大悲の益、十には正定聚に入る益なり。」

Q　「冥衆護持の益」（諸菩薩や諸天善神につねにまもられること）が、十種の益の中でトップに挙げられているのは何故だろうか？

①「冥衆」とは凡夫には顕わに見えない菩薩や神という意味であるが、菩薩の護持は、第四の諸仏護念の益に近いから、第一の益の主体は「諸天善神」であろう。

②この「善神護持」の思想は、『現世利益和讃』（例：「天神・地祇はことごとく　善鬼神となづけたり …」）や『歎異抄』第七条（「信心の行者には、天神・地祇も敬服し …」）、あるいは『親鸞聖人御消息』（二七）（「神祇・冥道をあなづりすてたてまつると申すこと、この事ゆめゆめなきことなり」）と関連があるのではなかろうか？

③特に関東の門弟らに神祇信仰が根強かったという（例：

今井雅晴『親鸞聖人と東国の人々』47-49頁）。だから
　　聖人は神祇と他力念仏との関係を説かれようとされたの
　　ではないか？
　・・・などと愚案していたら、意外な文章に出会った。

A　「冥衆護持の益は・・・中国宋代の・・・『楽邦文類』巻二
　　に〈もしよく暫くも三宝に帰し、一仏の名を受持するもの
　　は、現世に十種の勝利を獲べし〉といい、その第一に〈一
　　つには、昼夜常に一切の諸天、大力の神将、河沙の眷属、
　　形を隠して守護することを得〉といわれていたのを参考に
　　されたに違いありません。とくに、内容は違いますが、現
　　生の益を「十種」に数え挙げられたのは、その影響と考え
　　られます。」（梯實圓『聖典セミナー　教行信証［信の巻］』
　　341-342ｐ）
　・・・親鸞聖人はこの『楽邦文類』を好まれ、３回も教行信
　　証に引用しておられるので、上記のように現生十種の益の
　　拠り所にされたであろうというのは、順当な推論であろう。
　　学恩に多謝する次第。
　　　因みに『楽邦文類』とは：—
　④『楽邦文類』５巻：中国南宋の宗暁の編。慶元６年（1200）
　　頃に成立。楽邦（西方浄土）に関する経論・要文220篇
　　余りを14門に類別して集めた類書。
　・・・聖人の『教行信証』草稿は52歳（1224年）であるから、
　　よほど手回しよく中国の新しい聖典に触れられたことが分
　　かる。
　　　念仏の歴史の集大成が『教行信証』だと再確認できた次
　　第である。

59）「臨終一念の夕べ、大般涅槃を超証す」に明証（『信巻』）

「弥勒大士は等覚の金剛心を窮むるがゆゑに、竜華三会の暁、
まさに無上覚位を極むべし。念仏の衆生は横超の金剛心を窮む
るがゆゑに、臨終一念の夕べ、大般涅槃を超証す。ゆゑに便同
といふなり。」

（弥勒菩薩は、仏の「正覚」の一歩手前の「等覚」の位にあり
金剛心を得ているから、釈尊滅後五十六億七千万年の後に竜
華樹の下でさとりを開き、大衆の前で三回説法して、この上
ないさとりを開くのである。念仏の衆生は他力の金剛心を得
ているから、この世の命を終えて浄土に生まれ、たちまちに
完全なさとりを開く。だから弥勒菩薩と同じ位であるという
のである。）《『本典現代』取意》

Q 『信巻』の「真の仏弟子」釈の後に出るこの一文は、真
の念仏者は弥勒菩薩に等しいという意味で「便同弥勒」と
称題されることが多く、それはそれで当を得ている。しか
し「現世往生説△」論者は下線部をどう解釈するのだろう
かと、いつも疑問に思う。

《△「現世往生論」＝〝親鸞の理解する他力念仏による
往生は臨終往生ではなく、現世で正定聚・不退転を得
ることを「往生を得る」（『一念多念証文意』）と述べ
ているのだ〟という近代教学の論説》

… その論者何人かの『信巻』解説書で標記の文の扱いを見
たが、「この世の生命が終わるとき、ただちに最上の仏の〈さ
とり〉をひらくことになります」と何の註解もなく訳され
ているだけであった。

A　「臨終一念の夕べ、大般涅槃を超証す」は、親鸞聖人が臨終往生を、現生正定聚と並んで「二益」と認めておられた明証ではないか。

…個人的には<u>往生の時期論</u>よりも、「往生するとはどういうことか」という<u>本質論</u>の方が大事だと思っている。(本書　C40「化生」、41「無生の生」参照)

60)「恥づべし傷むべし」と「矣」(『信巻』)

…『信巻』で「真の仏弟子」を確かめ、仮、偽の邪道を歎異された後、突然のように親鸞聖人ご自身の悲歎述懐が始まる。

「<u>誠に知んぬ</u>。<u>悲しき哉愚禿鸞</u>、愛欲の広海に沈没し、名利の太山に迷惑して、定聚の数に入ることを喜ばず、真証の証に近づくことを快しまざることを。恥づべし傷むべしと<u>(矣)</u>。」(『信巻』)

(いま、まことに知ることができた。悲しいことに、愚禿親鸞は、愛欲の広い海に沈み、名利〈名誉と利欲〉の深い山に迷って、正定聚〈浄土往生が定まった位〉に入っていることを喜ばず、真実のさとりに近づくことを楽しいとも思わない。恥ずかしく、嘆かわしいことである。)(『本典現代』取意)

…むずかしい教理・論証の多い『教行信証』の中で、この悲歎述懐は親鸞聖人の純粋な心情を吐露されたものとして、筆者も若いときから心打たれてきた。しかし、それは単なる感傷的レトリックではなく、聖人の絶対他力の信(例:「帰命は本願招喚の勅命也」)の基幹をなす自己徹視(機

の深信）の表出という重要な機能があるのである。この一文の表現形式にある次の３つの特徴からも分かる。

① 『教行信証』の宗祖御自釈の中で詠嘆的「哉」は（普通「三哉(さんさい)」といわれているが） <u>4</u>種あり、都合６回出てくる。「<u>誠なる哉</u>」・「<u>慶ばしい哉</u>」（総序）、「<u>悲しき哉</u>」（信巻）、「<u>悲しき哉（垢障の凡愚）</u>」（化巻・二十願の機）、「（果遂の誓いまことに）<u>由ある哉</u>」（化巻・三願転入）、「慶ばしい哉」（化巻・後序）。いずれも宗祖の思いの深さが滲(にじ)み出ている大事な個所ばかりである。

② その中で「誠に知んぬ」と、特に深く詠嘆されているのは、標題の悲歎述懐だけであり、この一文の重みがわかる。

③ 原文（漢文）では、「可恥可傷矣」と「矣」がつき、その訓点も「恥ハヅ可シ傷イタム可シト」となっている。

　　その「矣」とは：－

　☆「矣（い）＝語句の終わりに用いる助字。きっぱりと言い切る語気を表わす」（『角川漢和中辞典』）

　◇総序最後の文字「矣」に「イヒオハルコトハナリ」と聖人の訓点がある。

④ 原文が「矣」で終わると、その訓点は「○○ト」で終わる。

⑤ 『教行信証』の聖人御自釈文中、この「矣」「○○ト」で文が終わっているのは次の５回だけである。

　ⅰ　慶所聞嘆所獲<u>矣</u>。（聞く所を慶び獲る所を嘆ずるなり<u>と</u>。）（総序の<u>結文</u>）

　ⅱ　雖加取捨莫生毀謗<u>矣</u>。（取捨を加ふといへども毀謗

を生ずることなかれと。）（信巻別序の結文）

iii　可恥可傷矣。（恥づべし傷むべしと。）（信巻－本の終わり近く：真仏弟子釈の結文）

iv　仰可奉持特可頂戴矣。（仰いで奉持すべし、ことに頂戴すべしと。）（証巻の結文）

v　妙果顕於安養矣。（妙果を安養に顕さんと。）

（化巻　後序　「慶ばしい哉･･･」の結文）

･･･iii以外はみな重要な章句の結文である。それに並ぶiiiの悲歎述懐がいかに重要か、この「矣」付加という事実からでもわかる。諸師がこのiii悲歎述懐を、「真仏弟子」釈の「結文」と位置づけされている理由もそこにあるのであろう。（例：金子大榮『教行信証講読　信証巻』－「さればこの悲傷の結語こそは、動（やや）もすれば理想的たらんとする真仏弟子感を最も現実のものとするものである。即ちこの悲傷の結語に依りて、真仏弟子の意義は成就するのである。」

しかし、この悲歎述懐は、単なる教行信証の章段構成上の機能に止まらず、教行信証・親鸞教学の根底をなす「機無」精神（徹底した機の深信）の純粋な自己発露であろう。「本願招喚の勅命」がなぜなされたか、愛欲・名利の煩悩熾盛…やがては（信巻末の）逆謗にいたる…衆生の無明の故である。教行信証全体が、その「機無」の我々がいかにして、無明を破る慧日に遇い得るか。「機無」故に成就された「円成」「回施」の名号、勅命に順う他ないという基本線に貫かれていると思う。その意味で悲歎述懐は教行信証の基盤であると窺う次第である。

61）「心を弘誓の仏地に樹て」の出拠（『化巻』）

『教行信証』・後序の実質的な結文にこうある。

① 「慶しいかな、心を弘誓の仏地に樹て、念を難思の法海に流す。」（まことによろこばしいことである。心を本願の大地にうちたて、思いを不可思議の大海に流す。）

　　　《原文：慶哉樹心弘誓仏地流念難思法海》

そして西『聖典』には、下線部について②のような註がついているので驚く！

② 『大唐西域記』巻三の「心を仏地に樹て、情を法海に流す」という文による。弘誓の仏地は仏の本願を大地に喩えたもの。

・・・念のため玄奘三蔵（602－664）の書いた『大唐西域記』を調べると、たしかにこう書いてある。

③ 《樹心仏地流情法海》

　①と③では「念」と「情」が異なるだけ。（しかし、親鸞聖人の『浄土文類聚鈔』には、「流情」のままとなっている。）

◎ともかくも、親鸞聖人は『大唐西域記』を読んでおられたに違いない。というのは、聖人は玄奘の（『阿弥陀経』異訳）

④ 『称讃浄土経』の中の経文「仮使経於百千俱胝那由多劫。以其無量百千俱胝那由多舌。一一舌上出無量声。讃其功徳亦不能尽。」（仮使ひ百千俱胝那由多劫を経て、其の無量百千俱胝那由多の舌を以て、一一の舌の上に無量の声を出して、其の功徳を讃ずるも、赤尽くすこと能はず。）を大変慶ばれて、『浄土和讃』（国宝本）の冒頭に引用され、また「諸経和讃」にこう和讃しておられる。

⑤百千倶胝の劫をへて　百千倶胝のしたをいだし　したごと
　無量のこゑをして　弥陀をほめんになほつきじ

⑥因みに『称讃浄土経』という言葉は『行巻』にも１回、『入
　出二門偈』（表紙裏）に１回、『西方指南鈔』にも３回出て
　いる。

こういう聖人と玄奘三蔵との密接な関係から窺えば、聖人が玄
奘の『大唐西域記』を読まれていたであろうことは、容易に想
像できる。

　Q　それにしても、聖人の「仏地・法海」のルーツが『西域記』
　　にあることをどなたが発見されたのだろうか？　驚嘆・敬
　　意を禁じえない。

> げんじょう【玄奘】　‥ジヤウ
> 唐代の僧。法相宗・倶舎宗の開祖。河南の人。629年
> 長安を出発し、天山南路からインドに入り、ナーラ
> ンダー寺の戒賢らに学び、645年帰国後、「大般若経」
> 「倶舎論」「成唯識論」など多数の仏典を翻訳。玄奘
> 以前の訳を旧訳（くやく）とし、玄奘以後の新訳と
> 区別する。「大唐西域記」はその旅行記。「西遊記」
> はこの旅行記に取材したもの。玄奘三蔵。三蔵法師。
> （602〜664）　　　　　　　　　　　（広辞苑より）

62)『涅槃経』転写の問題（『化巻』）

　☆『化身土巻』（本）の「真門釈　引文」に『涅槃経』迦葉
　　品からの引文（A）があるが、『涅槃経』の原文（D）と
　　はかなりの差異がある。その差異・転写？は親鸞聖人のご
　　意図であったのか、何らかの事情による誤写であったのか、
　　疑問に思うので、以下資料を提示して、ご関心あるお方の
　　ご判断をいただきたいと思う。

A）化身土巻「二種涅槃」の引文（訓読：西『聖典』408頁／東『聖典』353頁＝東が異なる部分のみ小フォントで表示）

（下線や字体変更等は筆者による－以下同じ）

「如来にすなはち二種の涅槃あり。一つには有為、二つには無為なり。有為涅槃は常楽我浄なし、無為涅槃は常楽我浄あり。＊（乃至）この人深くこの二種の戒ともに善果ありと信ず（…と信ぜん）。このゆゑに名づけて戒不具足となす。この人は信・戒の二事を具せず。所修の多聞も（所楽多聞にして）また不具足なり。」

Q1　この文の最初のテーマは「二種の涅槃」であるのに、後半は突如「二種の戒」に変わり、前後の脈絡もない＊ので疑問を感じ、原典（漢文）《『真蹟』『真聖全 二』》を調べた⇒B）。

〈＊『浄土真宗聖典（註釈版）』初版には、（A）の文の「＊この人」の前に「（乃至）この人」と「乃至」が入っているが、同註釈版（第二版）には入っていない。東『聖典』には入っている。しかし、元々原文（B）にはない言葉である。〉

B）化身土巻「二種涅槃」の引文（聖人の原文）

「如來則有二種涅槃。一者有為。二者無為。有為涅槃無常。樂我淨無為涅槃。有常人深信是二種戒倶有因果。是故名為戒。戒不具足。是人不具信戒二事。所楽多聞亦不具足。云何名為聞不具足。」

C）（Bについている訓点に順った訓読 ＝ 高田『聖典』）

「如来にすなはち二種の涅槃あり。一つには有為、二つ

には無為なり。有為涅槃は無常なり。楽我浄は無為涅槃なり。常人ありて、深くこの二種の戒ともに因果ありと信ぜん。このゆゑに名づけて戒とす。戒不具足、この人は信・戒の二事を具せず。所楽多聞してまた不具足なり。いかなるかを名づけて聞不具足とする。」

Q2　B，Cの文の（波）下線部とAの（二重）下線部およびそれ以下とでは相違が大きい。なぜであろうか。

　　ここで当然、『涅槃経』そのものに当たることが必要となる。

　　D）大正蔵経（SAT）『大般涅槃經』〈曇無讖訳〉（No. 0374）

　　D－1（T0374_.12.0575b22）

　「如來則有二種涅槃。一者有為。二者無為。有為涅槃無常楽我浄。無為涅有常楽我浄。雖信仏性是衆生有。不必一切皆悉有之。是故名為信不具足。・・・」

　　（これより２５行後に）・・・

　　D－2（T0374_.12.0575c21）

　「・・・復有二種一者善戒。二者悪戒。身口意善是名善戒。牛戒狗戒是名悪戒。是人深信是二種戒倶有善果。是故名為戒不具足是人不具信戒二事。所修多聞不具足。云何名為聞不具足。」

Q3　このD－1、D－2の前半と後半が、偶然的に繋がったのがBの文であるような印象をうける。特に、D－1の１～２行目の「有為涅槃。無常楽我浄。無為涅槃。有常楽我浄」（有為涅槃は常楽我浄なし、無為涅槃は常楽我浄あり）が、この『涅槃経』文の要であるのに、それが「無為涅槃

152

有常／」と途中で切られ、急にＤ－２の「人深信・・・」
へと繋がっている。どういう文脈が意図されたのであろう
か。

Ｑ４　たしかに、親鸞聖人には経典引用の際、（有名な「回
　　向せしめたまへり」等の）訓み換えの他、中抜①（中略）
　　や文字替え②（替字）をされている例は他にあるから、Ｄ
　　からＢへの中抜き・文字替えの転写形式は、聖人には普通
　　だと言えるかもしれないが、直近上で述べたような恣意的
　　二文逢着？は例外的である。果たして宗祖の本意・意図的
　　操作であったのか？と不審である。

　　　①中抜の例：「涅槃経言。実諦者一道清浄無有二也。▲
　　　　言真実者即是如來。如來者即是真実。真実者即是虚空。
　　　　虚空者即是真実。真実者即是仏性。仏性者即是真実已
　　　　上」（信巻・至心釈の終：『真聖全』二　61頁）

　　　　《『涅槃経』原文には▲に約400字経文がある。無断
　　　　で中略してある。》

　　　②替字の例：「涅槃経言。闇即世間。明即出世。闇即無明。
　　　　明即智明 已上」『真聖全』二　62頁）

　　　　《『涅槃経』原文では「光則智明」となっている》

Ｑ４　親鸞聖人は、75,846字という大論著『教行信証』をど
　　のような構想・手順で撰述されたのか。特にその大部分を
　　占める経釈の引文は、その都度、経釈の原典を開いて書写
　　されたのか、それとも引用メモから筆写されたのか。（Ｂ）
　　はひょっとして他の人の引用メモを見ながら、聖人独特の
　　訓点を施しつつ筆写されたものではなかろうか？・・・など
　　と妄想してしまう。（所詮、大部の論述のご苦労は、凡愚

の思い及ばぬところ、ただ讃仰あるのみである。)

Q5　それにしても、標記の『涅槃経』転写・齟齬の問題は、すでに昔から学者に認識されているようだ。西『聖典』(訓読)(A)でその一部を、聖人の原典(漢文)(B)とは異なる涅槃経(D文)の訓読に戻しているのは、(聖典のテキスト性の重視からか?)その問題を意識したからであろう。

『聖典』は、原著者・原典に遵拠すべきか、「テキスト」としての整合性を先にすべきか、議論の分かれるところであろうが、同一の『聖典』内では、その方針に一貫性が必要である。(本書B34の項＝テキスト性がない例を参照されたい。)原典主義を第一とし、注記でテキスト性を保持するのがよいように思うがいかがであろう?

以上、浅学頑老の者が、『聖典』の表には現れていない問題に気づかせていただき驚くとともに、不遜ながら宗祖聖人の「一人間」としてのご苦労を感じた次第。この事によって聖人の広大な御威徳が寸毫も減じられるものではなく、否、却って益々「人間親鸞」としての聖人への敬慕の念が胸に熱く湧いたことである…何度も真蹟を拝しながら。

63)　後序中の「兮」と「悲喜の涙」

☆『教行信証』のいわゆる「後序」(後人の呼称)は『化身土巻』(末)の本文の最後、『論語』(季路のこと)の引文の後、1行の空白を措いて聖人ご自身の忘れ難い生涯の「由来」が書き始められている。

その一節の中で感動を表す助字「兮（けい）」が4回使われてい

る。この助字は、漢文の訓読ではほとんど読まないので、訓読『聖典』には出てこない。しかし大事な箇所に使われている。以下のとおりである。

　先ずは35歳時の承元の法難について：

A）竊以聖道諸教行証久廃、浄土真宗証道今盛。（ヒソカニオモンミレバ、聖道ノ諸教ハ行証久シクスタレ、浄土ノ真宗ハ証道イマサカリナリ。）然諸寺釈門昏教兮、不知真仮門戸。（シカルニ諸寺ノ釈門教ニクラク^{シテ}兮、真仮ノ門戸ヲ知ラズ。）洛都儒林迷行兮、無弁邪正道路。（洛都ノ儒林行^{ジュリン}ニ迷フ^テ兮、邪正ノ道路ヲ弁フルコトナシ。）〈『真聖全』二201頁より〉

☆普通、訓読体になっている『聖典』では「教に暗くして、真仮の門戸を知らず」と読んでいるが、原本（漢文）ではそこに「兮」（感動を表す助字：通常は読まない字）が入っている。A）で２回。「諸寺（延暦寺や興福寺など）の僧侶たちは、教えに暗くして兮」、どうして念仏停止の訴えを起こしたり、「朝廷に仕えている学者たちも、行（聖道の雑行・浄土の正行）の見分けがつかずにいて兮」、どうして専修念仏弾圧の裁きに関わることができたのか」という聖人の烈しい情動が「兮」の文字に表出されている。そして「法難」の次、法然上人との邂逅・信任の感激叙述でも２回⇒

B）然愚禿釈鸞建仁辛酉暦棄雑行兮帰本願。（シカルニ愚禿釈ノ鸞、建仁辛酉ノ暦、雑行ヲ棄テ^テ兮本願ニ帰ス。）元久乙丑歳蒙恩恕兮書選択。（元久乙丑ノ歳、恩恕ヲ蒙ブリ^テ兮『選択』ヲ書シキ。）

☆「29歳のとき、比叡山での「雑行」（諸行の念仏）を棄てて㊓、法然上人の『ただ念仏して』のお導き、『弥陀の本願』による故にとのみ教えに夜明けができた喜び。また、33歳のとき、法然上人から特別のご信任を得て㊓、内秘の御著『選択集』の見写、さらにはご真影の図画まで許されたときの忘れ難い感激！」そのお喜びがそれぞれ「兮」に顕れている。

　こうして聖人は、『教行信証』でも他著でも初めてご自身のことについての陳述をされたが、その結びは：－
C）仍抑悲喜之涙註由来之縁。（仍テ悲喜ノ涙ヲ抑ヘテ由来ノ縁ヲ註ス」

☆承元の法難は忘れ得ぬ「悲しみ」、法然上人にめぐり遇えて出離の強縁をいただいたこと、更には入門４年にして恩師から特別の信任を得たことは、生涯最大の「喜び」。その「悲・喜」の感動が（A）（B）の原文で「兮」となって表出されたに違いない。

　因みに、親鸞聖人の全著述の中で「兮」の字は上記後序の中の４回だけであり※、ご自身について書かれた「涙」という字は（C）の中の「悲喜の涙」１回だけである。

　〈序でながら、（C）の文に続く「慶哉樹心弘誓仏地…」（本書 58）が『教行信証』論述の真の「後序」であろう。〉

　〈※この後序の兮４回は、『親鸞聖人伝絵』（覚如）に再現されているが、『嘆徳文』（存覚）には独自に６回「兮」の使用がある。〉

64)「漸頓のなかの頓」は誤記？（『親鸞聖人御消息』）

☆「末燈鈔（一四）」に慶信からの上書（返信）に対する親
鸞聖人のご返事に添えた蓮位の書状が出ている。その中の
「漸頓のなかの頓」について疑義が生じた。

【①原文（問題箇所のみ）】

　また弥勒とひとしと候は、弥勒は<u>等覚</u>の分なり、これは因位
の分なり、これは十四・十五の月の円満したまふが、すでに八
日・九日の月のいまだ円満したまはぬほどをまふし候也。これ
は自力修行のやうなり。われらは<u>②信心決定の凡夫くらゐ正定
聚のくらゐなり</u>。これは因位なり、これ等覚の分なり。^③<u>かれ
は自力也</u>、^③<u>これは他力なり</u>。自他のかはりこそ候へども、因
位のくらゐはひとしといふなり。また<u>弥勒の妙覚のさとりはお
そく、われらが滅度にいたることは</u>^④<u>とく候</u>はむずるなり。か
れは^⑤<u>五十六億七千万歳</u>のあかつきを期し、これは^⑥<u>ちくまく</u>
をへだつるほどなり。かれは^⑦<u>漸・頓のなかの頓</u>、これは^⑧<u>頓
のなかの頓</u>なり。滅度といふは妙覚なり。（『真聖全』二678頁）

　註　①『末灯鈔』一四は、㈠慶信からの上書（「信心よろこぶ人を如来とひ
　　　とし」という教えについての自分の領解の是非を聖人に窺う内容）、
　　　㈡追伸（称名二種併称の可否）、㈢それについての聖人の返信、㈣そ
　　　の返信に添えた蓮位の添え状（前半：蓮位が聖人の文を筆写した部
　　　分と、後半：蓮位自身の慶信への言葉）、以上の４部から成る。他の
　　　どの消息よりも長い。引用したのは、㈣－ａの中の一部である＝親
　　　鸞聖人の許に書き留めておかれた弥勒等同の文を蓮位が写したもの。
　　②西『聖典』：　われらは信心決定の凡夫、位（は）正定聚の位なり。
　　　高田『聖典』：われらは信心決定の凡夫、位、正定聚の位なり。

③かれは「弥勒」、これは「信心決定の凡夫」のこと・・・文脈より明らか。

④とく＝疾く＝はやく

⑤弥勒菩薩は今等正覚の位。仏滅後五十六億七千万歳を経て、竜華樹の下で三度衆生に説法した後、正覚を得ると経典にとかれている。

⑥ちくまく＝竹膜＝竹の内側についている膜。極めて薄いことの喩え。

⑦漸＝漸教：漸次に修行して仏果に至る法門。頓＝頓教：修行の段階を経ずに一挙に最高の真理を悟る教え。

⑧これは法然上人『無量寿経釈』の言葉「この教（浄土門）をもつて頓中の頓とするなり」が、親鸞聖人（→蓮位）へと伝わったものであろう。

Q　なぜ「弥勒の妙覚のさとりはおそく、われらが滅度にいたることは④　とく（速く）候はむずる」と言いながら、「かれ（弥勒）は　漸・頓のなかの頓」というのか。文脈から言えば「漸・頓のなかの漸」ではないか。

　次のように原文に添った解釈も１，２あるが、納得しがたい。

☆西『現代語訳』51頁では、「さとりを開くのが遅いか速いかでいえば、弥勒菩薩も速いのですが、・・・」とある。そうすれば、「五十六億七千万年」もかかることが速いこととなり、矛盾ではないか。

☆阿満利麿『親鸞からの手紙』165頁では、「弥勒菩薩は、（修行の過程が）遅いなかで早い方ですが・・・」とかなり穿った解釈をしてあるが、そうなら原文は「漸・頓のなかの」ではなく「漸のなかの」でないと合わない。そして、弥勒菩薩が漸の中でも頓だというのは何のことをさしているのか？と疑問が残る。

　要するに、蓮位添え状という原文そのものに何か誤り・不備
があるとしか思えない。聖人のお膝元にあった本文を蓮位が誤
写したか、蓮位の添え文を後代に誤写したものではなかろうか。
（因みに、「この蓮位書状の原本はいま存在せず、善性本親鸞
聖人御消息集・末灯鈔に写本が収録されているだけである」と
いう。）〈『親鸞聖人真蹟集成』四441頁　赤松俊秀解説）〉
　序でながら、次にでる「これは頓のなかの頓」という文言は、
法然聖人の言葉であり（上記註⑧）、顕意道教上人（西山派
1239‐1304）の『竹林鈔』にも「故聖道門ニハ漸頓二教アレト
モ。自力難行ノ故ニ皆是漸教也。浄土門ノ頓ハ頓カ中ノ頓也。
他力易行ニシテ速ニ成ズル故也」と出ている。「頓中の頓」は
法然浄土門では常套語であったのであろう。
　この「（浄土門の我らは）頓中の頓なり」が標記文の眼目で
あることは明白であるから、弥勒の方の表現「漸頓の頓」にそ
うこだわる必要はないのかも知れないが、それでもやはり「気
になる」言葉である。

65）「大乗至極の教」の真意（『親鸞聖人御消息』）

　『浄土真宗聖典　註釈版　第二版』の中の『親鸞聖人御消息』
（一）「有念無念の事」の後半に
　①「聖道といふは、すでに仏に成りたまへる人の、われらが
　　こころをすすめんがために、仏心宗・真言宗・法華宗・華
　　厳宗・三論宗等の大乗至極の教なり。」（７３６頁）
　②「選択本願は浄土真宗なり、定散二善は方便仮門なり。浄
　　土真宗は大乗のなかの至極なり」（７３７頁）
　と出ている。

①、②の下線部は、よく似た表現であるが、親鸞聖人は、聖道の諸宗も、浄土真宗も、どちらも「大乗至極」と同列に見ておられるのか？　と一瞬疑問が湧く。

　しかしもう一度よく見直すと

　①は「聖道の諸宗は、大乗至極の教えなり」。

　　その意味は、「諸宗は、仏教の中でも至極である大乗（自利利他）の教えである」ということ。そこには暗に「小乗（自利のみ）」より進んだ＝至極の教え・「大乗（自利・利他）に属しているのだ」という含みが感じられる。それに対して

　②は「浄土真宗は大乗のなかの至極なり」だから、「大乗に諸宗ある中で、浄土真宗は最高・至極である」。

　つまり、仏教の展開史でいえば、「原始仏教－根本分裂－部派仏教・小乗教－大乗教⇒浄土真宗」というとらえ方がある。そしてその展開の方向とは「大悲心の徹底」、つまり、十方衆生－特に悪人凡夫が－真に涅槃に至り（自利）、さらに普賢の徳を得て「衆生を救うはたらき」（還相回向）に入る（利他）という「大乗菩薩道」の完成であったと個人的に理解しているが、聖人もそういうご趣旨であったのだろう。

　ところが、『浄土真宗聖典　親鸞聖人御消息現代語版』で①、②の訳をみると

　①「聖道門というのは、・・・宗などの大乗の究極の教えです」（５頁末行）

　②「この浄土真宗こそ大乗の中の究極の教えです」

となっていて、一般人には点線下線部の違いはわからず、どちらも同じだと思われてしまう。

　その原因は①の訳「大乗の究極の教えです」にある。原文の
「大乗至極」は「大乗という至極」の意味と取り「大乗という
究極の教えです」とした方がよい－ここの「至極」「究極」は
小乗に対しての言辞なのであるから。

　②のほうは「この浄土真宗こそ」と「こそ」で際立たせてい
るから、問題はない。

　因みに阿満氏『親鸞の手紙』（前掲書）では、

　　①「（… 三論宗などの）大乗仏教の教えのことです」

　　②「（浄土のなかの真実の教は）大乗仏教のなかの至極です」
と簡略ながら適訳してあり、安心した。

66）「自然のやう」と「よう」（『親鸞聖人御消息』）

　☆「自然法爾章」に「自然のやう（をしらせん料なり）」と
　いう文言がある。あるとき、その言葉を「自然の『用』、
　つまりはたらきです」と解釈して法話を展開した一文を読
　んで疑問をもった。「やう」は「様」ではないか。「用」は
　古語でも「よう」ではないかと思い※辞書で調べた。

　1）「やう」の語義（※『明解　古語辞典』（金田一京助編）

　　　やう【様】①形。姿。外見。体裁。②様式。ためし。手
　　　　　　　　本。③ようす。模様。④子細。わけ。事情。
　　　　　　　　⑤施すべき方法。仕方。

　2）「よう」の語義

　　　よう【用】①役にたつこと。必要。②物事の作用。

　☆「自然のやう」を「自然の用」と読むのは明らかに誤りで
　　あるが、その誤読の原因は、もしかしてそのお方が参照し
　　たであろう自派の『聖典』の表記にあるのではないかと思

い、調べた。

3）テキストの表記　（下線は筆者）

A　「自然の<u>やう</u>をしらせん<u>れう</u>なり」《原文のままの仮
名表記》

①『真聖全』二（664頁）

②『定本』三 書簡篇（56頁）

<u>やう</u>　　　　<u>れう</u>（料）

③西『聖典』（622頁・769頁）

<u>やう</u>　　　<u>料</u>（りょう）

④柏原『聖典』（634頁）

<u>やう</u>　　　　<u>料</u>（りょう）

B　「自然の<u>よう</u>をしらせん<u>りょう（料）</u>なり」（現代仮
名遣い）

⑤東『聖典』（602頁）／（511頁は「<u>りょう</u>」のみ）

〈ⅰ 凡例三　本文の表記は…原則として<u>現代仮名
づかい</u>に従った。〉

⑥高田『聖典』（822頁）

〈ⅶ 凡例六　表記法　①仮名は平仮名、現代仮名
遣いとする。〉

☆「よう」と書いてあれば「用」のことだと思う可能性が
ある。しかも「体・相・用」という仏教論理が念頭にあ
れば、「用」（はたらき）だと飛びつかれたのかも知れな
い。

4）古文の仮名遣いを安易に現代仮名遣いに直すと、誤読を
する危険性 がある。もし聖典を現代仮名遣いで表記する
なら、原文（古文）に特殊の文字がある場合は、当該の漢

字を付記しておくのが望ましい。

　現に「れう」には「料」という漢字を付記している例がいくつも（②〜⑥）ある。ところが「やう」には一例もない。「やう（様）」のようにつけてあれば、▲誤読しなかったであろうにと思う。

（▲同じ誤読が『現代語訳 親鸞全集』二　36頁でもなされている。）

5）『親鸞聖人御消息』には「やう」が頻出している（100回以上）。

整理・分類してみた。

　A類　慈信が法文の<u>やう</u>、光明寺の和尚の信の<u>やう</u>、自力修行の<u>やう</u>、他力の<u>やう</u>、信心存知の<u>やう</u>、信心の<u>やう</u>、誓ひの<u>やう</u>、この訴への<u>やう</u>、信願房がまうす<u>やう</u>、・・・

　　　＝《様子、有様、趣、内容などに相当するか？「・・・の事」でも通じるようだ：1）の③〜④に相当する》

　B類　書き<u>やう</u>、すぐべき<u>やう</u>

　　　《1）の⑤方法、仕方に相当する》

　C類　<u>かやうの</u>ひとびと、<u>さやうに</u>、この身の<u>やう</u>にては、

　　　《…のような、…のように》の意味

　D類　<u>やうやうに</u>まどひあふて、<u>やうやうに</u>法文をいひかへて、

　　　《様々に・いろいろに》の意味

　E類　無明の酔ひも<u>やうやうに</u>さめ

　　　《徐々に》の意味

6）〈参考〉「れう（料）」の語義　『明解　古語辞典』

（金田一京助編）

①用いるためのもの。用品。（例　料紙）②作るためのもの。材料。③ため。（…する）ためのもの。

◇西『聖典』の脚註：ここでは「…するためのもの」という意。

◇阿満（上掲書176頁）「（自然の様子を知らせるための）手段なのです。」

67）「ありけめ」の文意について（『恵信尼消息』）

Ｑ１　『恵信尼消息』の「迷ひければこそありけめ」の解釈については、多くの方々が苦心され、「ありけめ」の「文法的意味解釈」のカベにぶつかってこれを敬遠し、前後を「文脈的に会通」した意訳文にしているようである。その方向で大過はないであろうが、今一つ、古文の文法的な明解な解釈がなかろうかと腐心・模索を始めた。

【原文】「上人のわたらせ給はんところには、人はいかにも申せ、たとひ悪道にわたらせ給ふべしと申すとも、世々生々にも迷ひければこそありけめ、とまで思ひまゐらする身なれば」と、やうやうに人の申し候ひし時も仰せ候ひしなり。

【訳文Ａ】「法然上人のいらっしゃるところには、人が何といおうと、たとえ地獄へ堕ちるに違いないといおうとも、わたしはこれまで何度も生まれ変わり死に変わりして迷い続けてきた身であるから、どこへでもついて行きます」と、人がいろいろといったときも仰せになっていました。

164

（〈『消息現代』〉124頁）

Q2　訳文Aの下線部について本願寺派総合研究所に質問した。

【質問】下線部の原文は「世々生々にも迷ひければこそありけめ」ですが、「ありけめ」を古文文法通りに訳するとどうなるのか、なぜ現代語訳が「どこへでもついて行きます」となるのでしょうか。

【回答】「ありけめ」の「けめ」はご承知のように、過去推量の助動詞「けむ」の已然形ですので、「ありけめ」を直訳すると「あったろう」となります。それで「世々生々にも迷ひければこそありけめ、とまで思ひまゐらする身なれば」という文を忠実に訳すと、「何度も生れ変わり死に変わりして迷ってきたからこそであったろう、とまで思わせていただいている身であるから」となります。

　この一文は、「ありけめ」に「さも」を補い「さもありけめ」として読むと、「何度も生れ変わり死に変わりして迷ってきたからこそそういうことであったのだろう、とまで思わせていただいている身であるから」という意となり、より分かりやすくなるかと思います。

　「どこへでもついて行きます」という訳にしたのは、原文では「とまで思ひまゐらする身なれば」以下が省略されていますので、「上人のわたらせたまはんところには」を受ける言葉がございません。このような場会は、省略されているところを類推して読むのですが、現代語版では、より理解しやすいようにとの配慮で「どこへでもついて行きます」という原文に無い言葉を補っており

165

ます。

　先の「ありけめ」という語を「どこへでもついて行きます」と訳しているのではないのです。「ありけめ」は、これまで世々生々に迷い続けてきた自分自身の過去以来のありさまを推量している言葉であり、「どこへでもついて行きます」は、原文で省略されているところを補った言葉であって、両者は原文とその訳という関係ではありません。

（本願寺総合研究所）

Ｑ３　実に丁寧にお答えいただいたので、上記の訳文にされた事情はよく分かったが、「ありけめ」の訳が出て来ていないのが物足りない。さらに原文を再三読み返していて、あっと気付いたことがある。全体の文脈から読んだらどうだろう？

【Ｂ　文脈読み…原文全体から見て】

　「上人のわたらせ給はん<u>ところには</u>…世々生々にも<u>迷ひければこそありけめ</u>」

と読んでみたら、文脈・論旨がすっきり通った。

【文脈全体の意味】はこうなる。

　「法然上人が行かれる<u>処なら</u>、たとえ人が念仏したら地獄に<u>堕ちる</u>などと言おうとも、（私親鸞は）今日まで長い間<u>迷ってきた</u>（それなのに、本師上人のおかげで生死出ずる身となった）<u>のであるからこそ</u>、上人の行かれるところに<u>行きます（在ります）</u>。」

　問題箇所だけを解析すると：－

　上のように解釈する理由・論点がいくつかある：

166

①問題文の「ありけめ」の「ある」を「在る」（存在の意味）と取ってみるとよい。「○は○である」という繋辞（繋ぎの言葉）と思いこむから意味が通じない。

②古文では、主語を普通書かないが、問題の文は、親鸞聖人が大勢の前で、「たとえ地獄へでも、法然上人のみ跡を慕う」とまで言い切ったその心底には、「この私は」「救われ難い身でありながら」「恩師に救われた」という深い師恩報謝の念が基盤にある。それが「まよひければこそ」の表現となったのである。「こそ」はその「まよひければ」にかかっている。「まよってきたからこそ」である。「ありけめ」の「あり」にかかっているのではない。ただ文法の規則で「けめ」という已然形になっているだけである。

③その「ありけめ」の元、「けむ」が「過去推量の助動詞」と言われているが、「たとひ悪道に…と申すとも」の「たとひ」（仮定法）に連動した言葉ではないであろうか。英語でいうと "Even if some peope were to say…, I would also be where Master Honen would be." と、仮定法過去になる文脈なので、つい連想するのであるが・・・。

④上の「文脈読み」は、少々息が長すぎると思われるかも知れないが、そもそも『恵信尼消息』はずいぶん息が長いのである。この消息（一）の第二文は「山を出でて…」から上記原文の最後「…おほせ候ひしなり」まで１２行（『定本』）、いくつもの事柄について、一気に書かれている。その中での一文脈＝２.５行だから、アイスパンを長くして読む必要がある。

　以上、新視点からの解釈も可能であろうとご披露した次

第である。ご批判ください。

　なお、冒頭の「世々生々にも迷ひければこそありけめ」
の【訳文A】以外の訳文例を挙げておく。参照されたい。

（訳文B）「生まれかわり死にかわりこれまで長い間迷って
　　きた身であるからこそ、上人の行かれるところにまいり
　　ます（私はいます）」（上記文脈読み：藤枝宏壽）

（訳文C）「…迷ってきたからこそ（<u>悪道におもむくしか道
　　のない</u>）<u>こんな私であろう</u>とさえ思っている身ですから。
　　（恵信尼 P.811）〈WikiArc 林遊〉

　　…「ありけめ」＝こんな私で<u>あろう</u>《○は○である：繋
　　　辞》

（訳文D）（世々生々）<u>迷いなく従いまいらせようと信じて
　　いる自分である</u>と、（『現代語訳　親鸞全集』二（円地文
　　子・町田トシコ）

　　…「ありけめ」≠ 文法訳回避・文脈で意訳

（訳文E）「生まれかわり、死にかわりして、迷っていたか
　　らこそ、<u>こうして生きてきたのだろう</u>、と思っている
　　この身でありますから」と、（石田瑞麿『親鸞とその妻
　　の手紙』）

　　…「ありけめ」＝こうして（私は）生きてきたのだろう
　　　《○は<u>存在している</u>：存在》

（意訳F）でも私は過去に無数の迷いの世界を経てきたので
　　す。もしまた地獄などの迷いの世界へ堕ちても、<u>そのよ
　　うになることになっていたのでしょうから、私は法然上
　　人を信じて絶対についていきます、信頼申し上げてお
　　りますから</u>」と、・・・（今井雅晴『現代語訳　恵信尼

からの手紙』

…「ありけめ」≠文法訳回避・文脈で意訳

（英訳G）試みに英訳をしてみた。

"Even if some people were to say Honen Shonin would go to hell (because of his nembutsu), I would also be there. Wherever he might go, I am determined to follow him, simply because I had long repeated deluded births and deaths (before I met him)." So I heard Shinran Shonin say when people talked this way and that about the nembutsu and hell. (Koju Fujieda)

《補記》

本願寺総合研究所との質疑内容、各訳者の実例等の紹介は、この問題の難しさを示すためであり、他意は全くないことを、謝意とともに補記したい。

68）「思い立つ心」がなぜ起こる？（『歎異抄』）

☆『歎異抄』の第一条に「弥陀の誓願不思議にたすけられまゐらせて、往生をばとぐるなりと信じて念仏申さんと<u>おもひたつこころのおこるとき</u>、すなはち摂取不捨の利益にあづけしめたまふなり」とあるが、どうしてこの私に「<u>思いたつ心がおこる</u>」のであろうか。

「こういう質問をされた方があるので、皆さんといっしょに考えてみましょう」とある講師が法話を始められた。その要旨は以下のようである。

聖典の中に「立つ」という言葉が何回か出てくる。列挙してみよう。

①「恒沙無量の衆生を開化して、無上正真の道を立てしめん（をば除く）」（『大経』　二十二願）

②「かくのごときの諸仏、各々に無量の衆生を仏の正道に安立せしめたまふ」（『大経』上巻結語）

③「尊者阿難座よりたち　世尊の威光を瞻仰し」（大経和讃）

④「勢至念仏円通して　五十二菩薩もろともに　すなはち座よりたたしめて　仏足頂礼せしめつつ」（勢至菩薩和讃）

⑤「念仏申さんとおもひたつこころのおこるとき（『歎異抄』第一条）

⑥「さればそれほどの業をもちける身にてありけるを、たすけんとおぼしめしたちける本願のかたじけなさよ」（『歎異抄』後序）

⑦「この語を説きたまふ時、無量寿仏、空中に住立したまふ」（『観無量寿経』）

　「立つ」「立ち上がる」ということは、安逸の座から新たな目標に向かって発動・発起するということ。「日ごろのこころ」、日常性に安住しないで、菩提を求めて立ち上がることを意味するのである。「たつ」は「断つ」にも「発つ」にも連なる。日常性を「断ち」、無上道に向かって「発つ」のである。そこには決断・決意・志願がある。

　しかし、その決意、発動は、自発ではない。「立たしめる」ものがある。菩薩の願いであり、諸仏の勧めであり、世尊の威光であり、弥陀の誓願であり、五劫思惟の願である。それらの「御もよほし」に与って、立たしめられるのである。

170

　光は闇を破り、闇は光を仰いで光に向かうのである。

　真宗の阿弥陀仏は立像である。本来、仏は座像＝さとりの境地。だが阿弥陀仏は、今まさに三悪の火口に堕ちようとしている我々凡夫を撮（つか）みとって救おうとされるから立ち上がっておられるのである（善導大師）。

　そういう阿弥陀仏の衆生を救わんという清浄な願心が私の心に到り届いたとき、念仏申さんという心が起きる。私が思い立つようでありながら、思い立たしめてくださる如来がましますのである。

　因みに「立」という字は、大地（＿）に人（「大」に似た形の字画）がきちんと立っているという形声文字である。

　「心を弘誓の仏地に樹て」という祖語を思い出す。弘誓・本願の光に遇うとき「凡夫の大地に立つ」わが身が知らされ、その煩悩の大地が即、如来弘誓の大地である。煩悩の中にこそ如来の大悲大願がはたらいていてくださることに気づかしめられるのである。

　こういう法話を聴いて、最初に尋ねたその婦人が、また講師に質問をしたという。

Q1　婦人：私はよく腹を立てます。どうしたらよいでしょうか？

　　　講師：直してあげましょう。さあ腹を立ててください。

　　　婦人：と言われても、今すぐ腹をたてることはできません。

　　　講師：でしょう。腹はあなた一人では立てられません。何か気にいらない縁が向ってくると、あ

なたの意思に関係なく、ひとりでに腹が立つのです。人間は縁によって動かされる面があるので、遇縁存在だと言われています。

Q2　婦人：では、縁が腹を立てさせるのなら、私は無罪放免ですね？

　　　講師：いや、有罪です。その縁を悪いと思うのは、貴女が「自己中心性・我性」という種火をいつもつけているからです。その種火に悪縁のガスが吹き付けられると、瞬間にカーッと燃え上がる。だから、その種火が問題です。

Q3　婦人：では、その種火を消せば、もう楽ですね。

　　　講師：楽になります。往生安楽国です、種火とは私たちのいのちのことですから。いのちある限り人の自己中心性という種火は消えません。

Q4　婦人：では、どうしたら腹立ち性分は治るでしょうか？

　　　講師：治らないと、いつも自覚すること、いや自覚させられることです。南無阿弥陀仏の光に遇うと、不思議にその自覚がわき、腹立ち婆のこの私に、「まかせよ、すくう。如来はいつも来ているよ」と、如来のお喚び声が聞こえてきて、いつの間にやら、「そうだった、そうだった」と、腹立てていたことも忘れてしまうようになるのです。

Q5　婦人：ほんとうでしょうか。そのような人が実際におられるでしょうか。

講師：おられました。その方の詩をお聞きください。

　　　　お光さま

　　　お光さまが　きてくださると

　　　こころの　もやもやが

　　　ひとりでに

　　　ほぐれてゆくようでございます

　　　　　榎本栄一　　『無上仏』　　114頁

※「気になる」性分の筆者も、よく「お光さま」にきてい
　ただく。すると「気になったもやもや」が何となく、ひ
　とりでにほぐれてゆくようです。

69)「存知のごとく」は「ご承知のように」（『歎異抄』）

☆『歎異抄』第四条にある次の一文中「存知のごとく」の意
　味についての解釈が大変気がかりである。

【原文】「今生に、いかにいとほし不便（ふびん）とおもふとも存知（ぞんじ）のご
　　　　とくたすけがたければ、この慈悲始終なし。」

【現代語訳】この世に生きている間は、どれほどかわいそうだ、
　　　　気の毒だと思っても、思いのままに救うことはできない
　　　　のだから、このような慈悲は完全なものではありません。
　　　　（『歎異現代』10）

Q　上の現代語訳で、大きな問題がある。それは「存知のご
　　とく」を「思いのままに」と訳してあること。私の手持ち
　　の『歎異抄』の解説本15種ほどのほとんどすべてが同じよ
　　うな訳である。さらにその元を調べると、香月院深励の『歎
　　異抄講林記』に「存知ノゴトクトハオモフガゴトクト云フ
　　ナリ」と解釈してあるのがルーツ。みなその孫引きのよう

だ。深励師がそう解釈されたのは、多分、この第四条の初めと中ほどと２回「おもふがごとくたすけとぐる」「おもふがごとく衆生を利益する」と出ているからであろう。

　しかし、私は若いときから、この「存知のごとく」は「ご承知のように」「知ってのとおり」という意味だと思っている。理由は二つ。

理由(1)　《字義・言葉の意味の点から》

　『歎異抄』には、５回「存知」が出てくる。

　　１　第二条「念仏よりほかに往生のみちをも<u>存知</u>し」

　　２　第二条「念仏は・・・地獄におつべき業にてやはんべるらん、総じてもつて<u>存知</u>せざるなり」。

　　３　第四条「<u>存知</u>のごとく」〈当面の問題〉

　　４　第十二条「故聖人のおほせには・・・悲願の広大のむねをも<u>存知</u>して・・・、と云々」

　　５　後序「聖人のおほせには、善悪のふたつ、総じてもつて<u>存知</u>せざるなり」

第四条以外はみな「知っている、承知」の意味。だったら第四条も同じ意味「ご承知のように」のはずである。

　私と同じ読み方をしている人が高史明氏や藤岡隆男氏『歎異鈔第四章の「しかれば念仏まふすのみぞ」の意義についての一考察』（札幌大谷短期大学紀要）など数人いる。

　以上は、語法からみた上での論議であるが、この問題には単なる言葉の解釈以上にさらに深いものがあることに注意しなければならない。

理由(2)　《<u>自他共通の体験的実感：身の悲惨・世の悲惨</u>》

　「知ってのとおり」という言葉は、「私も、皆さんもよく

知っているとおり」という共通の認識、共通の体験が背景
にあることを示唆する。「今生では、どれほどかわいそうだ、
気の毒だと思っても、たすけがたい」ことは、自他ともに
痛いほどよく知っているようにという、悲痛な事実：身の
悲惨・世の悲惨を再確認しているのである。

ア　高史明氏の場合は、長男を中学一年のとき自死で失った
どん底の悲歎に暮れた。(高史明『現代によみがえる歎異抄』
107－111頁) こういう悲痛な実体験をもった人には「存知
のごとく（たすけがたければ）」は、自然に「（私も痛いほ
ど）知ってのとおり (130頁)（たすけがたいのであるから）」
という意味になるのだ。《身の悲惨》

イ　同じことが親鸞聖人にもあった。聖人ご自身も、唯円も、
多くの弟子たちも、当時の多くの庶民たちもみんながよく
「知ってのとおり」この世の悲歎－特に飢饉とか台風、洪
水・地震などの災害で多数の人びとが死んでいく惨状をど
うしても救い得ない事実「世の悲惨」をいやというほど体
験されていたのである。

　　その実例の一つが『末灯鈔』六にある。(現代語訳で見る。)
　　「なによりも、去年と今年、老少男女、多くの方が、あ
　　の人もこの人も亡くなられたことこそ、哀しいことで
　　す。ただし、生死の無常である道理は、くわしく仏が
　　かねてお説きになっていることですから、驚き思し召
　　すことではありません。」(阿満利麿『親鸞からの手紙』)

ウ　「世の悲惨」に関連して『恵信尼文書』にも聖人の「存知
のごとく」たすけとげられなかった実体験が二つ載っている。
　　ｉ) 寛喜三年（1231）、聖人59歳のとき、鎌倉時代最 大

175

規模といわれる「寛喜の大飢饉」があり、聖人は風邪で高熱を出し臥床中、夢の中で『大経』を読んでおられたが、「まはさてあらん（これからはそうしよう）」と読経をやめられた。「どうされたのか」と、恵信尼公が尋ねると、

　ⅱ）今から十七年前、建保二年（1214）、聖人が４２歳のとき、佐貫という所で、多くの飢饉死者がおり、三部経を千遍読誦しようとしたが、途中で「名号を称えることの他に何の不足があって、わざわざ経典を読もうとしたのかと思い直して、読むのをやめた」ことがある。そのときのことを思い出して「まはさてあらん」と言ったのだ。そう聖人が言われたというエピソードである。

　聖人は助けとげられない世の無常の悲惨さを痛感しておられたのである。

オ　また聖人の《身に起きた悲惨》が偲ばれる事実がある。

　聖人のご幼少時の父母との別れ、35歳での法難・流罪も《身におきた悲惨》であるが、特に、晩年関東のお弟子の間に起きた造悪無碍等異義の問題と、それを鎮静するために派遣した長子善鸞の逸脱による義絶（疑義をもつ学説もあるが）との問題は、聖人晩年（80〜84歳ごろ）になってから味わわれたわが身の悲惨であったことは否めない。門徒の異義者をも、わが子をも救い得なかったということは、聖人晩年の一大痛恨事であったに違いない。

　「浄土真宗に帰すれども　真実の心はありがたし
　虚仮不実のわが身にて　清浄の心もさらになし」という聖人86歳ごろの悲歎述懐和讃からも「存知のごとくたすけがたければ」のご体験がその裏付けになっていると窺われ

176

てならない。

カ　最後にもう一つ。親鸞聖人最後の御消息（三六）では、
聖人亡きあと「いまごぜんのはは」「そくしょうぼう」（二
人の詳細は不明だが、何か聖人の身よりの人びとらしい）
の暮らしへの支援を常陸の人びとに頼んでおられるが、こ
こにも「知ってのとおり」たすけがたい聖人の《身の悲惨》
という実感がうかがわれる。

★以上、「存知のごとく」は、字義から言っても、悲惨な事
実の自他共通の認識から言っても「知ってのごとく」の意
味であり、聖道の慈悲は尽くしがたい事実、体験的根拠を
示す重要な言葉なのである。だからこそ、そういう悲惨な
現実はどうしても浄土の慈悲へと、未来を開く方向に「か
はりめ」を求めざるをえないのである。

《ビハーラ医療団編『ビハーラと「歎異抄」による救い』
（自照社出版）170‒177頁より拙稿の要旨抜粋》

70)　『嘆*徳文』の異本

（*書名そのものに異本がある。手元資料では『嘆徳文』が西『聖
典』、東『登高座作法』等４点に／『歎徳文』が東『聖典』、『真
聖全』等５点にある。本書では併用する。）

【異本】

『嘆徳文』中、『教行信証』撰述に関する段で、次の文言に
ついて二種の異本がある。

甲　殊明仏智信疑之得失　判感浄土報化之往生

（殊に仏智信疑の得失を明かし　浄土報化の往生を感ずる
ことを判ず）

乙　殊明仏智信疑之得失　盛判浄土報化之往生
　　（殊に仏智信疑の得失を明かし　盛んに浄土報化の往生
　　を判ず）
【異本の分布】
甲の類
・東本願寺『真宗聖典』、同『登高座作法』
・それに依ると思われる諸寺（例　出雲路派毫摂寺）の歎徳
　文
乙の類
・（大谷派系）柏原祐義編『真宗聖典』（法蔵館）
・本願寺派『真宗聖典』
・『真宗聖教全書』三　歴代部　大八木興文堂
・それに依ると思われる諸寺（例　当　了慶寺）の歎徳文
【異本の検討】
　私に検討した結果、上記二種の異本のうち、乙の類が正当で
あり、甲の類は誤記であろうと思われる。
　理由
　1　文意から
　　「浄土報化の往生を感ずることを判ず」という文意は曖
　　昧である。
　―『往生要集』大文十問答料簡所載の迦才の引文にこうあ
　　る。
　　　「衆生の起行に既に千殊有れば、往生して土を見るこ
　　　と亦万別有るなり。若し此の解を作さば、諸経論の
　　　なかに、あるいは判じて報となし、あるいは判じて
　　　化となすこと、みな妨難なし。ただ諸仏の修行は具

に<u>報・化の二土を感ずる</u>ことを知るべし。」（真聖全　一

八九〇頁）

最後の文は「諸仏の修行如何によって報土の果報を受け

たり（これが「感ずる」の意味）化土の果報を受けたり

するということを知るべきだ」という意味である。「報

化の二土を感ずる」は語法が熟していて、文意が明瞭で

あるが、「報化の<u>往生を</u>感ずる」は不明瞭。「感ずる」は

「罪悪も業報を感ずることあたはず」というように、「報

いを受ける」ことである。「往生する」ことはすでに「報

いを受ける」ことであるから、「往生を感ず」というの

は冗漫である。

　今一つ、「感ずることを判ず」という動詞の重ねも気

になる。この業因なればこの業報を受ける、というよう

に、業の「感ずる」果報の別を「判ずる」のであって、「感

ずる」という動き・動作そのものを「判ずる」というの

は正鵠を得た表現ではない。しかも後述のように口調が

悪い。

2　文体から

存覚上人の文体には対句の名文調が特徴的である。

〇定水を凝らすといへども　　識浪しきりに動き

　心月を観ずといへども　　　妄雲なほ覆ふ

〇すなはち　近くは根本中堂の本尊に対し

　　　　　　遠くは枝末諸方の霊窟に詣でて

　　　　　　　　　　解脱の径路を祈り

　　　　　　　　　　真実の知識を求む

上の対句調からみて、次のどちらが存覚上人の文体か一

読瞭然であろう。

甲　殊に仏智信疑の得失を明かし

　　浄土報化の往生を感ずることを判ず

乙　殊に仏智信疑の得失を明かし

　　盛んに浄土報化の往生を判ず

　　乙では…２行とも（副詞＋目的語＋動詞）の並びが

　　　　整然としている。

3　誤写の可能性から

　ではどうして「判感」と「盛判」との異本が生じたので

児玉幸多編
『くずし字解読辞典』近藤出版社
「盛」（98頁）
「感」（99頁）
1131 や 1132 の「盛」は「感」の字と間違われやすいのではないか（藤枝 記）

あろうか。おそらく筆写の際に、「盛」（草書体）を「感」（草書体）と読み間違えたことから生じた差異ではないかと思われる。

　4　存覚上人自身の再治との関係

　以上は私見による試論であるが、存覚上人は七十歳（延文四年1359年）で述作

された歎徳文を、七年後、貞治五年（1366年）に再治浄書されたという（真宗新辞典—「歎徳文」）から、その際に問題の箇所がどのようになったのか、直接の資料を見て研究する余地はある。（H15記）

E　御文章関係

71)「善知識ばかりをたのむ」（二帖十一通）

『御文章』二帖目第十一通目は「十劫安心」の誡めから始まり、後半は「善知識だのみ」についての誡めがある。

　またあるひとのことばにいはく、「たとひ弥陀に帰命すといふとも善知識なくはいたづらごとなり、このゆゑにわれらにおいては善知識ばかりをたのむべし」と［云々］。これもううつくしく当流の信心をえざる人なりときこえたり。そもそも善知識の能といふは、一心一向に弥陀に帰命したてまつるべしと、ひとをすすむべきばかりなり。これによりて五重の義をたてたり。一つには宿善、二つには善知識、三つには光明、四つには信心、五つには名号。この五重の義、成就せずは往生はかなふべからずとみえたり。

　されば善知識といふは、阿弥陀仏に帰命せよといへるつかひなり。宿善開発して善知識にあはずは、往生はかなふべからざるなり。しかれども帰するところの弥陀をすてて、ただ善知識ばかりを本とすべきこと、おほきなるあやまりなりとこころうべきものなり。あなかしこ、あなかしこ。（下線は筆者）

Q　ある人が来て尋ねられた。「ある宗教の人が勧誘にきました。そのとき、上の『御文章』をもってきて、その頁を開き、そこ（下線部）を指さして読み、蓮如さんが〝善知識ばかりをたのむべし〟と言われているじゃないか。だから、うちの先生、大善知識を頼んで、信心をもらわねば助かりませんよ、と言われました。それ本当でしょうか？」というのである。

何という詭弁を使った、人を愚弄した勧誘であろう。『御文章』の言葉は、やや古いので、現代人には分かりにくいところもあろうが、少し注意して、読み返せば、下線部は、「ある人（不心得な人）」の言葉であって、すぐその後に「これもうつくしく当流の信心をえざる人なり」（これも、正しく浄土真宗の信心を獲ていない人だ）と注意されているのに、そこを見せない。さらに言えば、文末波線部の「善知識ばかりを本とするのは誤りだ」という蓮如上人の誡めも見せない。
　あまりにも人を馬鹿にした勧誘だと、答えておいた。
☆しかし、『御文章』（版本）には引用符「　」がついていない。お同行が自分で読まれるときには、前後をよく確かめ、何度もよく読まれることが必要だと実感した次第。

72）「末代無智」と「一文不知」（五帖一、二通）

Q　『御文章』の五帖目だけが別冊になっている版本が多いので、その第一通目「末代無智の在家止住の男女たらんともがらは、・・・」は、平素から読み慣れている。だが、まだ若いころ、フト疑問が出て叔父（そのころ戦死した父親代わり）に聞いた。「末代無智の男女」と蓮如さんは書かれているが、もう五百年も昔のこと。まだ教育が普及していない時代だから、「無智」と言われて通ったのでしょうが、皆が教育を受けている現代には合わない言葉じゃないですか？と。
　　（すると叔父がすぐに答えた。）

A　お前、次の二通目を読んでいるか。「それ、八万の法蔵をしるといふとも、後世をしらざる人を愚者とす。たとひ一文不知の尼入道なりといふとも、後世をしるを智者とすといへ

り」とあるだろう。お前のいう教育がないというのはその「一文不知」(文字一つも知らない)ということだが、その「不知」の「知」と、一帖目の「無智」の「智」とは違うということを知っているか。「末代無智」とは、世は末代の悪い時代になって、人間に「智慧」がなくなってきているということだ。智慧とは、二通目にあるように「後世を知る」(後生の一大事を知る・人間のいのちの大切さがわかる・この尊いいのちの行方がわかる・浄土に生まれて仏のおさとりをえることこそ人間の生まれ甲斐だと知る)人を「智慧ある人」「智者」と言われてあるだろう。

　単なる「知識」の「知」と、「智慧」の「智」とは雲泥の差だ。そこをきちんとわきまえ、智慧を得るために学ばねばならぬ。それを「学仏大悲心」というのだ。また、お話しよう。

　　◆驚きました、仏教の深さに！　蓮如上人の文字遣いの慎重さに！　知識と智慧の違いに！　人生の大きな方向づけを頂いたことに！

73)「信心獲得章」について（五帖五通）

☆『大経』読誦の後の御文に、よく「信心獲得」章を拝読し、ありがたい気持になるのであるが、若いころふと妙なところが気になり出した。

　　「煩悩を消滅する」と言われたすぐ後に「煩悩を断じない」とはどういうことかという疑問である。

【本文】

①信心獲得すといふは第十八の願をこころうるなり。②この

願をこころうるといふは、南無阿弥陀仏のすがたをこころう
るなり。③このゆゑに、南無と帰命する一念の処に発願回向
のこころあるべし。④これすなはち弥陀如来の凡夫に回向し
ましますこころなり。⑤これを『大経』（上）には「令諸衆
生功徳成就」と説けり。⑥されば無始以来つくりとつくる悪
業煩悩を、のこるところもなく願力不思議をもつて<u>消滅する</u>
いはれあるがゆゑに、正定聚不退の位に住すとなり。⑦<u>これ</u>
<u>によりて</u>「煩悩を断ぜずして涅槃をう」といへるはこのここ
ろなり。⑧この義は当流一途の所談なるものなり。⑨他流の
人に対してかくのごとく沙汰あるべからざるところなり。⑩
よくよくこころうべきものなり。

　⑪あなかしこ、あなかしこ。

【疑義】

Q ⑥で「されば無始以来つくりとつくる<u>悪業煩悩を、のこる</u>
　<u>ところもなく願力不思議をもつて消滅する</u>」とあるのに、
　<u>直後</u>⑦で、<u>これによりて</u>「<u>煩悩を断ぜずして涅槃をう</u>」と
　するのは矛盾ではないか。煩悩が「残るところもなく」消
　滅したというのに、「煩悩を断たないで」という煩悩がま
　だ残っているのか？

【解決】

・・・この疑問が出てから『御文章』『蓮如上人御一代記聞書』
　などをいろいろ調べてみて、下記のようことが分かった。

A）⑥と同趣（「罪悪消滅して正定聚」）の御文がいくつかあ
　る：「さて〈阿弥陀仏〉といふは、かくのごとくたのみた
　てまつる衆生をあはれみましまして、無始曠劫よりこのか
　たのおそろしき罪とがの身なれども、弥陀如来の光明の縁

184

にあふによりて、ことごとく無明業障のふかき罪とがたち
まちに消滅するによりて、すでに正定聚の数に住す」（二
帖目15通：西『聖典』1133頁）

　この他三帖目１通、五帖目６通、五帖目13通にも同様の
文がある。

B)「光明－罪悪消滅」という蓮師の教説は、『観無量寿経』
　の「光明遍照十方世界。念仏衆生摂取不捨」「称仏名故。
　除五十億劫生死之罪」に基づくものであろうと思われるが、
　「罪悪を消滅」しなければ「正定聚」に入れないのか？親
　鸞聖人の釈文では明記されていない。

　☆「しかるに煩悩成就の凡夫、生死罪濁の群萌、往相回向
　　の信楽を獲れば、即のとき大乗正定聚の数に入るなり。」
　　（『証巻』）

　☆「摂取不捨の心光に入りぬれば、正定聚の位に定まると
　　みえたり」（『尊号真像銘文』）

　蓮師はこの「信楽を獲た」とき、「心光に入」ったとき、
　罪業が消滅されるという解釈をされたのであろうか。

C)『蓮如上人御一代記聞書』に蓮師の本意がある。
　『蓮如上人御一代記聞書』
　「(35) 順誓申しあげられ候ふ。⑫一念発起のところにて、
　罪みな消滅して正定聚不退の位に定まると、『御文』にあ
　そばされたり。しかるに⑬罪はいのちのあるあひだ、罪も
　あるべしと仰せ候ふ。御文と別にきこえまうし候ふやと、
　申しあげ候ふとき、仰せに、一念のところにて罪みな消え
　てとあるは、⑭一念の信力にて往生定まるときは、罪はさ
　はりともならず、されば無き分なり、⑮命の娑婆にあらん

かぎりは、罪は尽きざるなり。順誓は、はや悟りて罪はなきかや、聖教には「一念のところにて罪消えて」とあるなりと仰せられ候ふ。⑯罪のあるなしの沙汰をせんよりは、信心を取りたるか取らざるかの沙汰をいくたびもいくたびもよし。⑰罪消えて御たすけあらんとも、罪消えずして御たすけあるべしとも、弥陀の御はからひなり、われとしてはからふべからず、⑱ただ信心肝要なりと、くれぐれ仰せられ候ふなり。」

（西聖典1243頁；東聖典861頁）〈番号、下線は筆者〉

要点：

⑫は⑥と同じく「罪消えて正定聚」に入る趣旨であるが、⑬、⑮は、正定聚であっても、いのちある限りは「罪はある」、しかし⑭正定聚に入って往生定まっているのだから、「罪は往生のさわりとならない、だから罪は無いも同然である。」要は⑱一念発起の信心を得て、正定聚に入ることが先決。罪の有無、往生の可否はすべて弥陀の御はからいである・・・という主旨であり、標記の「信心獲得」の御文の簡潔・凝縮された文体、教条的な表現の背景的思想をなすものとして重要であり、了解しやすい。

D）問題解決：

　そこで、「信心獲得章」の『聖典』上の問題解決を提案したい。

⑴　⑥の波線部「消滅して」に注をつける。

　注記（一例）：

　「消滅して」の真意は、以下の『蓮如上人御一代記聞書』13で窺うことができる。

「順誓申しあげられ候ふ。一念発起のところにて、罪み
な消滅して正定聚不退の位に定まると、『御文』にあそ
ばされたり。しかるに罪はいのちのあるあひだ、罪もあ
るべしと仰せ候ふ。『御文』と別にきこえまうし候ふやと、
申しあげ候ふとき、仰せに、<u>一念のところにて罪みな消
えて</u>とあるは、一念の信力にて往生定まるときは、罪は
さはりともならず、されば無き分なり、<u>命の娑婆にあら
んかぎりは、罪は尽きざるなり</u>（後略）」

(2)　⑦の二重線部「これによりて」に注をつける。

注記（一例）：

「これによりて」とは、「正定聚に入ったことによって」
の意味。つまり、正定聚に入っても「<u>命の娑婆にあらん
かぎりは、罪は尽きざるなり</u>」。煩悩はあるけれども、「<u>一
念の信力にて往生定まるときは、罪はさはりともなら
ず、されば無き分なり</u>」（上記『御一代記』）。だから「不
断煩悩得涅槃」の大利益に与るのである。

74)「南無阿弥陀仏となりまします」（五帖八通）

御文章5帖目第8通の中に「気になることば」がある。

【本文】それ、五劫思惟の本願といふも、兆載永劫の修行とい
ふも、ただわれら一切衆生をあながちにたすけたまはんが
ための方便に、<u>阿弥陀如来</u>、御身労ありて、<u>南無阿弥陀仏</u>
といふ本願（第十八願）をたてましまして、「まよひの衆
生の一念に<u>阿弥陀仏</u>をたのみまゐらせて、もろもろの雑行
をすてて、一向一心に弥陀をたのまん衆生をたすけずんば、
われ正覚取らじ」と誓ひたまひて、<u>南無阿弥陀仏</u>となりま

します。(以下略)〈西『聖典』1195；東『聖典』836〉

【疑問】

Q、阿弥陀仏が南無阿弥陀仏になられたとはどういう意味
か？

①仏の名は「阿弥陀仏」。「阿弥陀」の意味は「光明無量・
寿命無量」と『阿弥陀経』に定義してある。

②法蔵菩薩が十方衆生を救済する本願を成就して「阿弥陀
仏」(無量寿仏・無量光仏)になられた(『無量寿経』)。「南
無阿弥陀仏」になられたとは書いてない。

③「南無阿弥陀仏」と出てくるのは『観無量寿経』。下々
品の罪人が「阿弥陀仏に南無します」(阿弥陀さま、お
救いください)という意味の衆生から仏への「称名」で
あって、仏自らの呼称(名号)ではない。

（参考(1)：この種の「称名」は『大阿弥陀経』、『平等覚
経』等に何回も出ている。

参考(2)：『仏名経』に出てくる多くの仏に全部「南無」
がついているが、「尊称」である。

④この「称名としての南無阿弥陀仏」には真の救済力はな
いとする「別時意説」に対して、善導大師が「願行具足
の六字釈」をたてられた。六字には衆生の願・行が伴っ
ているから往生可能であると主張された。

⑤その六字釈を親鸞聖人が、「如来の願・行具足」と、主
体を転換(転釈)された。

「南無といふはすなはちこれ帰命なり、またこれ発願回
向の義なり」の原文で、まず「帰命」の字の意義を詳し
く解析された結果、「ここをもつて『帰命』は本願招喚

の勅命なり」と帰結される。「南無」は本来、衆生が仏に呼び掛けるときに使う尊敬、懇願の言葉で、善導大師の言われた「言南無者即是帰命」も、衆生の側から仏への「帰命」であった。ところが親鸞聖人はそこを逆転して、「『帰命』は本願招喚の勅命なり」（「帰命」とは、わたしを招き、喚び続けておられる<u>如来の本願の仰せ・如来のよび声である</u>）と仰有った。帰命・南無する主体を、衆生から如来に転換されたのである。

⑥なぜか？「すべての衆生は、はかり知れない昔から今日この時に至るまで煩悩に汚れて清らかな心がなく、いつわりへつらうばかりで真実（まこと）の心がない。」衆生は真に「南無・帰命」することができない。

　だからその哀れな衆生を救わんと如来は立ち上がられた。その悲しみ・憐れみの喚び声が「まかせよ、来たれ、必ず救う」という如来の「南無」なのである。

⑦「発願回向」についても同様。善導大師は、<u>南無</u>の中に、<u>衆生</u>が浄土に生まれたいと<u>発願</u>し、その心を如来に差し向ける（<u>回向</u>する）意味が入っているから、南無には「願」がある。そして次の「阿弥陀仏」は、<u>衆生が浄土に往生する「行」</u>である。だから「南無阿弥陀仏」には<u>願と行が具わっている</u>ので、かならず往生できるのであるといわれた。

　それを、親鸞聖人は〝『発願回向』といふは、「<u>如来すでに発願して衆生の行を回施したまふの心なり</u>」（<u>阿弥陀仏が</u>因位のときに誓願をおこされて、わたしたちに往生の行を与えてくださる大いなる慈悲の心である）、と

言われ、さらに続けて「『即是其行』とは、衆生を救う
ために選び取られた本願の行という意味である」と、す
べて如来から衆生へのはたらきと転釈されたのである。

⑧「阿弥陀仏」（他力）を仰ぎながらも真に「南無」でき
ない（自力）凡夫の「半他力半自力」では真の成仏道は
ない。如来が「南無とたのませ、阿弥陀仏と救う」、「南
無も他力、阿弥陀仏も他力」という「絶対他力」こそ真
実の往生成仏の道であると、浄土史上初めて決着された
のが親鸞聖人である。（「南無」を仏名に誓われた聖典は
他に見出せなかった。）

【解決】本願他力の浄土真宗が始まったのはここからであり、
それ以後の宗祖、歴代の聖教等に「阿弥陀仏＝南無阿弥陀
仏」の領解が現れてくるのである。

例(1)"真仏といふは、『大経』（上）には「無辺光仏・無礙光
仏」とのたまへり、また「諸仏中の王なり、光明中の極
尊なり」（『大阿弥陀経』・上）とのたまへり。{以上}『論』
（『浄土論』二九）には「帰命尽十方無礙光如来」とい
へり。"（真仏土巻：『真聖全』二　141頁』）

（真仏の名に「帰命（南無)」がついている点に注意）

例(2)"「如来尊号甚分明」、このこころは、「如来」と申すは
無碍光如来なり。「尊号」と申すは南无阿弥陀仏なり。"
（『唯信鈔文意』：『真聖全』二　621頁）

例(3)「この一如宝海よりかたちをあらはして、法蔵菩薩とな
のりたまひて、無碍のちかひをおこしたまふをたねとし
て、阿弥陀仏となりたまふがゆゑに、報身如来と申すな
り。これを尽十方無礙光仏となづけたてまつれるなり。

この如来を、<u>南無不可思議光仏</u>ともまふすなり。」(『一
念多念証文』:『真聖全』二　616頁』)

〈以上　親鸞聖人〉

例(4)「<u>阿弥陀如来</u>、御身労ありて、<u>南無阿弥陀仏</u>といふ本願
をたてましまして、・・・われ正覚取らじとちかひ給ひて、
<u>南無阿弥陀仏</u>となりまします。」・・・蓮如御文章(標記
の文);『真聖全』三　505頁』)

参考:

例(5)「されば罪の消ゆることも❶<u>南無阿弥陀仏</u>の願力なり、
めでたき位をうることも❷<u>南無阿弥陀仏</u>の弘誓のちから
なり。」(隆寛律師『自力他力事』(『真聖全』二　771頁』)
(コメント:❶は称名の意味ともとれるが、❷は南無阿
弥陀仏＝阿弥陀仏であろう。「・・・の弘誓のちから」
という表現から明らかだ。親鸞聖人もご存知の思想で
ある。因みに隆寛律師は法然門下での兄弟子として聖
人が尊敬され、その『自力他力事』は聖人御消息の中
で4回、関東の弟子方に読むよう勧めておられる。

追記:本尊として尊崇する「名号」(六字・八字・九字・十字)
はすべて「南無(帰命)〜仏(如来)」であり、今は当
然だと思うが、「名号本尊」の歴史は、親鸞聖人以前に
まで遡ることができるのであろうか。法然聖人が書写本
等に書かれた「南無阿弥陀仏」は、本尊(仏体)として
であったか、称名であったか?　愚問は続く。

75)「白骨章」(五帖十六通)の出拠『無常講式』

いわゆる「白骨章」といわれる蓮如上人の御文は名文である

が、その元は後鳥羽上皇が４２歳で承久の乱で敗れて隠岐の島に流され、その地で６０歳で亡くなる前に書いた『無常講式』であると言われている。しかし、その『講式』は存覚法語にも引用されている。因みに最初の部分を３本対照してみよう。

A【無常講式】

　凡無墓者　人始中終如幻者　一朝（期）過程也　三界無常也自古未聞有万歳　人身一生易過　在今誰保百年形体実我前人前　不知今日　不知明日　後先人繁　本滴末露（抄引：為法院文雄書写）

B【存覚法語】

　（後鳥羽の禅定上皇の遠島の行宮〈カリノミヤ〉にして宸襟〈しんきん〉〈み心〉をいたましめ浮生を観じましましける御くちずさみにつくらせたまひける『無常講の式』こそ、さしあたりたることはり耳ぢかにてよにあはれにきこえはんべるめれ。その勅藻〈御書きもの〉をみれば）

　「・・・おほよそはかなきものはひとの始・中・終、まぼろしのごとくなるは一期のすぐるほどなり。三界無常なり、いにしへよりいまだ万歳の人身あることをきかず、一生すぎやすし。いまにありてたれか百年の形体をたもつべきや、われやさき人やさき、けふともしらずあすともしらず、をくれさきだつひとは、もとのしづくすゑのつゆよりもしげし」といへり。(『真聖全』三360頁)

C【御文】

それ、人間の浮生なる相をつらつら観ずるに、おほよそはかなきものはこの世の始中終、まぼろしのごとくなる一期なり。さればいまだ万歳の人身を受けたりといふことをきかず、一

生過ぎやすし。いまにいたりてたれか百年の形体をたもつべ
きや。われや先、人や先、今日ともしらず、明日ともしらず、
おくれさきだつ人はもとのしづくすゑの露よりもしげしとい
へり。（西聖典　1203頁；東聖典842頁）

　蓮師がA，Bのどちらから引用されてCとされたのか？
たぶんBではないかと思う。Aでは、承元の法難で念仏停
止の院宣を出した当の本人後鳥羽上皇（当時29歳）が、今は
遠島になり、世の、我が身の無常を感じて浄土を願い、念仏
されている（現に、Aの全文3段中、「南無阿弥陀仏」が2回、
「唱弥陀之名号」が1回書かれている）。そういう上皇に対
する哀感がBには漂っている。蓮師もそれに共感されたの
ではなかろうか。

　そして、Cに続く文も
「されば朝には紅顔ありて、夕には白骨となれる身な
り。・・・さてしもあるべきことならねばとて、野外におく
りて夜半の煙となしはてぬれば、ただ白骨のみぞのこれり。
あはれといふも中々おろか*なり」
と無常の描写が遺族の涙をさそう。しかしそれは単なる作文
ではない。蓮師自身が直面した無常の実感が底にあるようだ。
「哀れというも中々疎かなり（言葉では表わしつくせない）」
の文言にも現れている。

　文明3年（1471）蓮師は57歳で吉崎に移ってこられたが、
その前後1年半の間に夫人（蓮祐尼）1人と、娘さん4人（六
女了忍尼6歳、五女妙意12歳、次女見玉尼▲25歳、長女如慶
26歳）を亡くされるという、悲嘆の深淵に居られた。御文の
結び：「されば人間のはかなきことは老少不定のさかひなれ

ば、たれの人もはやく後生の一大事を心にかけて、阿弥陀仏
をふかくたのみまゐらせて、念仏申すべきものなり」は、単
なる常套的教説の言葉ではなく、そこには蓮師の肚底からの
悲痛な願い・叫びが聞こえてくるようだ。

《▲「見玉尼」のことは帖外御文章（一〇）（『真聖全』3　306頁）に出ている。》

「白骨章」が名文と評価されるのは、単なる『無常講式』の
引用であるからではなく、蓮師自身が実際に体験された無常の
実感を、仮に『講式』の名文に託して、内奥から吐露された
「誠実言（まことのことば）」というべきであろう。

とはいっても、「白骨章」を吉崎で書かれたという確証には
ならない。千葉乗隆「蓮如上人の〈白骨の御文〉について」（『親
鸞教学論叢：村上速水先生喜寿記念』）（123頁）によれば、「明
和５年（1768）に古渓が述べた『白骨御文感涙鈔』に、〈白骨
の御文〉をしたためた来由として、つぎのように記している」
とし、「延徳元年（1489）蓮如75歳のとき、山科本願寺の近く
安祥寺村にいた青木民部という門徒の娘（17歳）が結婚式の当
日、急死し、民部夫妻も間なく死んだ、そのことを聞かれた蓮
師が落涙され、この御文を御製作の思立発れり」と引用してあ
る。

『感涙鈔』が蓮師晩年より300年ほども後代の書であるから、
その史実のほどは分からない。たとえ、上記の記述の通りであ
ったとしても、蓮師が吉崎で遭遇された「妻子の死去」（千葉
氏の論文でも言及）の悲嘆が胸の底にあり、御文の基になって
いることは、疑いようもない。

76）蓮如の「たのむ」対象

◎『御文章』、『夏御文』、『御俗姓』、『領解文』の中で「たのむ」の対象語を調査した結果を示す。（2010年4月）

1）「弥陀を」「阿弥陀仏を」「如来を」　　　　111回
2）「本願を」「悲願を」　　　　　　　　　　　5回
3）「南無と」2、「一心に・一向に」2
　　「後生たすけたまへと」8　　　　　　　　12回
4）「名号を」2、「南無阿弥陀仏を」1　　　　 3回
5）「他宗を」「善知識を」「来迎を」
　　「主を」「妻子・財宝を」「諸仏の悲願を」　8回

　　　合計　　　　　　　　　　　　　　　　139回

（本書F81「信ず」の目的語を参照されたい）

断然「弥陀をたのむ」が多い。例えば次のようである。

そもそも、男子も女人も罪のふかからんともがらは、諸仏の悲願をたのみても、今の時分は末代悪世なれば、諸仏の御ちからにては、なかなかかなはざる時なり。これによりて、阿弥陀如来と申したてまつるは諸仏にすぐれて、十悪・五逆の罪人をわれたすけんといふ大願をおこしましまして、阿弥陀仏と成りたまへり。「この仏をふかくたのみて一念御たすけ候へと申さん衆生を、われたすけずは正覚ならじ」と誓ひましまします弥陀なれば、われらが極楽に往生せんことはさらに疑なし。このゆゑに、一心一向に阿弥陀如来たすけたまへとふかく心に疑なく信じて、わが身の罪のふかきことをばうちすて、仏にまかせまゐらせて、一念の信心定まらん輩は、十

人は十人ながら百人は百人ながら、みな浄土に往生すべきこと、さらに疑なし。このうへには、<u>なほなほたふとくおもひたてまつらんこころのおこらんときは</u>、南無阿弥陀仏、南無阿弥陀仏と、<u>時をもいはず、ところをもきらはず念仏申すべし</u>。これをすなはち<u>仏恩報謝の念仏</u>と申すなり。あなかしこ、あなかしこ。　（五帖目第四通）

　拙寺の先代から、お同行の月参りに読むようにと指定されたこの御文には、蓮師の教化論理の全体が実に巧みに、そつなくまとめられている。

　まず、「諸仏の力では救われえない罪深い我が身」（機）を抑え、その罪びとを救わんと大願を建て仏となられたのが阿弥陀仏。「<u>この仏をふかくたのみて一念御たすけ候へ</u>と申さん衆生を、われたすけずは正覚ならじ」と誓ひましますˮ弥陀ˮが「法」の中心である。しかもその「<u>たのむ</u>」は、「仏にたのむ」請願でなく、「仏をたのむ」（仏のおすくいを信ずる）信任・信頼であり、「<u>仏にまかせまゐらせ</u>」る憑依(ひょうえ)である。「<u>阿弥陀如来たすけたまへ</u>」も請願ではなく「阿弥陀如来は仰せのようにおたすけくださることは間違いないとふかく心に<u>疑なく信じ</u>」ることである。それが「信心さだまる」すがたであり、信心定まれば一人残らず往生浄土間違いない、と蓮師の言辞にそつがない。しかも最後に必ずその「仏恩報謝の念仏」を強く勧めて結びとしてある。非の打ち所がない教書といえる。

　『蓮如上人御一代記聞書』（188）に

一、聖人（親鸞）の御流はたのむ一念のところ肝要なり。ゆゑに、<u>たのむ</u>といふことをば代々あそばしおかれ候へども、

くはしくなにとたのめといふことをしらざりき。しかれば
前々住上人の御代に、『御文』を御作り候ひて、「雑行をす
てて、後生たすけたまへと一心に弥陀をたのめ」と、あき
らかにしらせられ候ふ。しかれば御再興の上人にてましま
すものなり。
とあるように、「たのむ」は多くの善男善女を惹きつける蓮師
法語のキーワードであったといえよう。
　蓮師が、こういう御文や正信偈・和讃の開版、六字名号の授
与、講の組織化等、刷新的発想・視点から短期間で本願寺の教
線を膨大化されたことは、まさに「本願寺中興の祖」と呼ばれ
るに相応しい。

F 用字・用語

77)「遇」と「逢」

　B 32) の項で「遇」「値」の訓みについて述べた折、「逢」の字にも触れたが、本来、「遇」と「逢」はそんなに違った意味ではないようである。

　　例　『大辞源』（角川）

　　　「遇」：〈字の構成：たまたま、思いがけず＋しんにゅう（道）〉

　　　　　　思いがけず道でたまたま会う意

　　　「逢」：〈字の構成：ぶつかる ＋ 　しんにゅう（道）〉

　　　　　　道で人にぶつかる、思いがけなく出合う意

　　因みに　「会」：集まること。会見。

　　　　　　「遭」：ばったりあうこと。でくわす。

　　しかし、仏典では「遇」が断然多く使用されている。

「遇」と「逢」の使用回数例（回）	遇	逢
『浄土真宗聖典』第二版（本願寺）	53	5△
『浄土真宗聖典』七祖篇（本願寺）	108	33*
『大般若波羅蜜多経』	97	4
『涅槃経』	150	2
『法華経』	21	0
『大智度論』	46	1
『大正新脩大蔵経』	15519	5430

　（＊例　①「慶ばしきかな、逢ひがたくしていま遇ふことを得たり」（善導：『往生礼讃』）

　　　　　　・・・両語を同義に使っている。

198

善導に「逢」の使用例が多い・・・33回中の23回。

②「狐者の鹿に逢へるがごとく」(源信：『往生要集』) ・・・「逢」の本来の使い方

△親鸞著書の中に「逢」は２回あるが、善導の『散善義』と元照律師の『阿弥陀経義疏』からの引用文の中。親鸞聖人の書に「逢」は１回もなく、「遇」のみである。

◎やはり我々は仏法に「遇」うことを重視すべきであろう。

78)「聖人」と「上人」

Q：若いころ「親鸞聖人」「法然上人」「蓮如上人」のように敬称するものと思い込んでいたら、あるとき「法然聖人」が正しい、それが宗祖の言葉遣いであると直された。気になる言葉なので、それ以後仏書を見る度に注意してきた。意外なことが分かった。

ア　「法然」の敬称

A1　親鸞聖人およびそれ以降の伝統的真宗聖典では「法然聖人」という記述の方が断然多い。

①「法然聖人」との記述は：

親鸞著作：「空聖人」「本師聖人」「源空聖人」

『歎異抄』：「法然聖人」

『口伝鈔』（覚如△）：「黒谷聖人」

『真要鈔』（存覚）：「黒谷の源空聖人」

『御文章』（蓮如）：「法然聖人」

など絶対多数。

②「法然上人」との記述は：

『恵信尼消息』：「法然上人」

報恩講私記（覚如△）：「黒谷上人」

　　　　　　　　　　　　　　　の２点のみ。
　　※△覚如では「上人」「聖人」の両用が見られる。下
　　　記、宗祖の敬称でも「口伝鈔」において併用して
　　　ある。
　　※《参考》『浄土宗聖典』を検索するとすべて：「源
　　　空（法然・黒谷）上人」で統一されている。
A2　では、現代の真宗界での記述はどうか？
　　手元にある真宗法話関係の図書（戦後出版）５０冊ほ
どを調べると、下記のように
　「法然上人」の方が断然多い。

	東系	西系	他	合計
①「法然聖人」	3	6		9
②「法然上人」	12	26	3	41

A3　〈西『聖典』1428〉も〈東『聖典』1025〉も〈高田『聖
　　典』680〉も、聖典編者は②「法然上人」を採っている。
　　どうやら、それが当代の趨勢らしい。

A4　筆者も物を書いていて、同じ頁で「法然上人」と「親
　　鸞聖人」に何回も言及するとき、「上人」と「聖人」と
　　の略称で区別ができる利便を感じてはいる。しかし、宗
　　祖以来の伝統に背く後ろめたさは拭い切れない。いっそ
　　のこと、「元祖法然聖人」「宗祖親鸞聖人」と最初に述べ、
　　後は「元祖」「宗祖」と略称したらいかがかとも思う。

A5　こと「親鸞聖人」に関しては、「聖人」で問題がない
　　と思っていたが、調べると「親鸞上人」もある：覚如上
　　人の『口伝鈔』では「本願寺の鸞聖人」「本願寺の上人」

と併用されている。(〈西『聖典』〉では覚如著『御伝鈔』
中「上人」が１０回も併用してある。)

A6　参考までに、〈SAT〉で大蔵経の検索結果は:

「聖人」:　9984件

「上人」:　4255件

と、「聖人」が倍以上多い。

以上の敬称問題は些末なことではあるが、

中村元『仏教語大辞典』中、「聖人」の語義③に「上
人に対して、さらに尊んでいう。たとえば、浄土真宗で
は親鸞を聖人とよび、歴代の法主を上人とよぶ」とある。

最後の記述は「蓮如上人」という呼称等で明らかであるが、
法然聖人／上人については気になるばかり。一度真宗連合学会
あたりで議論・決着できないものであろうか。

79)「すくふ（救・済・拯)」

Q　『教行信証』総序の「苦悩の群萌を救済し」、或いは正
信偈の「拯済無辺極濁悪」などに出る「救・済・拯」はい
ずれも「すくふ」と訓むが、その字義が気になり調べてみ
る。

【救・済・拯の字義】

①「救」:貧しいものを助けたり、危難から守ったり、す
べて安全にすることをはかる意、「救助」。

②「済」:越せない所を越させてやること、「済度」。

③「拯」:すくう、たすける、あげる。

『漢和中辞典』(貝塚茂樹他　角川書店)

特に気になるのは「無辺の極濁悪を拯済したまふ」

という「拯済」である。

❶ WikiArc：「拯は、すくう。たすける。水の中からす
くい上げるという意」

❷ 〈SAT〉：『一切音義』に「拯救溺也」とある。

❸ 『諸橋大漢和』：「拯溺」（水に溺れるを救う）

❹ 辞書： 「拯」の原字「丞」（ショウ・ジョウ）
＝会意文字：人を両手で穴からすくい出すさま
∴「拯済」＝「すくい上げ、渡らせる」の意味。

◎したがって「拯済無辺極濁悪」の意味は：

＝「はてしなく重い罪業のため生死の苦海に永く沈んで
来た私たちを、今こそすくい上げ、さとりの岸に渡らせ
てくださる」（七高僧方のみ教えの尊さよ！）

【参考】〈SAT〉：「拯済」が２０８件検索される。

例 『無量寿経』：

「光闡道教 普令群萌 獲真実法利」（高麗版）

＝ 欲拯済群萌 恵以真実之利」（同脚注）

＝ 欲拯群萌 恵以真実之利」（流布本）

☆親鸞聖人はこの「拯（済）群萌」も想起されて、上の「拯
済無辺極濁悪」を書かれたのであろうか。

80）親鸞聖人と「極楽」

親鸞聖人は「浄土」「報土」は多用されているが、「極楽」と
いう言葉は、「引用文以外にはない」という説が多いが、調べ
てみると、直接の著述だけでも１２回ある。

(1)宗祖の「極楽（ごくらく）」使用例 （１２回）

1 「一切臨終時」といふは、極楽をねがふよろづの衆生、い

のちをはらんとき・・・（『一念多念文意』〈西『聖典』677〉）

2　「おのおののこころにまかせて、もろもろの善を修するを極楽に回向するなり」（『唯信鈔文意』〈西『聖典』710〉）

3　「いかにいはんや、往生極楽の大事をいひまどはして、常陸・下野の・・・」（『親鸞聖人御消息』〈西『聖典』755〉）

4　「本願と申すは、名号をとなへんものをば極楽へ迎へんと誓はせ・・・」（『親鸞聖人御消息』〈西『聖典』785〉）

5　「もとぬすみごころあらん人も、極楽をねがひ、念仏を申すほどの・・・」（『親鸞聖人御消息』〈西『聖典』800〉）

　　☆「讃阿弥陀仏偈和讃」の左訓（7回）

6～12　「ミナゴクラクニテ仏ニナル・・・」等
　　〈『和讃現代』235（3回）、240、243、248頁〉

　　※「讃阿弥陀仏偈和讃」以外の和讃に「ゴクラク」という左訓はない。

　　※「讃阿弥陀仏偈和讃」の中でも「ジャウド」という左訓が2回ある。〈『和讃現代』237、244頁〉

　　※「安楽」は、宗祖の著述全体で54回と多いが、左訓には出てこない。

　◎一般庶民には「極楽」が常用語であったようだ。

　　それで親鸞聖人は御消息や和讃左訓で「極楽」を用いられたと思われる。

(2)親鸞聖人の基本用語は「浄土」「報土」であったことは、下記の用語比較表でも明白である。

☆法然と親鸞の「浄土」系用語（１０語）比較

〈用語の使用回数〉

用語	法然			親鸞		
	①選択 私釈	②和語 灯録	計	③本典 自釈	④本典 以外	計
浄土	69	150	219	22	188	210
安楽	9	10	19	4	50	54
極楽	9	119	128	0	12	12
安養	0	1	1	4	6	10
西方	16	23	39	1	3	4
報土	0	2	2	14	48	62
他４語△	2	2	4	16	19	35
全10語	105	307	412	61	326	387

【凡例】

① 『選択集』の中の私釈分（約3.5万語）の中で

② 『和語灯録』（約11万語）の中で

③ 本典（『教行信証』）中の自釈分（約2.2万語）の中で

④ 本典以外の自著全て（約11.5万語）の中で

△他４語＝仏土、浄刹、化土、化身土

【所見】

法然は「浄土」「極楽」、親鸞は「浄土」「報土」「安楽」が主
要用語であった。

81）「信ず」の目的語（法然・親鸞・蓮如）

「信ず」と言っても何を信じるのか？　元祖、宗祖、蓮師の場
合はどうなのか？　と思い、調べて見た。数字だけの結果であ

るが、三師の特徴が現れているようだ。

　　　Ｉ）宗祖の用語　「信ず」の対象

◎調査した資料：

　　教行信証の御自釈文（３件）とその他の宗祖全著述（文類
　　聚鈔から御消息まで）（７７件）

◎検索語とヒット数：

　　「信ず」41件　「信じ」23件　「信ぜ」16件　計８０件

◎調査結果：

１）本願（誓願・弘願・願力・本願他力）を　　29件（36.3%）

２）説（言・語・教・経・仏法）を　　　　　　16件（20.0%）

３）名号（念仏・功徳宝海・念仏往生）を　　　13件（16.3%）

４）罪福を　　　　　　　　　　　　　　　　　8件（10.0%）

５）不思議（誓願−・名号−・仏智−）を（と）7件　（8.8%）

６）仏智（諸智）を　　　　　　　　　　　　　3件　（3.8%）

７）仏（弥陀仏・諸仏）を　　　　　　　　　　3件※（3.8%）

８）功徳を　　　　　　　　　　　　　　　　　1件　（1.3%）

　　合計　　　　　　　　　　　　　　　　　80件

※①元照律師の『阿弥陀経の義疏』にいはく、「（勢至章に）い
　　はく、・・・。わが十方諸仏を信ぜざるがごとしと、あに
　　虚妄なるをや」と。（愚禿鈔）【引用文】

　②この文のこころは、「但有専念阿弥陀仏衆生」といふは、
　　ひとすぢに弥陀仏を信じたてまつると申す御ことなり。
　　（『一念多念証文』）【観念法門の語句説明】

　③はじめて仏のちかひをききはじむるひとびとの、・・・と
　　は申し候へ。かくききてのち、仏を信ぜんとおもふこころ
　　ふかくなりぬるには、・・・ふかくちかひをも信じ、阿弥

陀仏をも好みまうしなんどするひとは、・・・（『御消息集』）

【前後の文脈は「誓願を聞信する」であることに注意】

☆宗祖の用語は「本願を信ず」が主であり、「仏を信ず」は
異例である。

Ⅱ）法然の用語「信ず」の対象

◎調査した資料：

『選択集』の私釈文（4件）

◎検索語：「信ず」3件　「信じ」0件　「信ぜ」1件

合計4件

◎調査結果：

1）本願を	0件
2）法（第一義）を	1件
3）念仏の別行をもつてす　これを	2件
7）仏を	1件
計	4

☆4件の中2件は経釈の引用文中であり、元祖自身の言葉と
しては【後述】中の「念仏の別行をもつてす。これを信ず
るものは多く、信ぜざらんは尠し」の2件のみ。

Ⅲ）蓮如の用語　「信ず」の対象

◎調査した資料：

『正信偈大意』『御文章』『夏の御文』『御俗姓』『領解文』

◎検索語：「信ず」21件　「信じ」35件　「信ぜ」10件

合計66件

◎調査結果：

1）本願（誓願・願力）を　　　　15件（22.7%）
2）法（仏法・金言）を　　　　　13件（19.7%）
3）念仏・六字を　　　　　　　　2件　（3.0%）
4）罪福を　　　　　　　　　　　0件　（0.0%）
5）不思議（仏智－）を　　　　　2件　（3.0%）
6）仏智（諸智）を　　　　　　　0件　（0.0%）
7）仏（弥陀・阿弥陀如来仏）を　20件（30.3%）
8）神・余仏・菩薩を　　　　　　6件　（9.0%）
9）「たのみ－たすかる」ことを　8件（12.1%）

　　　合計　　　　　　　　　　　66件

☆宗祖と比べ、蓮師では７）「仏を信ずる」が特に多い。

◆因みに宗祖・蓮師の著書中、「弥陀」の言及使用回数を調べると以下の通りである：

	「弥陀」（「阿弥陀仏」等）	「南無阿弥陀仏」
宗祖：	２９１回	４５回
蓮師：	４９２回	１０８回

　注：宗祖著書＝本典自釈の他全著書（文類聚鈔～消息）13点

　　　蓮師著書＝『御文』～『御一代記聞き書き』　　5点

※蓮師のこのような阿弥陀仏信仰の顕著さは、蓮師がきわめて多くの名号本尊（裏書き）を出されたこと（85節参照）に関連することであろう。

G　諸種の話題

82)　『論註』の「応知」と二種法身説

☆2005（平成17）年6月3日、真宗連合学会第52回大会で発表した拙論の要旨を再掲する。「応知」という「聖典のことば」に曇鸞の教義展開の枢軸を見た論である。

《発表要旨》

　　『論註』における「応知」と二種法身説

真宗出雲路派　藤枝宏壽

　『論註』における広略相入の二種法身説は曇鸞教学の枢鍵をなすものである。すなわち曇鸞は、世親の『浄土論』（以下『論』）にふれて生じたと思われる願生心と四論学派時代に培った空観との狭間に立ち、この乖離を解決せんとする主体的・宗教的要請から『浄土論』に肉薄し、そこに「浄土の原理」と「往生の原理」を見出し、自らの信仰の教学的基礎としたのが『論註』である。よって浄土の原理を説く二種法身説の枢要性は多言を要しないであろう。

　この二種法身説は『論註』巻下十章のうちの第四「浄入願心」章に出るものであるが、『論註』の文脈構成を検討すると、浄入願心章以下に曇鸞の『論註』作成意趣が集約されていることが窺われる。すなわち「観察體相」を主とする最初の三章では下巻の約三分の二の紙数を費やして浄土三種荘厳を詳細に観察するが、その荘厳がいかなる意味をもつのかという「浄土の原理」解明こそ曇鸞の本命であるため、『論註』下巻の後三分の一、結論部分に筆力を集中している。

　そのことを示す一つの指標として「応知」という用語に注目

したい。『論註』の中で「応知」は三十六回使用されているが、
その中十七回は『論』に含まれているままの引用であり、残り
が曇鸞自身の使用である。ところが浄入願心章に入ると『論』
の文として

　「又向説観察荘厳仏土功徳成就、荘厳仏功徳成就、荘厳菩薩
　　功徳成就、此三種成就願心荘厳。応知」

　　（また向きに、荘厳仏土功徳成就と、荘厳仏功徳成就と、
　　荘厳菩薩功徳成就とを観察することを説きつ。この三種の
　　成就は、願心をして成就せる。知る応し）

と引用しているけれども、その「応知」は『論』（例えば大正
蔵経所収）の原文には付加されていない。因みに『論』には九
種の異本があるが、上記の箇所で「応知」が挿入されているの
は曇鸞が引用した『論註』のみにある。

　しかも、曇鸞はその「応知」を受けて『論註』をこう続ける。
　「応知者応知此三種荘厳成就由本四十八願等清浄願心之所荘
　　厳。因浄故果浄。非無因他因有也。」

　　（「知るべし（応知）」とは、この三種の荘厳成就は、もと
　　四十八願等の清浄願心の荘厳したまう所なりに由りて、因
　　浄なるが故に果浄なり。無因と他因の有にはあらずと知る
　　べし。）

ここに浄入願心を強調しようとする曇鸞の特別の意図があった
と窺われる。

　『論』の「応知」を受けたこの「応知者」という注意喚起六
回は浄入願心章以下の『論註』結論部に集中しており、浄入願
心以前の『論』の「応知」には何等反応が出ていない。確認を
意図する曇鸞の「応知」使用は『論註』の結論部に集中してい

る点、いかに曇鸞が広略相入・二種法身を根幹とする浄土の原理・往生の原理展開に意を用いているかが知られるのである。

以上

詳細・本稿は『真宗研究』第50輯（平成18年真宗連合学会）を参照されたい。〈了慶寺のホームページで閲覧可能：http://ryokeiji.net → 法話素材 → 法滴 25〉

83）「法性のみやこへかへる」

「死んだら　天国ではなく　お浄土へかえるんだよ」と、ある祖母が１６歳の孫に言ったという「掲示法語」に対して、浄土真宗では「浄土へかえる」というのはおかしい。「浄土へ往生する」と言うべきだという批判があったが、調べてみると「浄土にかえる」という思想は宗祖の著述の中に何カ所も見られる。

例：①「念仏のひとを摂取して　浄土に帰せしむるなり」（親鸞：勢至和讃）

②「ゆめゆめ回心して帰去来（いざいなん）。借問ふ。家郷はいづれの処にかある。極楽の池のうち七宝の台なり」（善導の法事讃引用）

③「仏に従ひて逍遥して自然に帰す。自然はすなはちこれ弥陀の国なり」（法事讃）

④「仏に従ひて本家に帰せよ。本国に還りぬれば、一切の行願自然に成ず」（法事讃）

⑤「帰於浄土」といふは、念仏の人〔を〕摂め取りて浄土に帰せしむとのたまへるなりと。（親鸞・『尊號真像銘文』：首楞厳経・「勢至念仏円通」文）」

・・・以上５カ所引用として出ているが、特に次は、聖人の

直接の言葉として重要である：

　⑥（「如来尊号甚分明・・・観音勢至自来迎」（五会法事
　讃）について親鸞聖人の解釈）

　　「来迎」といふは、❶「来」は浄土へきたらしむとい
　ふ。これすなはち若不生者のちかひをあらはす御のり
　なり。穢土をすてゝ真実報土にきたらしむとなり。す
　なはち他力をあらはす御ことなり。また❷「来」はか
　へるといふ。かへるといふは、願海にいりぬるにより
　てかならず大涅槃にいたるを法性のみやこへかへると
　まうすなり。❸法性のみやこといふは、法身とまうす
　如来のさとりを自然にひらくときを、みやこへかへる
　といふなり。これを真如実相を証すともまうす、無為
　法身ともいふ、滅度にいたるともいふ、法性の常楽を
　証すともまふすなり。❹このさとりをうれば、すなは
　ち大慈大悲きはまりて、生死海にかへりいりてよろづ
　の有情をたすくるを、普賢の徳に帰せしむとまうす。
　❺この利益におもむくを来といふ。これを法性のみや
　こへかへるとまうすなり。（親鸞聖人：『唯信鈔文意』
　〈西『聖典』702〉〈東『聖典』549〉
　　　〈番号は筆者〉

・・・整理して意味を確かめる：―

❶「来」とは、浄土に生まれさせずにはおかないという本願
　力他力によって、穢土から真実報土に来させるという意味
　である。

❷「来」にはまた、「かへる」の意味もある。本願の海に入
　ったことによりかならずおおいなるさとり（大般涅槃）に

至ることを「法性の都へかへる」というのである。

❸「法性の都」とは、法身という色も形もない如来のさとり
を、如来の願力によって自然に開くことをいう。(弥陀同
体のさとりを得ること。)

　法性とは真如実相であり、無為法身であり、滅度であり、
法性之常楽(我浄)である。

❹この法性のさとりを得れば、大いなる慈悲の心が極まり、
再び迷いの世界に還り入って、あらゆるものを救うのであ
る。これを普賢の徳を得るという。(還相回向)

❺このような❶〜❸の往相回向と、❹の還相回向の両益を得
ることを「来」といい「法性のみやこへかへる」意味であ
る。

【要点】「浄土にかへる」とは「阿弥陀如来の法性(さとり)
と一つになる」(弥陀同体のさとりを得る)ということ。
そうなれば自然、「還相回向のはたらきに入る」というこ
とだと親鸞聖人は解釈されている。

　・・・そのことを、親鸞聖人は正信偈で「得至蓮華蔵世界
即証真如法性身」と言われる。「浄土(蓮華蔵世界)に至
れば、すぐさま仏のさとりそのもの(真如法性身)と一体
になる(証する)」という意味。これが「さとり」の主要部。

　続いて「遊戯煩悩林現神通　入生死薗示応化」と還相回
向の句。「煩悩・まよいの世界の中を自由自在に飛び回り、
生死の苦しみの世界に飛び込んで、相手に応じた姿となっ
て仏法に引き入れるはたらきをする。」ここで初めて「さ
とり」の全体が完成する。つまり「法性のみやこへかへる」
「弥陀同体のさとりを得る」ことになるのであると説かれ

ているのである。

【参考】「浄土へかへる」と説いている聖典、法話など（親鸞
　　聖人以外で）も味わうことができる。

(1)『安心決定鈔』末〈西『聖典』1408頁〉

　　「帰命の義もまたかくのことし。しらざるときのいのち
　　も阿弥陀の御いのちなりけれども、いとけなきときはし
　　らず。すこしこざかしく自力になりて、わがいのちとお
　　もひたらんをり、善知識、もとの阿弥陀のいのちへ帰せ
　　よと教ふるをきゝて、帰命無量寿覚しつれば、わがいの
　　ちすなはち無量寿なりと信ずるなり。かくのごとく帰命
　　するを正念をうとは釈するなり。」（『安心決定鈔』：その
　　作者は未詳、法然門下の人と推定されている。蓮如上人
　　が愛読された書）

(2)「お浄土」　藤原正遠

　　○無量寿の国より生まれて無量寿の弥陀のみ国に帰る我
　　　なり　南無阿弥陀仏　　（『み運びのまま』24頁）

　　○お浄土にゆくと思えば不安なり帰ると聞けば心安けし
　　　（『み運びのまま』426ｐ.）

　　○水泡の消えなばすべて無量寿のみ親の水に帰る我なり
　　　（『大悲の中に』）

(3)小川一乗（『大いなるいのちのふるさと』）

　　死んだらどうなるのでしょう。死んだらどこかへ行くの
　　ですか。死んだらなくなるのですか。死んだらなくなる
　　というのではないのです。もとに帰るのです。・・・も
　　とに戻るということは、ふるさとへ帰るということ。こ
　　の私を私たらしめてくださった大いなる命の世界に帰ら

せてもらう。それへの目覚めが「帰命無量寿如来」とい
うことです。無量なる命としての如来に帰命します。そ
ういう如来の命に帰ります。

(4)『癌告知のあとで』鈴木章子

　　私がガンになり、父母が亡くなったということは、世
間からみれば、不幸続きということで、皆さんが気づか
い慰めて下さるのですが、私にとっては悲しさとは別の
充足感がありました。別離の悲しみは勿論ありましたが、
それに増して父母が還っていった大いなる生命(いのち)
の故郷、ふるさとに、電気がポッとついた感じで「いつ
でも還っておいで、待っているよ」という声が聞こえて、
木をみても山をみても、雲をみてもその息がきこえると、
不思議な世界に今います。

(5)『念仏詩抄』木村無相

　　○「大いなる　いのちにかえる日を思う
　　　　ナムアミダブツと　み名いただきつ」

84) 凡夫の「はからひ」と仏の「御はからひ」

Q　『親鸞聖人御消息』に「はからひ」という言葉が４９回出
てくる。３種類の用法がある。

　　A)「(仏の)　御はからひ」　　　９回
　　B)「(凡夫の)　はからひ」　　３１回
　　C)(その他の)　はからひ　　　９回
　　　　　　　　計　　　　　　　４９回

《例》　(西『聖典』頁数)

　　A-1　如来の御はからひにて往生するよし、ひとびとに申

され候ひける、すこしもたがはず候ふなり（771−6）

A-2　煩悩具足の凡夫の無上覚のさとりを得候ふなること
　　　をば、仏と仏のみ御はからひなり（777−1）

A-3　まことの信心をば、釈迦如来・弥陀如来二尊の御は
　　　からひにて発起せしめたまひ候ふ（793−3）

B-1　行者のはからひは自力なれば義といふなり（746−
　　　12）

B-2　自力の御はからひにては真実の報土へ生るべからざ
　　　るなり（747−3）

B-3　弥陀仏の御ちかひの、もとより行者のはからひにあ
　　　らずして、南無阿弥陀仏とたのませたまひて・・・（769
　　　−1）

B-4　ただ誓願を不思議と信じ、また名号を不思議と一念
　　　信じとなへつるうへは、なんでふわがはからひをいた
　　　すべき。・・・ただ不思議と信じつるうへは、とかく
　　　御はからひあるべからず候ふ。往生の業にはわたくし
　　　のはからひはあるまじく候ふなり（781−4〜8）

B-5　他力と申し候ふは、とかくのはからひなきを申し候
　　　ふなり（783−2）

C-1　余のひとびとを縁として、念仏をひろめんと、はか
　　　らひあはせたまふこと、ゆめゆめあるべからず候ふ
　　　（772−13）

C-2　領家・地頭・名主の御はからひどもの候ふらんこ
　　　と・・・（787−2）

C-3　信願坊が申すやう・・・仏恩をしらず、よくよくは
　　　からひたまふべし（789−7）

《領解》

　・・・上記の法語を、私的にこう領解する。

　A：仏の「御はからい」とは阿弥陀如来（仏）が迷妄の衆生を済う（利他）ために建てられた「❶総合的かつ❷緻密な❸一大救済計画」であり、これを他力という。

　❶総合的とは：「迷妄の衆生」の実態は千変万化である。故にその救済策も一様ではない。因位の法蔵比丘が「二百一十億の諸仏の国土」の人天の善悪を観見・研究され、どうしたら十方微塵世界の衆生を救えるかと、五劫の間思惟をされた所以である。

　　その結果四十八の願、重誓の願の選択・決定となる。しかしその願を悉く成就するためには兆載永劫という果てしない時をかけての修行（救済力練成の実践活動）が要る。

　　その修行の内実たるや、「貪りの心や怒りの心や害を与えようとする心を起さず、また、そういう想いさえも持っていなかった」等の精神的（形而上的）練成を始めとし、「あるときは富豪となり在家信者となり、またバラモンとなり大臣となり、あるときは国王や転輪聖王（てんりんじょうおう）となり、あるときは六欲天（迷いの欲界の六天にまでなって！）や梵天などの王となり」等の実生活的（形而下的）な研修の場に至るまで、総合的な計画・実践をされたのである。法蔵の本願にはこうした人間の実態の体験的認識が裏付けされている、完璧な「総合計画」だと頂く。

　　こうして法蔵菩薩は修行円満して「自在」の境地にいたり「成仏」された。すなわち「南無阿弥陀仏」となら

216

れたのである。この名号を信じ称える・念仏申す中に如来の衆生救済計画の一切が「総合的」にはたらくのである。

❷緻密にとは：「南無阿弥陀仏」はたった六字の名号であるが、無数の衆生の無数の願いを「ことごとく、すみやかに疾く満足する」不思議な力がある。ちょうど、ジャンボジェット機が数百人の乗客を大空に浮上させ、スムーズに運ぶのは、「６００万個」の部品が緻密に製作・組立・整備されているからだというのに喩えられる。仏の本願・名号は「十方微塵世界の念仏の衆生をみそなはし（見通され）」て成就されていることに安心するばかりである。『大経』には「微妙安楽」〈西『聖典』53〉、「微妙難思議」〈西『聖典』44〉とある。

❸「一大救済計画」とは：自ら救われていくような力も取り柄も全くない（空飛ぶ力皆無の）私のような十方の衆生を、如来の一方的なはたらき（他力）で救おうという「大計画」は古今未曾有－まさに「超発希有大弘誓」である。その大計画の一切が「御はからひ」に収まる。

　上記御消息Ｂ－4等に述べられている通り「如来の誓願不思議・他力・御はからひにおまかせ」し、わが「自力のはからひ」をしないよう親鸞聖人は強調されている。

Ｂ：凡夫の「はからい」

　ところが、凡夫・自力の得手勝手なはからいは執拗で、止まない。聖人の誡め回数の多さ（４９回中３１回）でわかる。なぜか？

　「凡夫・自力の得手勝手なはからい」とは、何をする

にも自己中心（自利）的に計らって心・口・意の行動を
する習性がある。

　如来の本願・名号は、そういう自利・自力心の抜けな
い凡愚をこそ救おうという絶対利他の大悲心が成就した
結果であり、凡愚の分際では思議できない「不可思議」
（仏と仏とのみの境界）である。それにも拘わらず、凡
夫・自利・自力の思いで、疑い、考え、議論（法論）し
ようとする。

　「超発本願・名号成就－現生正定聚－浄土往生・成仏
－還相回向」の教理（救済の原理）－これをよく聞かせ
ていただき、疑問があれば尋ねる（「よき御うたがひ」
をする）べきである。しかしそこに止まってはいけない。
「弥陀五劫思惟の願をよくよく案」じみる－そのお救い
の大御心を静かに深く、罪障り・業苦の多いわが身にし
みじみ頂いてみたら、「あぁ、何という如来の大悲心！
ようこそ、ようこそ、そこまでも、この凡愚・私のため
のご苦労・お喚びかけとは！　ありがとうございます。
南無阿弥陀仏」と、すっかり「如来の御はからひ」に「お
まかせして」信心歓喜、念仏するのが信心を得たすがた
である。

　それにもかかわらず、教義の断片（言葉）を持ち出し
てきて、「とやかく」知ったがましく、名利のために議
論したり、疑ったりする「はからい」は、「底下の凡
愚」という「己が分」を忘れたすがたであると、聖人は
誡めておられる。

　要は、「仏の御はからひ」（本願・名号）には寸分の狂

いもないことを信知させていただき、ただ「ほれぼれと」
念仏する全幅の憑依（ひょうえ）「おまかせ」より他ないのである。

《味わいのことば》

☆「念仏申さるべし。これは如来の本願なり。このなかに
　たすけたまふ御はからひあり。これを信ずるを弥陀をた
　のむとは申すなり」（了慶寺　浄専　法語）

☆はかりなき仏のお慈悲をはからひて

　　　はからひつきてはからはれいく　　（道歌）

☆おのが目の力で見ると思ふなよ

　　　月の光で月をみるなり　　　　　　（道歌）

☆庄松（しょうま）：（お剃刀の場で門主の衣の袖をつかみ）

　　　　「兄貴、覚悟はええか？」

　興正寺門主：「お前の信心は大丈夫か？」

　庄松：（ご本尊を指して）「おら知らん。アレに聞け」

　——：「御はからひ」にまかせたすがたが味わえる逸話。

85）「唯」の訓み：「やや」のルーツ

Ｑ１　経典の訓読が宗派によって多少差異があり、何故かと疑
　問に思う。

1）「唯然」　　『無量寿経』に６回出る（上巻に３回；下巻
　に３回）。（例：「唯然大聖、我心念言」）

　訓みは：「ややしかなり」・・・〈西『聖典』8頁〉

　　　　　「ややしかり」・・・〈東『聖典』7頁〉

　　　　　・・・◎両派とも「唯」を「やや」と訓んでいる

2）「唯願」

☆『無量寿経』に１回

「斯義弘深、非我境界。唯願世尊、広敷演諸仏如来浄
土之行。」

訓み：（西）〈この義、弘深にしてわが境界にあらず。や
や、願はくは世尊、広くために諸仏如来の浄土の行
を敷演したまへ。〈西『聖典』14頁〉

‥‥◎「唯」を「やや」と訓んでいる〉

（東）「この義弘深にして我が境界にあらず。唯、
願わくは世尊、広くために諸仏・如来の浄土の行
を敷演したまえ。」〈東『聖典』14頁〉

‥‥●「唯」を「ただし」と訓んでいる。

（Q「ただし」とは逆接の意味であろうか？）

☆『観無量寿経』に３回出る

（例：「唯願世尊。教我思惟。教我正受」

訓み：（西）「ややねがはくは（世尊）」

（東）「ややねがわくは（世尊）」

‥‥◎両派とも「唯」を「やや」と訓んでいる。

3）「唯（垂聴察）」

☆『無量寿経』に１回　「比丘白仏。唯垂聴察。」

訓み：（西）比丘、仏にまうさく、〈やや、聴察を垂れた
まへ。‥‥〉〈西『聖典』15頁〉

（東）比丘、仏に白さく、「唯聴察を垂れたまえ。
‥‥〉〈東『聖典』15頁〉

‥‥●「唯」を「ただ」と訓んでいる。

（Q「ただ聞くだけ」と誤解されないか？）

4）『仏説無量寿経延書』（『定本　親鸞聖人全集』八　底本：
大阪府毫摂寺蔵　貞和三年（1347）書写本 // 親鸞聖人の

加点本は現存しない）によると：——

　　◎上記１）２）３）のすべて「やゝ」となっている。

　　　全部「唯＝やゝ」で統一。（西）と同じ。

Ｑ２　では「唯」を「やゝ」と訓む元はどこにあるのか？（図
　書館の辞書類を調べても出てこない）

　５）ところが、『親鸞聖人真蹟集成』の『教行信証』を調べ
　ると以下の用例が見つかった。

　　　①「惟願」（例：惟願大王）８回（信巻・・・『涅槃経』の
　　　　　引用文中）〈例：『集成』Ⅰ 263, 265, 266, 268〉

　　　　訓点：「惟ヤゝ願ハ」（ややねがはくは）が毎回ついて
　　　　　いる。（「惟」は「唯」と通用する字）

　　　②「唯願」（例：唯願慈光）３回（真仏土巻 １回；化身土
　　　　　巻２回）〈例：『集成』Ⅱ 451；347, 347,〉

　　　　訓点：「唯ヤゝ願ハ」（ややねがはくは）が毎回ついて
　　　　　いる。

　　　◎「唯（惟）」を「やゝ」と訓む元は親鸞聖人の教行信
　　　　証にあったのだ。

Ｑ３　参考：①角川『大字源』によると、「唯」＝⑴相手の意
　　　　　　向を受け容れ承諾する「ハイ」の意味　⑸相手
　　　　　　に対する希望の語気を表す助字と出ている。

　　　　　②角川『漢和中辞典』：「惟」はことを是認する意
　　　　　　の語源からきている。また発語の助辞に借用し、
　　　　　　「唯」と通用する。

　◇結論：　①「唯然」や「唯願」の「唯」は「やゝ」と訓む
　　　　　のが、親鸞聖人以来の真宗の伝統である。

　　　　　②その言語的根拠は「唯」が相手の意向を快諾し

たり、願いをする時の語気を表す助辞だ。

【付記】本項85では「唯然」、「唯願」、「唯垂」について調べ、上記①の結論を得た。しかし、『無量寿経』の第十八願文の最後「唯除五逆誹謗正法」の「唯」は、『定本』では「ただし」と訓んでいる（本書18頁参照）。普通の聖典では「ただ」と訓んでいるが、西『聖典』では脚注に「ただし」とあり、『三経現代』は「ただし」と訳している。抑止の意味上重要な語である。

86）七高僧−聖徳太子の順

◎いわゆる『高僧和讃』の終わりには「以上七高僧和讃一百十七首」と結びがあり、続いて「五濁悪世の衆生の選択本願・・・」の和讃一首があり、その後1行空けて、七高僧と聖徳太子の名が列記されている。

　　　天竺　龍樹菩薩
　　　　　　天親菩薩
　　　震旦　曇鸞和尚
　　　　　　道綽禅師
　　　　　　善導禅師
　　　和朝　源信和尚
　　　　　　源空聖人　　　以上七人

　　　聖徳太子　敏達天皇元年
　　　　　　　　正月一日誕生したまふ。

・・・以上は、『定本』Ⅱ138、西『聖典』599、東『聖典』500の所載で、蓮師の『文明開版本』（1473）（その底本は

222

不明、『定本』309）に依る。したがって『真蹟』と高田『聖
典』には上記名列の記載はない。その点、親鸞聖人の祖意
に疑問は残るが、一応『文明開版本』に依って論じること
とする。

Q　上記の名列の順序を見ていると、拙寺の本堂・余間に掛け
てある七高僧・聖徳太子絵像の掛け順が気になる。愚生が継
職したときは、聖徳太子が向って右余間－本尊寄りの上位に、
七高僧は下位（「聖－七順」）にあった。

　あるとき、西本願寺派の法友から、「それは、戦時中の戦
争協力通達でそのような位置に転換させられたもの。戦後は
元のように七高僧を上位に、聖徳太子を下位（「七－聖順」）
に戻すことになった・・・（詳細は、ネット『「敗戦５０年」
西本願寺教団の光と闇』などを参照されたい。）その論拠は『高
僧和讃』末尾の名列の順に明らかである・・・」と聞いた。
それで拙寺の親鸞聖人７５０回御遠忌を際に「七－聖順」に
掛け替え、現在に至っている。

　その後、ご縁ある諸寺の様子を窺うと、大部分がまだ戦時
中の「聖－七順」のままが多いようである。住職の見識によ
るのであろうが、気になる話題である。

　ともかくも、親鸞聖人が七高僧を重視されたのは、正信偈
の依経段に依釈段が続いていることに現れており、また『浄
土和讃』と『浄土高僧和讃』とがそろって聖人７６歳に完成
したことからも分かる。

　そういう教義展開の基礎的機縁を作られた聖徳太子への謝
念はまた別であり、親鸞聖人は終生忘れられなかった。高僧
和讃の最後に七高僧の名列の後にも、（一行あけて：別格と

して）聖徳太子の名を挙げられた所以であろう。単なる「序列」論のみを弄していては、申し訳けない。

そのことは、聖人が太子について、七高僧のどなたよりもはるかに多い和讃で讃仰されていることからも分かる。文明版の『皇太子聖徳奉讃』１１首の他に、『皇太子聖徳奉讃』７５首（聖人８３歳）、『大日本国粟散王聖徳太子奉讃』１１４首（聖人８５歳）と、合計２００首から奉讃をしておられるのである。

省みれば、掛け軸奉懸の順序は「七－聖順」であっても、聖徳太子ご絵像の表具にお敬いの一工夫ができなかったかと後悔している次第である。

87）本尊に「方便法身之尊号」の裏書き

１）親鸞聖人の名号裏書

親鸞聖人がお弟子に書き与えられた名号８幅とその裏書き３点の写真版が『真蹟』九、10〜17、38頁に出ている。

《裏書》と名号

(1)《方便濫身尊號　康元元丙辰十月二十五日書之》

名号：　南無不可思議光佛 蓮台

上の賛銘　『大経』十七願文

下の賛銘　三誓の偈》

(2)《方便濫身尊號　康元元丙辰十月二十五日書之》

名号：　歸命盡十方无导光如来 蓮台

上の賛銘　『如来会』（十一）願文

下の賛銘　『願生偈』四行》

(3)《方便濫身尊號　康元元丙辰十月二十八日書之》

　名号：　　歸命盡十方无㝵光如来　蓮台

　　　　　　　上の賛銘　　『大経』十二、十三願文

　　　　　　　下の賛銘　　『願生偈』六行》

※注　「㝵」は「法」の古字

☆『真蹟』（362頁）「解説」によると、

①名号を以て本尊としたのは正しく親鸞聖人からである。

②康元元年（1256）は親鸞聖人８４歳、この歳五月、長男善鸞を義絶しており、『三河念仏相承日記』によれば、高田の真仏・顕智・専信等が、同年十月上洛している。その（名号）の製作とその事実の関係を考えることは、かならずしもまとはずれではないであろう。（聖人が３人に名号を付与されたのであろうと推測している。）

③名号の第（五）、第（六）六はいわゆる「篭文字」になっている：本尊としての形態を進めたものとなされよう。

④上記(1)、(2)、(3)の裏書は、後世の裏書きの始源とすることが出来る。（下線は筆者）

◎このように、親鸞聖人は名号を本尊とされ、その名号に「方便㝵身之尊號」という裏書きをされたことは明らかである。では、その意味は何であろうか？

【方便法身の意味】

　聖人が「方便法身の尊号」と書かれた根拠は、『証巻』に引用されている曇鸞の二種法身説にある。（西『聖典』321；東『聖典』290参照；本書G82〈『論註』の「応知」と二種法身説〉参照）。

　　要は、「色もなく形もない真如そのものである法性法身（ほっしょうほっしん）が、衆生救済のために名を示し形を現したのが方便法身（ほうべんほっしん）である」

「この二種の法身の相互関係は、法性法身が元で方便法身が
生じるが、方便法身あればこそ法性法身が現れるという相入
の関係である。」

　『一念多念証文』には「方便と申すは、かたちをあらはし、
御なをしめして、衆生にしらしめたまふを申すなり。すなは
ち阿弥陀仏なり」〈西『聖典』691、東『聖典』543〉と分か
りやすく詳説してある。

　親鸞聖人が名号の裏書をされた思し召しは、「ご本尊とし
ての名号は、単なる文字ではなく、如来の本性（真如法性）
の現れ、まことのお喚び声であるから、大切に礼拝し帰命す
べきである」であったろうと頂いている。

　・・・こうして親鸞聖人に始まった名号裏書きが後代にも伝
　　わっていく：

２）蓮如上人の裏書

　　　上に④後世の裏書きとあったが、そのよい例が『蓮如上
　　人行実』（真宗大谷派 教学研究所編　東本願寺）巻末の「蓮
　　如上人裏書集」（191〜208頁）。「この裏書集は、既刊の研
　　究書・報告書・展観図録等で紹介された蓮如の裏書を集め
　　て一覧したものである」とのこと。１９６件の裏書をまと
　　めた労作である。

　　　本尊の裏書きとして「尊号」「尊像」の２種がある。

（A）「方便法身尊号」（「六字名号」の裏書）

　　　３３件　〈内３１件は蓮如44〜50歳の書〉

　　［宛所の例］

　　　#4　　　河内国渋河郡久宝寺慈願寺本尊也

　　　#14　　江州野洲南郡三宅惣道場本尊也

#36　　尾張国葉栗郡河野道場本尊也

（B）「方便法身尊像」（阿弥陀仏の絵像か木像に）

　　５３件〈内４９件が蓮如56〜80歳の書〉

［宛所の例］

#15　　近江国野洲南郡下中村北道場常什物也

#49　　和州吉野郡下淵円慶門徒同郡十津河野

　　　　長瀬鍛冶屋道場本尊

#102　参河国碧海郡重原荘竹村郷光恩寺勝鬘寺門徒

☆蓮如上人も名号を本尊として多く書かれているが、その名
号に「方便法身尊号」の裏書きが残っているのは主として
４４歳から５０歳ごろのものである。その後吉崎での活動
（５７〜６１歳）を中軸に、各国への名号下付は数多とな
り、個々に裏書きする暇は無かったのかも知れない。

　一方、絵像への「尊像」裏書きは56歳から80歳ごろまで
53点も残っている。おそらく、「道場」など門徒が集まる
所では「尊像」への要望が多かったためではなかろう
か・・・「当流には木像よりは絵像、絵像よりは名号とい
ふなり」〈西『聖典』1253〉と蓮師ご自身は言われている
が―。

★ともかくも、名号であれ、絵像・木像であれ、本尊として
礼拝するときは、「方便法身之尊号・尊像／尊形」という
裏書きを重んじられたことは、親鸞聖人、蓮如上人の行跡
から明らかである。

3）仏壇・内陣の本尊に「裏書」があるか？

　現にここ越前地方の真宗門徒の伝統的仏壇のご本尊には
「方便法身之尊像（尊形)」という、所属本山の法主・門

主による「お裏書」がしてある例が多い。時たま木像の場合には、その背後に「お裏書」だけを表具して懸けてある家もある。

　（だから、修復などの場合は「お性ぬき」を依頼されることがある。その言葉に抵抗はあるが、「方便法身」を通して「法性法身」を拝んでいたという意味合いがあろうと思い、応じている。）

　これが、伝統的門徒の本尊尊崇の姿であったが、現代は、市販の印刷絵像だけを無造作に懸けようとする。住職の指導が大切だ。拙寺では、本山から「お裏書と脇掛け」３点を受けるようにしている。

　ところが、問題なのは寺院内陣の本尊そのものに「方便法身之尊像」という裏書がなされているか？である。今までご縁のあった諸寺を窺うに、殆ど目にふれたことがない。本尊の体内に収めてある可能性もあり、本尊の背後に何かに書かれていることもあろうが、住職、門徒が意識されているであろうか。

　ある寺では、本堂入口（内部）の頭上に「木佛方便法身之尊形　〇〇寺　寶永七庚寅年天四月五日毫攝寺善岡 花押」という額が懸けてあるのを見て安心したことがある。拙寺では、内陣改装の折、中尊の背面鏡板に「方便法身之尊像」と金箔浮文字で裏書きを施した。

　門徒にはこう法話している。

「〈方便法身〉の尊像なればこそ、〈法性法身〉が現れてくださる。つまり、お立ち向かいのお形は、あなたを救わずにはおれないという如来さまの智慧と慈悲＝願心の現れです。お

像だけを拝んでいるのではない、お像にしみこんでいる如来
の願心を拝ませていただくのです。(形だけを拝むのは〝偶
像崇拝〟だと蔑視されます。)」

【結論】本尊の裏書は、単なる形式ではない。形を通して仏心
　　　を拝むという精神の表現であり、その法義宣布のよい契
　　　機である。

　　現在、真宗の各派本山では、ご本尊には必ず裏書きを
　つけて頒布されているという。よい伝統の維持であると
　安心するが、裏書が形式化していないかと不安である。
　一般の人にその裏書きの意味が伝わる工夫ができないか。
　例えば一言の解説紙片を付けるとか、現代的裏書にする
　など。(試作をご笑覧ください)

```
╭────────────────────────────────────╮
│        方便法身之尊形                │
│      －仏性を拝むご本尊－            │
│        ○○山　釋○○　　花押        │
│      令和　　年　　月　　日          │
│          願主　○○　○○○○        │
╰────────────────────────────────────╯
```

88) 高僧の入寂年齢

◇親鸞聖人が「つひに念仏の息たえをはりぬ。ときに頽齢 九
旬にみちたまふ」と『御伝鈔』にある。７５０余年昔として
は、大変なご長命であった。

　ふと、他の高僧方の入寂年齢はどうであったろうかと思い、
調べてみた。

教祖と和朝の主な宗派の祖および高僧、その他について、入寂年齢順に列挙する。

	入寂年齢	（生年 – 歿年）
親鸞	９０歳	承安３年（1173）～弘長２年（1262）

〈その間に天皇11人、元号36回替わる〉

蓮如	８５歳	（1415 – 1499）
存覚	８４歳	（1290 – 1373）
覚如	８２歳	（1270 – 1351）
釈迦	８０歳	（BC ４ – ５世紀）
法然	８０歳	（1133 – 1212）
隆寛	８０歳	（1148 – 1227）
源信	７６歳	（942 – 1017）
空也	７０歳	（903 – 972）
聖覚	６９歳	（1167 – 1235）
空海	６２歳	（774 – 835）
日蓮	６１歳	（1222 – 1282）
最澄	５６歳	（767 – 822）
道元	５４歳	（1200 – 1253）
一遍	５１歳	（1239 – 1289）
聖徳太子	４９歳	（574 – 622）

参考

恵信尼	８７歳＋？	（1182 – 1268＋？）
覚信尼	６０歳	（1224 – 1283）

以上　略記

【所感】

　　「一三六　生れによって賤しい人となるのではない。

生れによってバラモンとなるのではない。行為によって
賤しい人ともなり、行為によってバラモンとなる」

　　　（中村元訳『ブッダのことば』「第一、蛇の章、七.
賤しい人ｐ３５）といわれる。

　同じように、「寿命によって人の価値が決まるのでは
ない。行為によって賤しい人ともなり、行為によって尊
い人ともなる」のであろう。だから、高僧の入寂年齢で、
その功績を云々することは、論外のことである。ただ一
つの情報として上記の一覧を示した。もし聖徳太子がも
う１０年生きておられたら・・・？道元禅師がもし８０
歳に達しておられたら・・・？などと、思われる方もあ
ろう。その感想は、読者個々人におまかせしたい。

　ただ我らの開祖親鸞聖人の門末として思うことは、も
しも聖人が、教行信証を草稿された５２歳でお亡くなり
になっていたとしたら、聖人の深い御信境には遇えなか
ったであろう－和讃にも、御消息にも、自然法爾や悲歎
述懐にも遇えず、おそらく大乗の至極という浄土真宗に
は遇えなかったであろう。そう思うと、九十歳というご
長命、ようこそ、ようこそ、完遂してくださいましたと、
念仏が出るばかりである。

89）宗教の定義

　2015年１月以来"イスラム国"問題に眉をひそめ、胸を痛め、
遂には「宗教とは一体何なのか？」という疑問をもたれた方が
多いと思う。筆者もその一人で、少し復習してみた。まず世界
の主な宗教というと、①キリスト教（20億人）、②イスラム教（12

億人）、③ヒンドゥ教（8億人）、④仏教（3.6億人）、⑤ユダヤ教（1400万人）、⑥その他（9億人）、⑦無宗教（8億人）だという。

　そして①、②、④は「世界宗教」であるが、③、⑤はその民族だけの「民族宗教」である（日本の神道もこの部類に入る）。また、①、②、⑤は、唯一の神を立てるので「一神教」といい、③や神道、中国の道教などは「多神教」という。仏教は「法」をさとることを眼目にするから、「超神教」だという説があり、同感である。

　人間には太古から宗教があったという。約１０万年昔、旧石器時代のネアンデルタール人はすでに狩猟のための儀式や埋葬をしていた。４万年昔のクロマニヨン人も狩猟の成功を祈る呪術的壁画を残している。原始宗教時代には人間・生物・自然現象には霊魂があると信じられ、呪術と儀礼が中心であり、やがてタブー（禁忌）の概念も発生した。

　また、神がかりになるシャーマン（例　巫女）も原始社会から世界各地に存在し、その儀礼や権威が重んじられた。（一神教の「神の啓示」にもどこか「神がかり」的な要素があるのではないかと、愚察している。）

　歴史的にみると、紀元前2800年ごろからメソポタミア、エジプト、インドあたりに、その後またギリシア、ケルト、ゲルマンなどに古代都市国家が誕生し、それぞれ守護神をまつる多神教が栄えた。南米でもマヤ、アステカ、インカで神殿がつくられた。

　こうしてみると、人類は宗教とともに進展してきたといえるが、その多種多様な宗教を一口で定義することはむずかしい。

宗教学者の数だけの定義があるという。

例えばこういうのがある。

1. 超人的な支配力に対する人間の認識であり、とくに服従の対象となる個人的な崇拝の対象についての認識である（Consice Oxford Dictionary）

2. 信念もしくは崇拝についての特定の体系であり、しばしば倫理規範や一種の哲学を含む（Webster's New World Dictionary）

3. もし私たちが、宗教生活をできるだけ広い、もっとも一般的な言葉で特徴付けるようにもとめられるならば、宗教生活は、見えない秩序が存在しているという信仰、および、私たちの最高善はこの秩序に私たちが調和し順応することにあるという信仰から成り立つ、と答えることができよう（ウィリアム・ジェイムズ）

百余りのこういう定義をみた中で、気に入ったのが一つあった。

◎宗教とは「大いなるもの」と交わり、結びつくことによって、<u>自分の悩み、苦しみ</u>などを解決したいと願う、その願いの中に現れる現象である、

（加藤智見〈1943-2017〉宗教学者）

下線部は「人力を超えた<u>人間の弱さ</u>」と言ってもよかろう。地震、雷、噴火、暴風、大雪、豪雨、猛獣、疫病など自然の脅威、不漁（猟）や飢饉など生存の不安、集団闘争（戦争）・略奪などの恐怖、そして人間のいのちそのものの無常性（生・老・病・死）と煩悩性（競争・嫉妬・不和…）など、みな人間のもつ弱さである。その弱さゆえに「大いなるもの」（霊、神等）

に救い（守護）を求めたのが宗教の始まりであろう。もし<u>人間</u>
<u>に弱さ</u>がなかったら宗教は不要。（弱さがある限り宗教は絶え
ないのが人間社会だ。）

　仏教はその弱さ、人間の「苦」から始まっている。釈尊が４
つの門を出られて、老苦（東門）、病苦（南門）、死苦（西門）
を見、人生無常の事実にショックを受け、北門で修行者を見て
出家を決意された。６年の苦行の後おさとりになり、〝人生は
<u>苦</u>である、それは煩悩が<u>集</u>っているからだ。煩悩が<u>滅</u>した静か
な境地こそ願うところ。それには<u>八 正 道</u>という<u>道</u>を歩め〟と
いう<u>四</u>つの真理（<u>諦</u>）を説かれた。外なるもの（神や天）に祈
祷して苦を逃れんとする「<u>外道</u>」ではなく、身の中の煩悩を内
観する「<u>内道</u>」を強調されたのである。

　我らが宗祖親鸞聖人の和讃にも注目しよう。
　　「如来の作願をたづぬれば　苦悩の有情をすてずして　回向
　　を首としたまひて　大悲心をば成就せり」
とある。宗教の本義に則っているではないか。苦悩の衆生をど
こどこまでも捨てないで救おう、「滅」の世界にいたらしめよ
うという大いなる慈悲心が成就して南無阿弥陀仏を回向してく
ださっているのである。我々、まことの宗教に遇えた強縁をよ
ろこばずにはおれない。

90）仏の三不能

１）ある年、弊派夏期講習会で某師が「聞法は聞己」という題
　で講話をされ、「仏の三不能」を題材にされた。
　(1)「仏といえども定業を滅すること能はず」
　　　定業とは因縁によって生起したもの／業道の必然性である

234

／人生の厳粛なる事実である…わが思い通りにしようとしてもできない

(2)「仏といえども無縁を度すること能わず」

「縁なき衆生は度しがたし」という

蓮如上人は「宿善」を説かれるが、「一人前の顔をしているお前こそ無宿善の機だ！」

(3)「仏といえども衆生海を尽くすこと能わず」

「衆生多少力不思議」「衆生無辺」という

・・・「仏でも不可能の三事がある」のではなく、「不可能を不可能と悟ったのが仏」である。要は、「人生の厳粛な事実を自覚せよ」・・・との法話であった。

2）Q では、阿弥陀仏にも「三不能」があれば、私は救われないことになるのか？　大変だ！と、調べていく。

3）まず出典：　❶「仏は一切のことにみな自在を得玉へりといへども、その中に三不能といえることあり。一には無縁の衆生を度することあたはず。二には衆生界をつくすことあたはず。三には定業を転ずる事あたはず。定業とは前世の善悪の業因によりて、感得したる善悪の業報なり。これは仏菩薩のちからも転ずる事かなはず。これらはみな前世の業因にこたへたる定業なり」（『夢中問答』＝南北朝時代、夢窓疎石（1275～1351）述の禅についての問答集。〉

❷「仏三不能」論の原典は中国・北宋代、道原の編纂『景徳伝灯録』（1004年）にある。（引用は省略）

★大正新脩大蔵経　５１巻　『景徳伝灯録』巻第２

★『景徳伝灯録』巻第四（国訳一切経　史伝部　『景徳

伝灯録』上巻　102頁）

4）では、浄土真宗における「仏三不能」の見解は？

【仏教大辞彙】

サンフノウ　三不能：「仏力も亦及ぶ能はざる三事。（以下、『景徳伝灯録』巻四を引用し）是を三不能と謂ふ」と。蓋し是れ小乗応身仏に就いて云ふ所にして其大乗の宗意より云へば禅師自らも云へるが如く「定業も亦牢久ならず、無縁も亦一期を謂ひ、衆生界は本より増減なき」なり。→大乗仏教では「三不能」はないとの解釈。

【筆者の見解】

　　⇒浄土真宗では「仏の三不能」はありえない。

　　上記の『仏教大辞彙』にいうように、『景徳伝灯録』にいう「仏」は「小乗応身仏」というべきか、少なくとも中国禅僧嵩嶽元珪禅師が言及している「仏」は法身の「阿弥陀仏」ではない。ただ禅のさとりは「無心」だという主論を述べるための傍論に「五不能、三不能」を話題にしたにすぎない。

☆阿弥陀仏には「三不能」は成り立たない。その理由：

①「定業」とは「業繋」でもあるが、業繋は阿弥陀仏の光（光明・名号）に遇えば除かれる。

　　「清浄光明ならびなし　遇斯光のゆゑなれば　一切の業繋ものぞこりぬ　畢竟 依を帰命せよ」（浄土和讃）

②「無縁」を救うのが阿弥陀仏の大慈悲である。『観無量寿経』に「仏心とは大慈悲これなり。無縁の慈をもって衆生を摂す」とある。また親鸞聖人は「謗法・闡提も廻すれば皆往く」（『浄土文類聚鈔』）と述べている。「一闡提」は「無縁」に通じる。無縁も究極的には回心すれば救われる。

236

③「衆生海」は無辺であっても、寿命無量（三世に亘り）、光明無量（十方無碍）の阿弥陀仏は、時間・空間の制約を超えて「十方衆生」を永久に救い続ける。

　　さらに、阿弥陀仏の浄土に生まれたものは、還相回向の利益を得て、衆生を済度し続ける。

☆要するに「五つの不思議」（衆生多少不思議・業力不思議を含む）の中で「仏法不思議」（阿弥陀仏の誓願不思議・他力不思議）に勝るものはないのである。

　　→仏智不思議を信じる者は、自力聖道門でいう「三不能」に毫も惑わされることはない。さらに苦言すれば、この「三不能」なる文言は中国の景徳年間（11世紀）に、一禅僧によって言い出されたことではないか。『無量寿経』のように梵文原典のあるインド仏教からの思想ではないのだ。論ずるに足りない。真宗では、「仏にも三不能がある」などと面白げに話題にすることすら謹むべきだと思うがいかがであろうか。

91）無碍光とニュートリノ

Q　「尽十方の無碍光は　無明のやみをてらしつつ
　　　一念歓喜するひとを　かならず滅度にいたらしむ」

　〈西『聖典』585；東『聖典』493〉という高僧和讃がある。この和讃を読むたびに「ニュートリノ」を連想してしまう。その発想の可否を諸賢に窺いたい。

1）「ニュートリノ」というと、2002年に小柴昌俊氏が「ニュートリノの観測成功」で、2015年に梶田隆章氏が「ニュートリノの振動発見」で、ともにノーベル物理学賞を受けられたことで有名だが、その正体は素人にはよく分からな

い。解説書をまとめると、ニュートリノとは①素粒子（物
質を作っている基礎となる極めて細かい粒子）で、見えな
い。②宇宙に満ちている。③物にぶつからずに、身の回り
を光速で飛び交っており、私達の体を1秒間に数百兆個も
突き抜けていく。④まれに物質と反応する（光る）ことが
ある。スーパーカミオカンデ（岐阜県神岡在）では、大きな
水槽でそのニュートリノが光るのをとらえようとしている、
等。

2）それでは浄土の光・仏の光と同じではないか？

　　まず普通は「見えない」「感じられない」仏の光なんて
どこにある？信じられない！などと思うかもしれないが、
現にニュートリノは、①見えないだけで、③今、我々の身
体を突き通している。②宇宙にも、この身にも満ち満ちて
いるように、浄土からの光は「尽十方無碍光如来」（十方
を尽くして満ちみち、碍無く照らしている光）なのだ。我々
の煩悩を障害とせず、仏・さとりの光はいつも我々の心身
に満ち満ちていてくださるのだ。

3）しかも、ニュートリノが時々④「光る」ように、見えな
い浄土の光が、私たちの心に届いて、「あぁもったいない、
ナンマンダブツ」と口に出てくださるのが「光る」ときで
はないか―「喩え一部」ではあるが。

☆「ええな宇宙虚空がみなほとけ」（浅原才市）、
　「見えないけれど　あるんだよ」（金子みすず）との詩の
とおりで、正に「お念仏は浄土の光」なのだと味わってい
る次第。ご批判ください。

H　図や表

92）用語頻度に見る法然と親鸞の特徴

　―「親鸞聖人の教え－用語をめぐって」―

1）序

　パソコン、ネットの「便利」にあやかり、「真利」を求めての一試論。厳密に学問的（計量国語学等）ではない。「強調したいことは、言葉を繰り返す」という原則から、用語の使用頻度を調べることにより、法然、親鸞両聖人の教義・思想の特色を概観したいという意図で調査を試行した。ご叱正により、正確な資料に成長することを願う。

2）調査方法

❶調査対象

　両聖人の主著について、ご私釈、ご自釈と、その他ご自身の言葉が多い著書について調査した。

　　法然：『選択集』の私釈分（34,600字）と

　　　　　和語灯録７巻（浄土宗了恵編：法然の遺文法語、

　　　　　1275年）（109,725字）

　　親鸞：『教行信証』のご自釈分（21,756字）と

　　　　　本典以外の親鸞著作１５巻（114,696字）

❷検索用語―選択基準

　親鸞聖人の教義・思想の根幹を表わす用語を次のように選定した―教行信証のお言葉に準じて。

　　①本願を：　　〈「建仁辛酉暦、雑行を棄てて本願に帰す」

　　　　　　　　　（化身土巻)〉

　　②信じ：　　　〈「難信金剛の信楽は疑いを除き証を獲し

むる真理なり」（総序）〉

③念仏を申さば：〈「大行とはすなわち無碍光如来の名を
　　　　　　　　称するなり」（行巻）〉

④凡夫が：　　〈「煩悩成就の凡夫、生死罪濁の群萌」（証
　　　　　　　　巻）〉

⑤濁世において：〈「穢悪濁世の群生、末代の旨際を知ら
　　　　　　　　ず（化巻）〉

⑥現生に正定聚に入り：〈「往相回向の心行を獲れば、即
　　　　　　　　の時に大乗正定聚の数に入るなり」（証巻）〉

⑦臨終の一念に：〈「念仏の衆生は横超の金剛心を窮むる
　　　　　　　　が故に臨終一念の夕大般涅槃を超証す」
　　　　　　　　（信巻）〉

⑧浄土に：　　〈「安養浄刹は真の報土なることを顕す。」
　　　　　　　　（真仏土巻）〉

⑨往生して：　〈「すみやかに難思往生の心を離れて、難
　　　　　　　　思議往生を遂げんと欲す」（化身土巻）〉

⑩大般涅槃を証する：〈「蓮華蔵世界に至ることを得れば
　　　　　　　　即ち真如法性の身を証す」（行巻）〉

⑪還相回向の利益に入る：〈「大涅槃を証することは願力
　　　　　　　　の回向によりてなり。還相の利益は利他
　　　　　　　　の正意を顕すなり」（証巻）〉

⑫これはまったく仏智の不思議による：〈「至徳を報謝せ
　　　　　　　　んがために、真宗の簡要を撫うて、恒常
　　　　　　　　に不可思議の徳海を称念す」（化身土巻）〉

❸検索に選択した用語
　①「本願」系（8語）：本願・誓願・仏願・大願・悲願・

智願・仏願・願力

②「信心」系（8語）：信心・信楽・深信・聞信・大信・
　　　　　　　　　真信・三信・を信

③「念仏」系（6語）：念仏・名号・称名・名を称・号
　　　　　　　　　を称・大行

④「凡夫」系（27語）：凡夫・悪人・無明・煩悩・罪業・
　　　　　　　　　貪愛・瞋憎・愚痴・悪性・邪見・逆謗・
　　　　　　　　　宿業・五逆…等

③「濁世」系（17語）：五濁・生死・末法・火宅・六道・
　　　　　　　　　流転・悪趣・三界・三途…等

④「正定衆」系（8語）：正定聚・定聚・等正覚・同弥
　　　　　　　　　勒・邪定聚・不定聚・大会衆、等

⑦「臨終」系（2語）：　臨終・命終

⑧「浄土」系（10語）：浄土・安楽・安養・極楽・報土・
　　　　　　　　　仏土・化身土・浄刹・西方、等

⑨「往生」系（4語）：往生・生ず・生ぜ・生ま

⑩「涅槃」系（12語）：滅度・涅槃・無上覚・無為・成仏・
　　　　　　　　　正覚・無生忍…等

⑪「還相」系（6語）：還相・利他・度衆生・利益衆生・
　　　　　　　　　普賢の徳、等

⑫「不思議」系（3語）：不思議・不可思議・難思議

以上12系、91用語について使用頻度を調べた。

❹頻度と総字数対比率

その使用回数を、各部類の総字数で割り、1万倍した指数
を（　）内に示した。その指数により各部類・両聖人の比
較ができる訳である。

3）調査の結果

法然と親鸞の用語比較 （延べ書き聖典で）　（H20·10·19　藤枝宏壽記）

数 値：用語回数 （1万字当り使用率 ptm）

#	用　　語	選択集中 法然の私釈分 （全34,660字）	『和語灯録』法然の言葉（了恵編）7巻 （全109,725字）	教行信証中 親鸞の自釈分 （全21,756字）	教行信証以外の親鸞著作 15巻 （全114,696字）
1	「本願」系(7語) 本願・誓願・仏願 等	60 （17.3）	239 （21.8）	58 （26.7）	253 （22.1）
2	「信心」系(7語) 信心・信楽・深信 等	12 （3.5）	143 （13.0）	78 （35.9）	382 （33.3）
3	「念仏」系(6語) 念仏・名号・称名 等	211 （60.9）	731 （66.6）	44 （20.2）	309 （26.9）
4	「凡夫」系(16語) 凡夫・無明・煩悩 等	4 （1.2）	242 （22.1）	51 （23.4）	186 （16.2）
5	「濁世」系(16語) 五濁・生死・末法 等	36 （10.4）	218 （19.9）	24 （11.0）	150 （13.1）
6	「正定聚」系(7語) 正定聚・等覚・同弥勒 等	0 （0.0）	0 （0.0）	9 （4.1）	99 （8.6）
7	「臨終」系(2語) 臨終・命終	7 （2.0）	90 （8.2）	4 （1.8）	22 （1.9）
8	「浄土」系(11語) 浄土・安楽・報土 等	105 （30.3）	307 （28.0）	61 （28.0）	324 （28.2）
9	「往生」系(3語) 往生・生ず・生ぜ	158 （45.6）	578 （52.7）	42 （19.3）	224 （19.5）
10	「涅槃」系(10語) 滅度・涅槃・無上覚 等 *＜＊法蔵の「正覚」「成仏」を含む：12語＞*	11 （3.2） *17 （4.9）*	14 （1.3） *84 （7.7）*	35 （16.1） *39 （17.9）*	129 （11.2） *196 （17.1）*
11	「還相」系(3語) 還相・利他・度衆生	0 （0.0）	2 （0.2）	20 （9.2）	43 （3.7）
12	「不思議」系(3語) 不思議・不可思議・難思議	1 （0.3）	15 （1.4）	16 （7.4）	116 （10.1）

　親鸞聖人の教義概念①～⑫について、法然聖人と親鸞聖人の御著書における用語の頻度を調査してみた結果は以下のとおりである。

　１）本願系では、法然20ptm（per ten mil）前後、親鸞22

〜28ptm であって、両方とも相当に重んじている。

2）信心系では、法然が4〜13ptm に対して、親鸞は33〜
　　36ptm と圧倒的に多い。

3）念仏系では逆に、法然が61〜67ptm、親鸞は20〜
　　27ptm と、法然が３倍近く多い。

4）凡夫系では、法然の『選択集』私釈では殆どふれてな
　　いが、和語灯録では22ptm であり、親鸞の16〜23ptm
　　にほぼ等しい。

5）濁世系では、法然も親鸞も10ptm 台である。

6）正定聚系では、法然がゼロ、親鸞が4〜9ptm である
　　点特記すべきであろう。

7）臨終系では、法然の和語灯録が8ptm とやや多いが、『選
　　択集』も親鸞も2ptm と低い。

8）浄土系では、両聖人ともに30ptm 程度と、同等に強
　　調されている。

9）往生系では、断然法然の46〜53ptm が多く、親鸞の
　　19ptm と大差がある。

10）涅槃系では、逆に法然が1〜3ptm と極めて低く、親
　　鸞の11〜16ptm は５倍以上である。

11）還相系では、これまた法然には影なく、親鸞の4〜
　　9ptm が特徴的である。しかも中年後の教行信証撰述
　　時代の方が、７０歳代以降の諸著作期よりも多い。

12）不思議系では、これまた法然に影薄く、親鸞の7〜
　　10ptm が独特であり、晩年の方がその色彩が濃い。

4）調査結果の意味

以上の結果から次のことが読み取れる。

①法然聖人にとっては「念仏ひとつで浄土に往生できる、それは如来の本願であるからだ」

〈「一心専念弥陀名号。行住坐臥不問時節久近。念念不捨者是名正定業。順彼仏願故」〉

という善導の教えそのものが、上人の教えの根幹であった。なお時代は「末法五濁であるからだ」という意識も窺える。

②親鸞聖人は、この師法然聖人の「ただ念仏して弥陀にたすけられまゐらすべし」の教えに「生死出づべき道」が明らかになった。なぜ、（叡山のような）諸行ではなくして専修念仏なのかと、問いに問いを重ね、「また百日、照るにも降るにも、いかなる大事にも」師の法筵にまいりあわされて聞きぬかれたに違いない。法然聖人の答えは「彼の阿弥陀仏の願に順ずるが故に」であった。その「仏願」とは？

「いづれの行も及びがたき身」「それほどの業をもちける身」であるこの親鸞一人を救わんと立ちたもうたのが、弥陀五劫思惟の願でましました、とここで「建仁辛酉暦、雑行（諸行）を棄てて本願に帰す」廻心となったのである。「ただ念仏して弥陀にたすけられまゐらすべし」とよき人法然聖人の「仰せをかぶりて」それを「信ずる」身となられたのである。

　しかし、法然聖人の多くの門弟の中では、本願を憶念せず、ただ口に念仏を称えて、その功徳を浄土に回向して救われようとする半自力半他力の輩が多かった。それは「信心を以て能入と為す」師法然聖人の真意に添わぬ

244

ものであった。だから親鸞聖人は「本願を信じて念仏申す」ことを強調されたのである。

　しかも、その本願とは「無明煩悩われらが身にみちみちて」いるこの末法五濁の「凡夫」にかけられていることに、深い喜びと渇仰の思いを深くされたのが親鸞聖人である。この本願を憶念するならば、念仏はひとりでに申される。「真実の信心は必ず名号を具す」である。「本願を信ずる」ことと「念仏する」こととは一つである。

③この「正信念仏」をいただけば、この世から「正定聚」「不退」弥勒と等しいといわれる「等（正）覚」の位に即かしめられる、阿弥陀仏の摂取不捨の故であり、心光常護の益をいただくのである。

　こうして現生からもう仏に成ると定まった身となった以上、もはや臨終の時に来迎を待って往生を期待する必要もない。「前念命終、後念即生」である。だから聖人には「往生」への執念は見られない（用語頻度が低い理由）。

④さらに注意すべきは、「浄土に往生」するということは、どういうことなのか、ということに対する親鸞聖人の探求である。多分、曇鸞大師のご指南によられたと思うが、結論は「蓮華蔵世界に至ることを得れば、即ち真如法性の身を証す」であった。真実の報土に往生すれば即「得涅槃」なのである。化土往生ならば、まだそこで長期の「修行」を経た後悟りの世界に到るのであるが、「念仏の衆生は横超の金剛心を窮むるが故に臨終一念の夕 大般涅槃を超証す」である。命終即涅槃である。「弥陀の

本願信ずべし　本願信ずるひとはみな　摂取不捨の利益にて　無上覚をばさとるなり」である。「念仏成仏是真宗」である。往生は即、「成仏」なのである。

　善導・法然の流れでは「念仏して浄土に往生」することが眼目であったようだ。その根幹が変わるわけではないが、親鸞は「本願を信じ念仏すれば、現生から摂取不捨・正定聚に入り、故に命終即（浄土に往生して）大般涅槃を超証す」と、真の念仏行者のこの世でのあり方、未来でのあり方を明確にされたものと窺う次第である。

⑤今ひとつ大切なことは、その「涅槃」のことである。涅槃とはニルヴァーナ（煩悩の火の消滅したさとりの境界）のことであるが、「滅度」とも訳されるごとく、もはや活動のない、静的境界のように思われるが、その涅槃に「おさまりこむ」ことでは親鸞の菩提心が満足しない。菩提心とは「上求菩提。下化衆生」である。（親鸞の菩提心が強かったことは、『歎異抄』第四章の「浄土の慈悲」、正像末和讃（20-22）の「浄土の大菩提心」、悲歎述懐和讃（98）の「有情利益」、或いは『恵信尼消息』（3）にある「衆生利益のための三部経千部読誦」中止のエピソード等に明らかである。）

　親鸞は『大経』第二十二願、それに曇鸞の往還回向にその答えを見出された。証の巻は、従って、大半が還相回向に割かれている。正信偈にも還相は二回（「遊煩悩林現神通　入生死園示応化」「必至無量光明土　諸有衆生皆普化」）説かれている。

　善導にも確か一箇所は還相にふれたところがあったが、

法然には、寡聞にして今のところ還相に言及されたところは見当たらない。ともかくも、法然にあっては、諸行念仏から専修念仏の独立・「ただ念仏して浄土に往生す」という骨組み造りの大仕事を成就されるだけで手一杯であったのではないか。

⑥最後に、親鸞聖人は「弥陀の誓願不思議」を強調された方であることに注意したい。「仏智不思議」についての和讃も数多くある。何が不思議なのか。「極重悪人」の私が「無上覚」をさとることができること、さらに還相して衆生利益までできること、このようなことがどうして可能であるのか。全く「不可称不可説不可思議」の功徳である、「もったいないこと」であるという、「如来大悲の恩徳」を偲ばずにはおれない。換言すれば、この仏智の不思議は如来の「回向」である。（「不思議」の用語頻度にこの「回向」を算入すれば、もっと ptm は上がるであろう。）この不思議は④の「凡夫」系にみられる機の深信と関連するであろう。わが機の自覚ない者に「不思議」という感慨はない。

5）現代の教学の風潮に思う。

先日、ある法友からの法信にこうある。

「今日、真面目な宗教がふるわない一番の原因はこのような現世主義、虚無主義、享楽主義的な考えが一般化したからであろうし、こういう世の中では、宗教といっても、現世利益、ご利益中心の宗教がはばをきかす。こういう現世至上主義の大衆を教化対象として真宗を語る場合、真宗の教えをこうした人々の心象にそって説くようになったのが現代の真宗

教化のすがたといえないであろうか。

いわく、〈後生の一大事というのは死んでから先の一大事のことではない、現在の人生の真の意味を見出すことである〉とか、〈浄土とは死んで浄土に生まれるというのではない、現在の人生において浄土の願いに生きることをいうのである〉という風に、いわゆる〈死後〉にはできるだけふれないで真宗を語ろうとしているのが、今日の真宗教化の傾向である」と。

全く同感である。そういう傾向にある真宗の教化者は、親鸞聖人の人間観（煩悩の問題）・浄土観（成仏のこと）を今一度学び直していただきたい。

聖人の御誕生８５０年・立教開宗７５０年の記念行事を控えて、切望する次第である。（了）

93）善鸞義絶問題に関する論文・著書等

（H30・3・14　藤枝記）

２０年ほど前、「善鸞義絶はなかった」というある新聞報道を知って驚き、それ以後、折に触れ集めてきた論文・著書等のメモがある。関心のある方もあろうと思い、著者、題名、重要な論述の要旨等を略記する。参照に耐えうれば幸甚である。（論考発表時期の順に記す）

【凡例】

〈記号：　○　義絶書を認める立場

　　　　　△　義絶書に史料的疑義をもつ立場〉

１（○）宮地廓慧「善鸞の異義について（一、二）」『京都女子大紀要』10、11号（1956、1957）

　　…善鸞は造悪無碍を是正せんと努力＝<u>専修賢善的立</u>
　　<u>場</u>

② （○）宮地廓慧「再び善鸞の異義について」―大原性實
博士の論評に応う―『龍谷大学論集』354（1956）

③ （△）梅原隆章「慈信房義絶状について」―真宗連合学
会『真宗研究』6　1961）

　　―顕智書写の「義絶状」への疑義（顕智の創作？）

①義絶状に二種の文態（「候」文と「なり」文）の混交

②同一文中「義絶」が重複しすぎる一何かの技巧ではない
か

③「非僧非俗」の親鸞が「五逆罪（破僧）」で実子を裁く
矛盾

④起請文の形（「三宝・神明…」）は親鸞らしくない

⑤「まゝ、はゝ」（義絶状のみにあり）の問題〈親鸞の妻は
何人？〉

⑥「十八願…しぼめる花」（義絶状のみにあり）の問題〈異
安心〉

⑦<u>義絶状到来日後50年経ってからの顕智の書写</u>

⑧<u>善鸞宛ての文書がなぜ（敵対関係の）顕智の手に入った
か？</u>

④ （○）岩田繁三「慈信房義絶状について梅原氏への反論」
『高田学報』50（1962）

　　　　⑦⑧の件：嘉元の頃高田派教団が関東一円を支配…関
　　　　　　　　東残存の聖人関係文献→顕智の元へ

⑤ （△）稲津紀三「親鸞の義絶事件の真相」『大法輪』昭和
３８年２月号（1963）

…義絶書は、親鸞−真仏−顕智の相承が正統とする意図で
顕智が偽作したと推定する。

6 （○）宮地廓慧「善鸞義絶状の史料性」『高田学報』51
（1963）…論文3（梅原隆章）および論文5（稲津紀三）
に対する反論

☆義絶＝公開状的性格　∴「三宝・神明に誓う」…世間一
般の誓書形式

☆義絶状はなお史料としての価値を一応認めなければなら
ない段階

7 （△）蔵田清隆「善鸞事件の一考察　義絶の謎」本願寺「宗
報」（7回連載）1981（S56）・8…1982（S57）・2
−善鸞義絶は門弟側の作為ではないかという疑義を提
出

8 （△）今井雅晴「多屋頼俊氏の手紙：親鸞〈善鸞義絶〉〈義
絶通告状〉の真偽について」『日本仏教史学』21号（日本
仏教史学会）（1986）

9 （○）平松令三「善鸞義絶の真偽について」『龍谷大学論
集』432号（1988）

（1）7△蔵田論文に対する反論（「邪推、非学問的《『慕
帰絵』等無視》、筆跡分析お粗末」）

（2）3△梅原論文に対する反論（顕智書写義絶状の底本
は親鸞直筆）

★顕智書写の底本（片仮名混＝消息の法語化）＝義絶状の
原本ではなく、発信控えを蓮位が写して門弟たちへの書
簡に添付した。

★義絶状は公開されたものなので顕智はそれを見る機会が

あった。

10　（△）今井雅晴「善鸞と浄土真宗　上」『日本史叢』1997
（筑波大学）（1997）

　ア　善鸞が見た直弟の信仰に違和感があった。（真仏・顕智、
　　性信、順信等、帰浄前の信仰が残っていた）

　イ　門徒集団は一種の財産。善鸞と直弟とは競争相手。善
　　鸞は奥郡に押し上げられる。

　ウ　本願ぼこり（造悪無碍）は関東で根強く、善鸞に解決
　　させようとしたのは、本来ムリであった。

11　（△）今井雅晴「善鸞と浄土真宗　中」『日本史叢』1998
（筑波大学）

　—親鸞の家族の信仰は必ずしも親鸞と同じでない。

12　（△）今井雅晴『親鸞とその家族』自照社出版（1998）

13　（△）今井雅晴『親鸞と本願寺一族』雄山閣（1999）

14　（△）福島香織「親鸞と善鸞」上・中・下　産経新聞
紙上　2000・8・28−30　（2000）

　—今井氏の著書を基に記者が書いた善鸞弁護の読み物

15　（△）今井雅晴「親鸞と善鸞」『親鸞の家族と門弟』（法
蔵館）（2002）

　エ「夜中の法門」は日本古来からの習慣。

　オ善鸞が門徒を鎌倉幕府に訴えた証拠資料がない。

　カ義絶？後４９年に顕智が書写していることが不可解。原
　　本とは異なる書写か？

16　（○）常磐井和子「『末灯鈔』を読み解く—敢えて義絶状
と義絶布告状を検討する」『高田学報』第91輯（2003）

　—義絶状と同布告状とを対照し、言語（国語）的に検討し

ている。

☆「萎んだ花」の譬喩は唐突、なぜこの言葉で念仏者たち
　が信を揺るがせたか想像がつかない。

17（○）平松令三　「善鸞義絶事件の再検討」『高田学報』
　第91輯　（2003）

◇今井氏の「義絶書」偽作論で平松論文（上記9）に触れ
　ていない。氏の立論は感情移入的心理分析的推測手法で
　あって、史料に基づいていない。

◇善鸞の関東下向は、親鸞の「名代」ではなく（「慈信ほ
　どのもの」程度の評価）、（十字）名号本尊（数本）を関
　東の門弟に伝達するためであった。

◇顕智が、「義絶書」を偽文書（悪質な謀書）として作成
　するような人かどうか、「顕智自筆聖教集」（『影印高田
　古典』）をみて判断されたい。

18　（？）山田雅敬　「善鸞事件をめぐる研究史」『高田学報』
　第91輯　（2003）

【中世・近世の善鸞に対する諸見解】

　―従覚、乗専、蓮如、真慧等の厳しい見解を紹介

【近代の善鸞観】

　―佐々木月樵…住田智見…服部之總…赤松俊秀…等
　　20人程の学者の善鸞観を紹介

【義絶状の史料に関する諸氏の見解】をまとめている。

　梅原隆章〈上記3 △〉、岩田繁三〈上記4 ○〉、

　稲津紀三〈上記5 △〉、平松令三〈上記9 ○〉、

　宮地廓慧〈上記6 ○〉、蔵田清隆〈上記7 △〉、

　多屋頼俊；今井雅晴〈上記8 △〉等である。

⑲（○）森 章司「書簡に見る親鸞と慈信房善鸞」『東洋学論叢28』（2003）

―親鸞の書簡41通；慈信関連の書簡12通。年月日推測して配列、検討。

⑳（△）今井雅晴「善鸞の事件と如信の関東下向」『親鸞と如信』（自照社出版）（2008）

―上記⑫の大衆ダイジェスト版《義絶事件の後善鸞が親鸞を京都に訪ねている（？）》

㉑（△）藤井 淳「慈信房善鸞上人義絶問題について」『宗教研究』363（2010）

―（「継母」「萎める花」について）

㉒（△）藤井 淳「慈信房善鸞と東国の信仰」『宗教研究』367（2011）

―（『慕帰絵詞』『最須敬重絵詞』について）

㉓（○）平 雅行『歴史のなかに見る親鸞』（法蔵館）（2011）

…親鸞生涯の背景的事実につき新視点からの知見紹介…

☆例：恵信尼が法然法座に同席していない ⇒ ∵越後生まれ・越後で結婚。

★ 第七章善鸞の義絶 ：寛喜の飢饉→関東疲弊・子供達成長[21〜8歳]・生計の要・門弟の信仰安定→親鸞帰洛／恵信尼・信蓮ら越後へ

(1)義絶：建長３年[1251]９月関東教団動揺…建長８年[1256]５月善鸞義絶…正嘉元年[1257]９月平静

(2)義絶状はニセではない：（中世は文書の宛所と受給者とが乖離：義絶の対象者に正文を直接交付せず）

【経過】性信の使者→親鸞に問題解決を訴え→親鸞、決断：

［A］義絶状（善鸞宛）［B］通告状（性信宛）を同日付（5月29日）で書く→2通を使者に→性信：善鸞に［A］の正文を見せ、写しを手渡す→［A］の正文と［B］が性信のもとに残る。《義絶状は反対勢力に渡されて初めて機能する。本人だけなら、隠すのみ》

【内容】・義絶は一種の公文書→「三宝神明に誓約」・「五逆謗法の咎」…往生の否定ではない

(3)　造悪無碍：ⓐ専修念仏は造悪無碍と顕密仏教から非難される要素を内包（←破戒を恥じない教え）

　　ⓑ「悪」の中身＝［女犯・肉食・囲碁・双六］＋［斎戒・殺生禁断を守らない］程度←　造悪無碍批判

　　ⓒ北条時頼・時宗時代(1246〜1284)：禅律僧・持戒念仏派が急成長し、戒律・斎戒重視がブーム→関東の親鸞門弟らは対応に苦慮・動揺。…親鸞にはこの情報不足＝状況把握に失敗（本当に造悪無碍が起きたと誤認し、その封じ込めに善鸞を派遣し（却って失敗し）た。

　　ⓓ義絶1年後の消息「目もみえず候。何事もみな忘れて候うへに、人などにあきらかに申すべき身にもあらず候」＝親鸞の深い挫折感←（造悪無碍の誤認・信じていた息子の裏切り・東国門弟達の信心の不確かさ）←自分自身の判断ミス。⇒正像末和讃・悲歎述懐和讃 ⇒ すべてを弥陀に委ねる自然法爾の世界。

24 （○＊）亀山純生『〈災害社会〉・東国農民と親鸞浄土教』（農林統計出版）（2012）

「第五章　善鸞事件の意味と親鸞〈正統〉東国教団」

〈特徴的記述を３点、抄記する〉

ア　〈善鸞＝背教者 vs 性信ら＝正統的後継〉という図式は、思想史研究上大きな疑問である。

イ　「しぼめる花」論は、『沙石集』も引く『十輪経』に「瞻蔔華はしぼめりといえども他の華より優れている。破戒の比丘が外道より優れているのと同じ」とあるように、破戒の在家民衆の正見の念仏は他の華（教え）より優れていることを善鸞は説いた。それを対立する性信ら門弟が念仏を捨てさせたと歪曲して親鸞に誣告した可能性がある。この見方が善鸞は生涯念仏者であったという覚如の記述（『最須敬重絵詞』）と整合する。

ウ　『最須敬重絵詞』『慕帰絵詞』で善鸞が「巫女の輩に交じり」「符の効験」を誇ったとあるが、善鸞は民衆の苦悩除去のために修験術も重視しつつ称名念仏し続けた…当時の民衆世界では一般的姿であり、真言念仏系の典型的な姿であった。性信らも真言僧の形態をもっていた。

…＊（善鸞擁護論は立てるが、義絶の事態は否定していないので○とした）

25（△）藤井淳「慈信房善鸞上人義絶問題について」『駒澤大学仏教学部研究紀要』71（2013・03）

a）文献学的立場から、「義絶はなかった」「義絶通告状、義絶状は親鸞没後に性信系の主導により慈信房宛の書簡を元に作成されたものと考えている」

b）世間的な問題「継母の讒言」：①「継母」の記述は親鸞が晩年に恵信尼の他に妻がいた可能性を否定する。②当時、継母の讒言による義絶は頻繁にあった。③そうい

う継母故の義絶でなく、正真正銘の義絶であると、義絶
状作成者は見せかけている。

c) 出世間的問題「しぼめる花」：④『古今和歌集』仮名序
「在原業平は、その心余りて言葉たらず。しぼめる花の
色なくて、にほひ残れるがごとし」を親鸞・善鸞は知っ
ていたはず。⑤慈信は「いろもない」は抽象的な「法性
法身」とし、「におい残れる」は方便法身の働きと認め
たのであろう。

26（△）藤井淳「親鸞書簡の信憑性の再検討」『駒澤大学仏
教学部論集』44（2013・10）

d) 上記 a）の他に『親鸞聖人御消息集』18通の検討：
①第一書簡群（第1−6通）…宛名なし…〈元慈信房へ
の宛名を伏せ→第7に接続させる意図？〉
②第二書簡群（第7−13通）…慈信房問題が扱われる第
7、13＝性信宛＝性信自作・正統化
第12＝元慈信宛→1文挿入・宛名改変→「慈信が門弟
を誣告」と見せた。
③第三書簡群（第14−18通）…門弟宛第14、15＝現存真
蹟

e)『浄土法門見聞鈔』（性信か荒木源海著？）：門弟と慈信
房との激しい対立が親鸞没後の問題であったことを窺わ
せる。

f) 慈信房問題の経過（推測）
❶〝造悪無碍〟の発生　❷慈信房の東国派遣（1252）cf
第1通　❸慈信と門弟との対立（他力信心と口称念仏）
…cf「おほぶの中太郎の弟子」＝第11通　❹親鸞→慈信

に奥郡への撤退を勧告　❺親鸞没（1262）❻正統性に関し慈信と門弟対立再発　❼慈信：慈信宛の書状を公開（第1-6, 10-12）　❽性信❼の書状を元に第7,12,13通の作成と『親鸞聖人御消息集』を集成　❾恵信尼没（1268?）　❿性信❼等の書状を元に『血脈文集』第2＝義絶通告状と義絶状を作成　⑪性信没（1275?）

27 （？）御手洗隆明「近代以前親鸞伝における善鸞像」『宗教研究』86－4　（2013）

義絶状公開（大正9年1921）以前の善鸞像：

(1)「邪道をこととする御子」「不幸無相続」と批判されながらも、「大聖の善巧」「御親子御密意」があったとするやや好意的な評価と

(2)「一生御勘当」（『高田正統伝』の影響）と二つの善鸞像が並立していた。

28 （○）平　雅行　「善鸞義絶状と偽作説」『鎌倉仏教と専修念仏』（法蔵館）（2017）

―殆ど上記23の論旨の再掲。

【付記】（藤枝宏壽の調査事項　2017～2018）

☆「しぼめる花」と十輪経・・・24亀山氏に関連して〈SATで検索した結果〉の抜粋：

1）［十輪経］

①沙石集　拾遺　〔一九〕裏書云　毒鼓等下

十輪経中ニ、破戒比丘盲目ナラン。十輪経ニハ、膽葡（フク）花ハ萎めりト云ヘドモ、猶余花ニ勝レタリ。破戒ノ比丘ハ、外道ニ勝レタリト云ヘリ。心地観経ニ

ハ、破戒ナレドモ正見ノ物、闊ノ福田也。

2）「十輪経 ＋ 萎」で検索の結果：

『妙法蓮華經玄賛』に

勝十輪經説瞻博迦華雖萎悴猶勝諸華鮮潔時破戒惡
行諸芯芻猶勝精進諸外道由此二子請母出家

とあり、

他　『天台菩薩戒疏』、『梵網經菩薩戒本疏』、『梵網戒本
疏日珠鈔』、『東大寺戒壇院受戒式』などに同趣の経文
がある。

いずれも「十輪経に説くように『センフク花は萎め
りといへども餘の花よりは勝れている』（破戒比丘で
も外道に勝る）」という教説がかなりひろく仏教界に
知れていた。東大寺でも同様という資料が検索された。

3）『教行信証』中の『末法灯明記』そこには「萎める花」
そのものは出ていないが、麝香の譬えが出ており、破戒
の比丘も、外道よりましだという、萎める花と同趣の教
説がのべられている。最澄の『末法灯明記』には次のよ
うな一節がある。

又『十輪経』に云く。「・・・乃至破戒の比丘、是死
人と雖、而も戒の余勢、猶ほ牛黄の如し。此牛死すと
雖、而も人故に之を取る。亦麝香の死して後に用有る
が如し」と云云。

4）『化身土巻』（西『聖典』426）にもよく似た文章がある。
また『十輪』にのたまはく、〈・・・乃至破戒の比丘、
これ死せる人なりといへども、しかも戒の余才、牛黄
のごとし。これ死するものといへども、人ことさらに

258

これを取る。また麝香ののちに用あるがごとし〉と、
云々。

こうしてみると、麝香が死して後にその用があるという
ところが、センフク花が萎んでも香残れりという『十輪
経』中の譬えに似ているではないか。

　ともかくも『十輪経』の教説は親鸞の『教行信証』に
も引かれており、当時みんなの共通理解の経典であった
と思われる。とすれば「しぼめる花」は無価値だという
否定的な意味ではなく、まだ価値が残存しているという
肯定的意味で用いられたはずである。もし「十八願をし
ぼめる花」と善鸞がいったとすれば、それは十八願を捨
てさせるのではなく、十八願を崇めさせる意味で使った
喩えではないか。その点、いわゆる「義絶状」に「第
十八の本願をば、しぼめるはなにたとへて、人ごとにみ
なすてまゐらせたりときこゆること・・・」とある、そ
の伝聞に問題がある。誰がどう聞いて、どういう意図で
親鸞に伝えたのか、疑問を感じている次第である。

5）最後に、親鸞聖人より20数年後の浄土宗僧良忠（1199-
　1287）が撰述した『選択伝弘決疑抄』に

　　　如欝金華雖萎悴猶勝一切諸妙華。
　　　　（欝金華、萎悴すといえども、猶一切の諸の妙華に
　　　　勝るがごとし。）

　という一句がることを藤井淳氏から教わった。『十輪
　経』の「しぼめる花」は善鸞一人の教説ではなかった
　例証の一つである。

94）九品往生の便覧

◎『観無量寿経』に説かれている九品往生の概要を一覧表にしてみた。便覧として利用している。

観経九品往生の諸相（便覧）（あなたはどの品に？）

#	九品 くぼん 種別	行　業 ぎょうごう 行い（修行）	＊三福	生　因 しょういん 往生できる訳
1	上品上生	・三心（至誠心・深心・廻向発願心）を具す・慈心にして殺さず・諸戒を具足・大乗を読誦・六念を修行 〇廻向発願して願生彼国	大乗の善 ＊行福	三心を具す・大乗を行ず
2	上品中生	・大乗経典は必ずしも受持せず・大乗の義趣を理解…謗らす・第一義諦を理解し因果を信ず 〇廻向発願して願生彼国		・大乗を行じ ・第一義の真理をさとった
3	上品下生	・因果を信ず・大乗を謗らず・無上道心を発す 〇廻向発願して願生彼国		・清浄にして ・無上道心を発した
4	中品上生	・五戒，八戒，諸戒をまもる・五逆罪をつくらない 〇廻向発願して願生彼国	小乗の善 ＊戒福	（臨終に阿弥陀仏の苦・空・無常・無我の演説，出家の讃嘆を聞いて歓喜）
5	中品中生	・八戒斎，沙弥戒，具足戒をたもつ（一日一夜） 〇廻向発願して願生彼国		・善人にして，三世の諸仏の教えに随順した

（生前の行いによって、極楽往生の結果が異なる）

来迎者	開　華	見仏聞法	得忍	余得
らいごうしゃ	かいけ	けんぶつ	とくにん	よとく
迎えるひと	蓮華が開く時	仏に遇い聞法	悟りを得る	他の得
阿弥陀仏，観音，勢至，化仏，比丘，声聞，諸天	往生して即	往生して即	聞法して即→無生法忍七地＝菩薩の47位	すぐに諸仏を供養し，成仏の記別をうける
阿弥陀仏，観音，勢至，無量大衆	一夜をへて	一夜をへて	七日後→無上正徧知への不退位／１小劫をへて→無生忍	随時に諸仏を供養し，成仏の記別をうける
阿弥陀仏，観音，勢至，諸眷属，五百化仏	一日一夜をへて	七日の中に見仏／三七日後聞法	３小劫をへて→歓喜地（初地）	十方諸仏を供養，甚深の法を聞く
阿弥陀仏，諸比丘，眷属	往生して尋（すなわ）ち（＝まもなく）	華開く時，浄土の衆生の音声が四諦を讃嘆するを聞く	時に応じて→阿羅漢（第4）果（三明六通・八解脱）	
阿弥陀仏，諸眷属	七日をへて	華開きおわって見仏聞法	聞法→預流（第1）果／半劫をへて→阿羅漢（第4）果	

#	九品	行　　業		生　　因
6	中品下生	・父母に孝養・世の仁慈を行う	世俗の善 *世福	（臨終に，善知識が阿弥陀仏国の楽事と法蔵比丘の四十八願を説く）
7	下品上生	・諸の悪業（十悪）をなす・慚愧しない・ただ，大乗経を謗りはしない	不善悪業	（臨終に，善知識が大乗経典の題字を讃め，教えて合掌・称仏名させる→諸罪消滅）
8	下品中生	・五戒，八戒，具足戒を破る・僧伽（教団）の物を盗む・不浄説法をする・諸悪業をする・…慚愧なし⇒地獄に堕つべし		（臨終に，善知識が阿弥陀仏の威徳・神力，五分法身を説く→八十億劫の生死の罪消滅）
9	下品下生	・五逆，十悪をなす・諸の不善をなす⇒地獄に堕つべし		（臨終に，善知識が妙法を説き，教えて念仏・称名させる→八十億劫の生死の罪を除く）

☆上品上生から中品中生までは、みな浄土に生まれたいと願っている。
☆大乗の人は浄土に生まれて菩薩の位に、小乗の人は阿羅漢の位につく。

来迎者	開　華	見仏聞法	得　忍	余　得
		往生して七日をへて,　観音・勢至に遇い聞法	1小劫をへて→阿羅漢	
化仏, 化観音, 化勢至	七七日をへて	華開く時観音・勢至が十二部経をとく	聞法して→無上道心を発し、10小劫をへて→初地（百法明門）	
天華にのった化仏,　菩薩	六劫をへて	華開く時観音・勢至が大乗甚深の経典をとく	聞法しおわって→無上道心を発す	
金蓮華	十二大劫満ちて	華開く時、観音・勢至が諸法実相除滅罪の法をとく	聞法しおわって歓喜する→菩提心を発す	

☆中品下生から下品下生までは、みな臨終に善知識に遇うている。
☆下品下生の者でも浄土に生まれ救われいく。何の力によるのか？

95）十界（三界・六道）一覧

十　界

悟界	仏		自利利他円満→
	菩薩		上求菩提（じょうぐぼだい）（自利）→
			└五十二階位（十信・十住・→
	縁覚		独りで覚りを開く者（独覚・→
	声聞		教えを聞く修行僧
			└覚りの位：四向四果（須陀洹^{しゅだおん}→

三界	六道		二十七天
迷界	無色界		非想非非想処天 無所有処天 識無辺処天 空無辺処天
	色界	天上	四禅天：第四禅天（8天） 第三禅天（3天） 第二禅天（3天） 初禅天（3天）
	欲界		六欲天：他化自在天（たけじざいてん） 楽変化天（らくへんげてん） 覩史多天（としたてん） 夜摩天（やまてん） 三十三天（さんじゅうさんてん） 四天王天（してんのうてん）
		人間	苦楽相半ば
		修羅	闘争してやまぬ存在
		畜生	愚痴・欲望・弱肉強食の境界
		餓鬼	飢渇に苦しむ境界
		地獄	八大地獄：等活地獄（とうかつじごく） 黒縄〃（こくじょうじごく） 衆合〃（しゅごうじごく） 叫喚〃（きょうかんじごく） 大叫喚〃（だいきょうかんじごく） 焦熱〃（しょうねつじごく） 大焦熱〃（だいしょうねつじごく） 無間（阿鼻）〃（むけん/あびじごく）

十　界　（つづき）

自覚・覚他・覚行窮満（かくぎょうぐうまん）＝（妙覚・正覚・無上覚）
下化衆生（げけしゅじょう）（利他）の修行
→十行・十回向・十地／等覚・妙覚）
辟支仏（びゃくしぶつ）：　　自利のみ ⎫
　　　　　　　　　　　　　　自利のみ ⎭二乗 ⎫三乗
斯陀含（しだごん）・阿那含（あなごん）・阿羅漢（あらかん）)

備　　考	
（最上が有頂天）〈有＝迷いの界〉　→だが「天人の五衰」あり（1 衣服に垢がつく　2 頭上の華冠が萎れる　3 身体が臭くなる　4 脇の下から汗がでる　5 自分の座に居たくない）	六 ⇕ 道 ⇕ 輪 ⇕ 廻
（最上が色究竟天（しきくきょうてん））　（ここまで空居天（くうごてん）） 梵天が在住	
（他化天（たけ））	
（兜率天（とそつ））　弥勒菩薩（みろくぼさつ）在住 （第三焔天）　　（これより上は空居天） （忉利天（とうり））　帝釈天（たいしゃく）在住・須弥山（しゅみせん）（地居天（じごてん））の頂上 四天王（持国・増長・広目・多門）在住	
聞法・解脱の可能な境界	
阿修羅	
〈体を砕かれてもまた活き返り苦を受ける ←殺生罪〉 〈熱鉄の縄で縛られ切り裂かれる ←殺生・偸盗罪〉 〈鉄の山と山の間に挟まれる ←殺生・偸盗・邪淫罪〉 〈苦に叫び喚く ←殺生・偸盗・邪淫・飲酒罪〉 〈多苦に大叫喚する ←殺・盗・淫・飲酒・妄語罪〉 〈猛炎に焼かれる ←殺・盗・淫・飲酒・妄語・邪見罪〉 〈上の六地獄の十倍の苦 ←上の六罪＋浄尼を犯す罪〉 〈1中劫、間断なく極苦を受く ←五逆・謗法罪〉	

日本仏教１３宗一覧

（2013年文〔…〕庁）

#	宗派名	本尊	所依経典	開祖	本山	寺院数	信者数
1	法相宗	弥勒如来	成唯識論	慈恩 (632-682)	興福寺 薬師寺	177	（千人 52
2	華厳宗	盧舎那仏	華厳経	良弁 (689-773)	東大寺	110	3
3	律　宗	毘盧舎那仏	四分律・梵網経・法華経等	鑑真 (688-763)	唐招提寺	28	2
4	天台宗	久遠実成無作の本仏	妙法蓮華経	最澄 (766-822)	延暦寺 他２派	4,001	1,82
5	真言宗	大日如来	大日経金剛頂経	空海 (774-835)	金剛峯寺 他８派	10,817	6,29
6	浄土宗	阿弥陀仏	無量寿経・観無量寿経・阿弥陀経	法然 (1133-1212)	知恩院 他３派	8,301	6,30
7	浄土真宗	阿弥陀如来（南無阿弥陀仏）	無量寿経・観無量寿経・阿弥陀経	親鸞 (1173-1262)	西本願寺 東本願寺 他８本山	21,053	11,43
8	融通念佛宗	十一尊天得阿弥陀如来	華厳経・法華経・観無量寿経・阿弥陀経	良忍 (1072-1132)	大念佛寺	359	12

日本仏教１３宗一覧（つづき）

教　　義　　（2013年、各宗派に確認した文）
唯識（末那識・阿頼耶識）思想：　迷える自己の心を究明し、一切所法は心より顕現されたものと覚知して苦より解脱する。
「一即多・多即一」という相反するものを統括しようとする哲学的・宇宙的な雰囲気が濃厚で、本尊毘盧舎那仏は太陽のように光明を放ち迷いの人々を華厳世界に導く。
定められた戒律を守り悪を防ぐ、進んで善を行う、人々の幸せのために積極的に力を尽くす…という菩薩戒も大切にする。
法華一乗の教えを根本とし、仏性の普遍と尊厳とを自ら信じ、他をも教化する菩薩の実践行を行い、人類救済、皆成仏道の実現と仏国土の建設にあらゆる宗教的努力をする。
三密修行（口に真言・手に印契・意に観想）をすれば大日如来と一体になり（大日如来を自己の中に確認し）、即身成仏できる。
阿弥陀仏の平等のお慈悲を信じ、「南無阿弥陀仏」とみ名を称えて、人格を高め、社会のためにつくし、明るい安らかな毎日を送り、お浄土に生まれることを願う。
阿弥陀如来の本願力によって信心をめぐまれ、念仏を申す人生を歩み、この世の縁が尽きるとき浄土に生まれて仏となり、迷いの世に還って人々を教化する。
「1人の念仏が万人の念仏に通じる」という立場から、口称の念仏で浄土に生まれると説く。

日本仏教１３宗一覧

（2013年文化庁）

	宗派	本尊	経典	開祖	本山		
9	時　宗	阿弥陀仏（南無阿弥陀仏の名号）	無量寿経・観無量寿経・阿弥陀経	一遍 (1239-1289)	清浄光寺	413	
10	臨済宗	釈迦牟尼仏等	金剛経・楞伽経	臨済 (?-866)	妙心寺他13派	5,707	1,1
11	曹洞宗	釈迦牟尼仏	正法眼蔵・伝光録・修証義等	道元 (1200-1253)	永平寺總持寺	14,571	1,5
12	黄檗宗	釈迦牟尼仏	定めない（大乗小乗の経典・祖録等を依用する）	隠元 (1592-1673)	萬福寺	452	3
13	日蓮宗	法華経大曼荼羅	妙法蓮華経	日蓮 (1222-1282)	久遠寺他8派	7,103	5,2
	１３宗５６派　合計					73,092	34,8

※２０１７年の文化庁宗教法人調査によると、４ 天台宗と 13 日蓮宗信者数は、❶2,970千人，❷11,598千人へと急増している。

本仏教１３宗一覧（つづき）

阿弥陀仏への信・不信は問わず、念仏さえ唱えれば往生できると説いた。仏の本願力は絶対であるがゆえに、それが信じない者にまで及ぶという解釈である。

教えは文字・言句で伝えることは出来ないので、私達に本来そなわる仏心・仏性を、坐禅・公案・作務などの修行を通して自覚することを旨とする。

一仏両祖（釈迦牟尼仏・道元禅師・瑩山禅師）が体得された正伝の仏法に遵い、只管打坐（ただひたすらに坐禅すること）の実践を通して、即心是仏（修行する者の心が仏である）を体得することを宗旨とする。

参禅を以て仏心を究明し、唯心の浄土・己身の阿弥陀仏を体得する。隠元禅師の御諱誡「自己の究明に務め、昼夜たゆまぬ修行をしなさい」を大切にする。臨済宗に近い。

法華経が唯一の釈迦の正法であり、その題目を唱えてこの教えに帰依する。その教えに導かれて信行に励み、この教えを弘めることによってやがて世界平和と人類の幸福ー個人のしあわせにつながる事を確信する。

伝統的な１３宗に絞っての限定的調査であるが、日本仏教界全体を俯瞰する為に作成し、特に本尊や教義に新知見を得た。

97）アンケート Ⅰ ：「死んだらどうなる」

　平成21（2009）年、日本人の聞法状況と死後観を知るために下記のようなアンケートを実施した。その概要を略記する。〈『大法輪』2011-2,3所載「人生のゆくえ」より抜粋、加筆〉

　回答者は、北海道から九州まで総数（Ｓ）1270人。男性が半数よりやや多い；年代別では80歳代以上から20代まで、平均年齢53.4歳。その中に特別聞法熱心なグループ（Ｍ）104人（7割は50歳以上）が目立つ。

1）まず聴聞の実状について聞く。

〈表1〉年間聴聞回数（平均）・聴聞効果・仏書読習の傾向

記号	区　　　分	①聴聞回数(回／年)	②聴聞効果＝大いにあった（％）	③仏書＝よく読む（％）
Ｓ	総計（1270人）	6.3	16.3	10.5
穴	80歳以上（104人）	14.3	30.8	29.8
因	60～70歳代（393人）	9.2	23.7	17.6
四	40～50歳代（279人）	4.9	13.6	5.0
三	20～30歳代（390人）	1.8	5.9	1.5
Ｍ	聞信Ｇ　　（104人）	18.2	37.5	35.6

　①聴聞回数はＳで年に6回ほど（それでも市井よりは高いだろう）。年齢と共に多くなり、②聞法効果も同様。Ｍにおいては37.5％と顕著である。③仏書も同様だ。

2）聞法したい内容について聞く。

　表2に示すとおり、仏事（仏壇、墓、法事）、人生の意義、老・病の受け止め方、仏教・浄土真宗の歴史、死後についての順に多かった。

〈表2〉聴聞希望項目（トップ5項目）総計・年代別（回答率）

記号	区分	第1位	第2位	第3位	第4位	第5位
Ⓢ	総　計	仏事 (55.5)	人生 (53.4)	老病 (31.0)	歴史 (27.2)	死後 (27.1)
囚	80歳代以上	経文 (45.2)	仏事 (42.3)	子孫 (37.5)	人生 (36.5)	老病 (29.8)
回	60〜70歳代	仏事 (53.9)	人生 (35.6)	老病 (34.4)	歴史 (32.8)	子孫 (31.8)
四	40〜50歳代	仏事 (71.3)	人生 (59.9)	老病 (30.8)	死後 (28.3)	歴史 (26.2)
二	20〜30歳代	人生 (76.2)	仏事 (52.3)	死後 (43.1)	悩み (32.3)	老病 (29.2)
Ⓜ	聞信G	信心 (48.1)	老病 (45.2)	人生 (40.4)	報恩 (38.5)	仏事 (36.5)

　法話というと、仏法（教法）の話と思いやすいが、「仏事」
について聞きたい希望が総計でトップ。第2位が「人生の意義」
（生きる意味、生まれ甲斐など）－これは若い世代二ではダン
トツ1位である。法話者として注目すべき結果であった。（「本
書での〈気になる〉視点とは大違いではないか！」・・・「違う
が、仏法理解の基本としては看過できない。その基礎ができて
いないと、上記の希望には添えないぞ」との声が聞こえる。

3 ）〈表2〉で5位の「死後」が、今回アンケートの眼目で
あった。選択肢順にⓈの回答結果を列記する。

　Q　あなたは、自分が死んだらどうなると思いますか？

　（下まで通読してから、思いに合うものを1つか2つ選ん
　　で、☑して下さい）

□　1　そんなこと考えたくない（嫌考）　　／Ⓢ11位 (6.2)

□　2　まったく分からない（不知）　　　／Ⓢ1位 (21.5)

□　3　お骨になっておしまい・・・後は何もない（お骨）
　　　　　　　　　　　　　　　　　　　／Ⓢ10位 (6.9)

□　4　どこか知らんがあの世（冥土）へいく（冥土）
　　　　　　　　　　　　　　　　　　　／Ⓢ4位 (16.4)

□　5　天国へいく（天国）　　　　　　　／Ⓢ8位 (8.8)

□ 6 地獄・餓鬼のような悪い所へいく（地獄）

　　　　　　　　　　　　　　　　／Ⓢ17位（1.2）

□ 7 また人間に生まれかわる（人間）　／Ⓢ5位（12.3）

□ 8 星・花・鳥・風・雨などになる（星風）

　　　　　　　　　　　　　　　　／Ⓢ13位（4.2）

□ 9 人間死んだらみな無条件で仏になる（皆仏）

　　　　　　　　　　　　　　　　／Ⓢ6位（12.0）

□ 10 坐禅などの修行をして、今すでに仏であると悟ってい
　　　る（坐禅）　　　　　　　　　／Ⓢ18位（0.4）

□ 11 悪いことはせず、善い行いに努めてきたから、仏にな
　　　る（善行）　　　　　　　　　／Ⓢ15位（2.2）

□ 12 いつも仏さまに参り、念仏に励んでいるから、仏になる
　　　る（念仏）　　　　　　　　　／Ⓢ12位（4.4）

□ 13 阿弥陀仏の本願を信じ、念仏を喜んでいるから、如来
　　　の力で仏になる（本願）　　　／Ⓢ7位（9.1）

□ 14 現在から仏になるべき身と定まっているから、「死ん
　　　だら」は問題でない（定聚）　／Ⓢ14位（2.4）

□ 15 すべて如来さまにおまかせしている・・・どこへいっ
　　　てもよい（如来）　　　　　　／Ⓢ3位（18.2）

□ 16 死んでからのことはどうでもよい。死後の問題より今
　　　の生き方が大事（今生）　　　／Ⓢ2位（18.4）

□ 17 死後のことより、死ぬときの苦痛がこわい（苦痛）

　　　　　　　　　　　　　　　　／Ⓢ9位（8.3）

□ 18 その他の答え / ご意見等を書いてください）（其他）

　　　　　　　　　　　　　　　　／Ⓢ16位（7.3）

　　コメントの例：

☆人間の死は残された人の為にある。（女・□）

☆あの世から家族を見守る。（男・□）

☆今どれだけ徳をつめるかで死後は決まるのではないか
　と思います。（男・□）

☆良寛の言葉「死ぬときは死ぬがよく候」が好き。（男・
　囚）

　　★「死後」アンケートの結果（回答率）

〈表３〉死んだらどうなる？（トップ５項目）―総計・年代別（回答率）

記号	区分	第１位	第２位	第３位	第４位	第５位
Ⓢ	総　計	不知(21.5)	今生(18.4)	如来(18.2)	冥土(16.4)	人間(12.3)
囚	80歳代以上	如来(41.3)	今生(26.9)	不知(18.3)	冥土(18.3)	本願(14.4)
囲	60〜70歳代	如来(28.2)	今生(20.9)	不知(19.3)	本願(19.3)	皆仏(18.6)
四	40〜50歳代	冥土(22.9)	不知(20.8)	今生(14.7)	如来(14.3)	人間(13.6)
□	20〜30歳代	不知(26.7)	人間(19.2)	今生(17.7)	冥土(16.4)	天国(12.3)
Ⓜ	聞信 Groupe	如来(39.4)	本願(32.7)	皆仏(21.2)	苦痛(16.3)	今生(12.5)

所見：(1)「死後のことはまったくわからない（不知）」がⓈ
　　　　と□でトップ。四、囲でも３位。正直な見解だろう。
　　　　だからこそ身に合う真実の宗教が求められる。

　　　(2)「如来におまかせする」が、囚　囲で１位になって
　　　　いるのは、その現れだ。

　　　(3)そう言いながら、「死後のことより、今生をどう生
　　　　きるかが大切」だという意見がどの層にも根強い。
　　　　２）で「人生の意味」を聞きたい希望が多かったこ
　　　　とと同類である。

結論：生/死　これは、石川県のある先生が書かれた字だとい
　　　　う。「生死一如」と読むのだとの仰せ。脱帽した。
　　　　人生の真相である。「人間は死を抱いて生まれ死をか

かえて成長する」（信国淳）とも言われる。アンケートは人の意見を聞くものだが、我が身自身の学びとなった。死ぬまで「成長」したいものである。

98) アンケート Ⅱ：「念仏申すことについて」

「近頃念仏の声が聞かれない」と人も言い、自分でも実感している。そこで「念仏申すこと」の実態を知りたいと思い、平成28（1914）年、2回目のアンケートを実施した。その概要を略記する。〈『大法輪』2016- 4，5「なぜ念仏をとなえるか」に掲載：『群萌』208～210所載より抜粋・加筆〉

「念仏申すことについて　アンケートとその結果」

（1）「最近、お念仏の声があまり聞かれないといわれますが、〝念仏を申す〟ことについてあなたの現況とご意見をおうかがいします」というアンケートを昨年8月～11月に実施した。北海道から九州にかけ、1913人からの回答が集った。今回はその全体の趨勢（回答数÷総人数の百分比％）だけを発表する。

Q1　性別　　男　／　女　　　　　　　42.1／56.0%

Q2　年齢は(歳代)　ア 10～40／ イ 50～60／ ウ 70以上
　　　　　　　　　　　23.9　／　　33.4　／　　40.5%

Q3　住所 都・道・府・県（今回省略）

Q4　あなたの人生で今までに何回ぐらい法話を聞きましたか？
　　ア 0回　イ 1～10回　ウ 11～50回／／エ 51～100回
　　オ 101回以上　　（順に 2.5/ 25.3/ 28.6// 14.3/ 24.9%）

Q5　念仏（ナム〈モ〉アミダブツ）を口にとなえることが

ありますか？（どれか１つに〇をつける）

　ア　はい、毎日となえています　　　　　　　45.9%

　イ　はい、ときどきとなえます　　　　　　　22.2%

　ウ　はい、たまにはとなえることがあります　22.8%

　エ　いいえ、となえたことはありません〈Ｑ９へとぶ〉

　　　　　　　　　　　　　　　　　　　　　　8.1%

Q６　どのようなときに念仏をとなえますか？（２つ以上〇
　してもよい）

　ア　不安、恐怖、悩みのあるとき　　　　　　15.8%

　イ　お通夜や葬式、法事などに参列しているとき　61.3%

　ウ　お仏壇やお寺にお参りしているとき　　　65.1%

　エ　法話を聞いたり仏書を読んだりしてありがたいと思
　　　ったとき　　　　　　　　　　　　　　　31.0%

　オ　日常の生活をしながら、ふと仏法に気づいたとき

　　　　　　　　　　　　　　　　　　　　　　30.3%

Q７　あなたがお念仏するとき、声の大きさはどうですか。
　（どれか１つに〇）

　ア　口を動かすだけ（声には出さない）　　　11.7%

　イ　自分の耳に聞こえる程度の小さい声で　　54.7%

　ウ　周りの人にも聞こえる程度の大きさで　　23.6%

Q８　あなたはどのような気持でお念仏していますか？（２
　つ以上〇してもよい）

　ア　ご先祖さま・故人の冥福を祈って念仏している。

　　　　　　　　　　　　　　　　　　　　　　56.0%

　イ　家族みんなが幸せになるようにお願いしている。

　　　　　　　　　　　　　　　　　　　　　　43.2%

ウ 阿弥陀さまに私をお救いくださいとお願いしている。
9.7%

エ 如来のまことを信じて名をよべ助けるとおっしゃるので念仏している。
12.2%

オ 信心をいただいて救われていくそのご恩報謝の思いで念仏をしている。
24.6%

カ 念仏する度に浄土に生まれる力が身につくので念仏に励んでいる。
1.8%

キ 自分の愚かさに気づき、仏さまに申し訳ないとおもって。
15.6%

ク 心の安らぎを得、生きる力を得ようと思って。
21.6%

ケ 特にあれこれ思わないのに、自然にお念仏が出てくださる。
24.3%

Q9 《Q5で「エ いいえ、となえていない」を選んだ方にお尋ねします》

念仏をとなえないのはどうしてですか？（2つ以上○してもよい）

〈「となえない」人の総数155人の中での比率%〉

ア 念仏をとなえる必要を感じないから。
2.2%

イ 念仏は何か魔法みたい、死者への呪文のようだから。
0.3%

ウ 念仏を口にとなえることが恥ずかしいから。
0.7%

エ 宗教は心・信心の問題だ。口で念仏を称えることとは無関係のはずだ。
0.8%

オ　念仏をとなえるだけで助かるなんて、あるはずがない。

　　　　　　　　　　　　　　　　　　　　　　　0.2%

カ　念仏をすることのいわれ（理由）がよくわからない

　　から。　　　　　　　　　　　　　　　　　1.9%

キ　念仏にすがらなくても、私は十分幸せだから。　1.1%

ク　自分の周囲で称える人がいないから。　　　　　1.4%

ケ　念仏を称えるべきだと教えられたことがないから。

　　　　　　　　　　　　　　　　　　　　　　　2.2%

　Ｑ１０　その他念仏についてのご意見を書いてください

（２）「念仏」アンケートの結果考察（部類別）

　　　前回は全体；今回は４つの部類別に結果を見てみよう。

⑴一般：<u>仏縁が薄い部類</u>：幼稚園・施設等の職員、学会・

　　講演会来聴者等　453人；男女の比4：6。年代は40以

　　下が４割、70以上は2.6割。平均聞法22回程。

⑵寺参：<u>仏縁普通の部類</u>：お寺に時々参詣する・家でも仏

　　壇に詣る人等　894人；男女の比4：6。年代は40以下

　　が1.3割、70以上は5割。平均聞法52回程。

⑶特聞：<u>仏縁深い部類</u>：寺によく参詣し、特に聞法が深い

　　人達　329人；男女の比3：4。年代は40以下が0.8割、

　　70以上は6割。平均聞法87回程。

⑷ウエブ：<u>求道に積極的な部類</u>：ウエブでのアンケートに

　　自ら回答した人等　243人；　男女の比7：3。年代は

　　40以下が5.8割、70以上は0.5割。平均聞法87回程。

　◇以上の４部類の「念仏申す回数、様態、念仏する心」の

　　主要項目を表１で見てみよう。

一般は仏縁の薄い部類なのに「いつも」「時々」両方で

35％ほどが念仏している。その下の仏縁ある３部類では同様に見て７〜９割が、声に大小の差はあっても念仏をしているという結果に、「皆さん結構念仏している」と一応の安堵感を得た。

<表1> 部類別の念仏実態（主要項目）（数値は人		年代		称名			時所		声	
部類別	人数(人)	10〜40歳	70歳以上	いつもする	時々する	称えない	法話読書で感動の時	日常ふと気付いて	周囲に聞こえる大きさ	故の福祈て
一 般	453	39	26	13	22	20	11	6	11	
寺 参	894	13	51	48	25	6	29	30	23	
特 聞	329	8	59	75	16	1	50	49	33	
ウエブ	243	58	5	60	21	5	52	54	35	

しかし、その念仏のこころは？というと、「故人の冥福」と「我と家族の幸福」を祈願するのが、上の３部類に多い点、問題である。唯ウエブだけは明白に低い・・・俗世の念仏はしないと

	は人数に対する％ 小数点以下繰り上げ）						
	念仏のこころ						
	故人の冥福を祈って	我と家族の幸福を祈願	如来の仰せだから	信心のご恩報謝で	自分の愚かさに気付き	心の安らぎ生きる力	思わず自然に念仏出る
1	66	41	2	9	3	16	8
3	66	56	11	23	14	23	21
3	43	34	22	43	28	33	42
5	18	14	23	37	29	14	44

いう強い姿勢がある。その右の「如来の仰せ」「御恩報謝」「自分の愚かさ」（真宗的念仏）で特聞とウエブが堅調であるのも同様な傾向。

やはり両部類ともこれまでの聞法の平均回数が87回と他の部類より顕著に高いことと関連している。別の視点からとった「聞法回数別の統計」でも、「聞法が深まれば真の念仏が多く申される」ということは、明白だった。

前回紹介したように、「念仏をしない」人は、全体の中で

はごく少数だったが、一般だけでみると20%の人が念仏をしない。その主な理由は「日常生活上、念仏する必要がない」「念仏がなくても十分幸せ」であり、無自覚的に「生の文化を享楽」している様相である。他方、「念仏のいわれが分からない」「念仏を勧める人がいない」が２〜３割もいる。これは僧侶の責任ではないか？と自責する。

◆こうして、今度のアンケートから、暗に３つの問いかけをされていると実感した。端的に答えてみよう。

Q1　「念仏とは何か？」「念仏とは『南無阿弥陀仏』と口に称えることであり、『限りない光と寿（いのち）で私をお救いくださる阿弥陀仏に帰命する』という意味がある。呪文ではない。」

Q2　「なぜ口に称えるのか？」「『如来は苦しみ悩む衆生を救う。如来のまことを信じて念仏申せ』という阿弥陀仏のよび声が、愚かな我が心に到り届いたとき、『あら嬉しや』と素直に念仏が口に出る。」「真実の信心は必ず名号（称名）を具す」と親鸞聖人が言われている通り、本当に本願が信じられたら、口から称名がもれ出てくださるのである。

Q3　「念仏するとどんなご利益があるのか？」「煩悩に濁った泥の日暮しの中に念仏の蓮華が咲いて人生の行方を明るく照らし、この世から浄土への道を確かに歩むことが出来る―という大利益がある。聞法していけば、ご利益を願おうとしたのは自己中心的な我欲追求だったと気づかされ、懺悔の念仏が出るばかりである。」

（3）「念仏」アンケートへのコメント

　　今回の「念仏アンケート」には、200点余りのコメントが寄せられおり、回答者の生の声を聞くことができた。

1）一般的な「念仏」への関心・視点ー主として【一般人】の部類より

1056　私には実家が遠方にあり、年3－4回の帰省時に仏壇にお祈りします。その時は必ずお経を家族全員で大きな声で唱えます。それ以外は観光、外出でお寺があった時、念仏（ナムアミダブツ）を唱えることもあります。法話はお葬式で聞くのがほとんどです。

　　・・・（感想）仏壇にお参りして皆でおつとめは素晴らしい。葬式の法話も貴重な聞法の機縁です。

711　仏壇がない。日本人は宗教心がないと思う。また父祖を思う気持ちはあるが、その先の顔の分からない先祖を思うのが宗教につながる。しかし、現実は身の回りにしか気が回っていない。道徳とともに先祖を大切にする教育が必要。これに答えるのが宗教だ。

　　・・・それにはやはり宗教心の象徴である「ご本尊」（三折れ本尊でもよい）に毎日お参りして、「大いなるもの」に畏敬・礼拝し、お念仏されるのが先決です。

077　念仏は唱えないが、朝晩2回、「ありがとうございます。みなさんの健康、幸せと・・・今日一日頑張ります」と唱える。

　　・・・人間はやはり心を口に出しますね。念仏もそれです。

1588　死後の世界を信じていない。：〈地獄、天国があるとは考えていない〉も同類。

　　‥‥死後どうなるかは、仏の御はからいなのです。人間凡
　　夫のはからうことではないと親鸞聖人は仰せです。

2）深い「念仏」への関心・視点〈主としてS【特聞】の部類
　より〉

　1346　自分の煩悩の深さに出会ったとき、私を超え、私を生
　　死せしめている大いなるはたらきがあることを信じられる
　　ようになったとき、「ナムアミダブツ」と念仏が申される
　　ようになりました。

　　　‥‥現代人の思考限界をようこそ乗り超えられました。大
　　　いなるもの（仏）がはたらいてくださったのです。

　1247　20年位前は何もわからず、ご先祖さまに念仏するもの
　　と思って合掌しておりました。所が築地本願寺の掲示板に
　　「亡き人の為の読経と思いしが、私が救われて行く為のお
　　経であったとは」と書かれてありました。その時の驚きは
　　今だに忘れられません。

　　　‥‥先祖のためにと思う法事も読経も、みな仏祖が「お前
　　　聞けよ」と私に仏法を勧めてくださる還相回向なのです。

3）僧侶・宗門へのきびしい視点〈主としてW【ウエブ】の
　部類より〉

　1911　現代は科学的発想に毒されているといえども、やはり
　　近代教育の影響や情報の渦の中にあって、ご法話そのもの
　　への関心・魅力が低下していると言わざるを得ません。そ
　　もそも僧侶自身が仏法に懐疑的であることから、状況は極
　　めて深刻と言わざるを得ません。

　　　‥‥「浄土」について懐疑的な僧侶がいないとはいえませ
　　　んが、僧侶皆ではないでしょう。要は、「自見の覚語（自

分勝手な思い）」で「他力の宗旨」を乱さぬよう自戒する他ありません。

以上

99）試論：浄土とは？

〈老耄として気になることば「浄土」についての愚考〉

　浄土とは安楽浄土であり、阿弥陀仏のはたらきの世界である。阿弥陀仏とは、法性法身（さとり）と方便法身（じひ）の仏である。「さとり」（法性・真理）とは、「まよい」（無明・煩悩・業苦）を解脱した智慧であると同時に「まよい」の存在を憐れみ・救わずにはおれないと慈悲に出てはたらく。さとりに落着・安住せず、まよいをさとりに転じさせようとはたらき出るのが真の「さとり」である。したがって、「浄土」とは、自らが清浄であると同時に不浄を「浄化」する境界である。そういう浄土が「法性のみやこ」であり、その浄土に浄化されるのが「かえる」である。

　その浄化のはたらきはいつなされるのか。はたらきかけは永劫の昔からなされているが、私に実現するのは、私が阿弥陀仏のはたらきに出遇ったとき、すなわち南無阿弥陀仏という阿弥陀仏の喚び声に目ざめたときからである。喚び声とは、「わがまよいに気付けよ、必ずすくう」という意味の「南無阿弥陀仏」である。「光と寿（いのち）きわみなき阿弥陀ほとけを仰がなん」である。光は「気づけよ」と照らし、寿は「すくう」と引き受ける。その仏の名を称えることが、喚び声に目ざめ・応えたこと。その時から、阿弥陀仏の浄化のはたらきがわが身に実現し、生涯持続し、命終の時、浄化の前段階が完了する。「法性のみ

やこへかえる」のである。

　法性のみやこへかえるということは、如来の智慧と慈悲と一体になることだから、如来の浄化のはたらきの中に参入することになる。この世にも還来して、まよいの人々を浄化しようとはたらくのである。これが浄化の「後段階」・・・いわゆる還相回向である。

　ふりかえると、生前この世で如来の浄化のはたらきに遇うについても、多くの方の還相回向のはたらきがその縁になっていたことに気付く。如来の浄化に遇えと、どれほどの勧めがあったことやら。たとえ意識しなくても、有形、無形のご縁が実って、今日の聞法になったのである。

　広く言えば、浄土からの光に現に照らされてきたのである。まどいの眼には見えなくても、如来浄化の光は常に照らしづくめである。譬えれば、超極微で、あらゆる物体を突き抜けていくニュートリノが、いつも我々を貫き通しであるようなもの。

　経典に説く安養浄土の荘厳（かざり・しつらえ）も、阿弥陀如来の浄化の象徴である。まよいをさとりに転じたいという願いの現れであり、形相に惹かれるまま、無相の真如・法性に転じられる。そういう不思議な御はからいを信ずるだけでよい。

　こうしてみると、浄土の阿弥陀仏の「浄化活動」は、時間・空間の制約を超えて、広大無辺である。その広大な教化活動全体が「浄土」である。浄土はもはや「土」という空間的「場所」ではなく、「はたらき」そのものである。智慧と慈悲の活動である。その活動に参入することを「往生」「帰浄」といい、また「成仏」「還相」「遊戯」という。すべて南無阿弥陀仏に収まる。南無阿弥陀仏の回向（はたらき）とは往相（浄化の第一段

階）から還相（第二段階）への転入である。自らが救われると同時に他をも救う利他こそ、大乗仏教の極致なのであり、それが浄土の真の意味である。

　以上を要約すれば

　「浄土とは南無阿弥陀仏のはたらきである」

　「浄土にかえるとは南無阿弥陀仏と一体になること」

と戴かれる。

　南無阿弥陀仏　　南無阿弥陀仏

　　　　　　　　　　　　恐々謹言。

　　　　　令和２年６月７日　　　　　　　　　　釋淨厳

100）法語：「おまえも死ぬぞ」

　「おまえも死ぬぞ　　釈尊」というこの掲示法語が日本伝道協会の2018年大賞に選ばれた。岐阜県郡上市八幡町の真宗大谷派願蓮寺（石神真住職）の掲示板とのことである。

　ぎくりと来るこの一句、だれが発案されたのかと関心を寄せていたところ、石神住職によれば、『岐阜教区掲示伝道用語集』に載っていたものであるという。

【お寺の掲示板の深い言葉 37】速報！第1回大賞受賞作は「おまえも死ぬぞ」に決定

願蓮寺(岐阜) 投稿者：@10com_rj [7月15日]

　更に、三重県津市の堅田光英師から、毎田周一先生が「諸行無常」を「於摩江毛志努曽」と翻訳されたものだと友人から聞いたと教えられ、興味が湧いた。さっそく手持ち

の『毎田周一全集』を調べ、第十二巻に行き着く。すると、大元は毎田先生が善知識と仰がれた暁烏敏師の言葉「於麻位毛志努曽」（おまいもしぬぞ）「斯婆迦」だと分かった。

※死の時、床の間の枝に右の短冊が掛けられてあった。

　毎田先生は解説される。〝二つとも如来の私達に対する呼び掛けのお言葉であるが、まず「お前も死ぬぞ」と仰言る。これを聞いて私達は全く混乱し、解らなくなってしまう。・・・そこに妄念妄想しか湧いてこない。この妄念の凡夫が「斯婆迦」（このばか）ということだ。

　この人間が婆迦だということが実にありがたい。・・・「この婆迦」と如来が呼び掛けて下さるのは、「お前は助かっているぞ」といって下さっているのだ。愚かさこそ救いだ。だからそうして救われた喜びを、親鸞聖人は南無不可思議光如来と告白されたのだ〟と――。

そして最後の頁に、毎田先生（悠寂院釋一周）の死の床にかけられていた短冊の写真があった。

諸行無常の哲理を真に受けようとしないこの身に、厳しく教え、優しく救うてくださるのが不可思議光仏なのである。

　　たのめとは助かる縁のなき身ぞと
　　　　教えて救う弥陀のよび声　　（藤原正遠）

　今、コロナ禍で大騒ぎをしているが、「コロナでなくてもみな死ぬ」無常の世を、今は生かされているのである。この肚のすわりと謝念が大切だと実感した次第。

秋深し諸行無常と晩鐘の
一音一音念仏こぼるる
　　　　　　　　　愚石

§ あとがき

　「一生聞法　痴心未了」・・・高光大船師にしてこう述懐されていますが、擬えを許されるなら「一生尋法　稚心未去」とでも申すべきが愚生の実態であります。

　「聞法ノート」といえば格好よく聞こえますが、いろいろな法縁で出遇い、気になった言葉などの記録や感想の「雑記帳」です。気になると、とことん調べてみたくなる、そういう「稚心」（学生気分）が去っていない老生です。

　「調べるのは、ご随意に」と人様からは思われましょうが、調べて何かが分かるとついそれを人に伝えたいと思うのがまた「稚心」。その結果が、ノート丸写しのような横書き出版になった次第であります。しかも、駄文が多くて分厚く冗漫になり、読者各位には、ご迷惑をおかけしたことでしょう。

　ただ、１００篇中１篇でもお心に留まる事項がありましたら、どうぞハガキかメールでお聞かせください。もっと学びたいのです。よろしくお願い致します。

　本書の編集・校正については、今回もまた梶原佑倖師に多大なお力添えを頂き、藤井淳師のご校閲も得られました。千秋マツ子氏は熱心に下読みされました。出版については永田唯人氏に大変お世話になりました。各位に厚く御礼申しあげます。

　令和２年１１月２０日

藤枝宏壽

　父　忠諦院釋淨眞（帰浄七五年）
　母　慈則院釋妙英（帰浄一三年）｝を偲びつつ
　叔父　蔡丘院釋純圓（帰浄二〇年）

合掌

著者：藤枝宏壽（ふじえだこうじゅ）
　　　昭和8年（1933）福井県越前市生まれ
　　　真宗出雲路派了慶寺住職
　　　福井県越前市押田2-8-31
　　　URL: http://ryokeiji.net
　　　E-mail: kojufjda@mitene.or.jp
略歴：京都大学（英文）卒業
　　　藤島高校、福井工業高等学校、福井医科大で英語教授。
　　　佛教大学仏教学科修士課程修了。
著書：『"ぐんもう"のめざめ』『子どもに聞かせたい法話』（以上、法
　　　蔵館）、『阿弥陀経を味わう三十六篇』『いのちの感動正信偈』
　　　『Dewdrops of Dharma』『〈紙芝居〉いただきます』『帰三宝偈・
　　　勧衆偈の味わい』『実となる人生』等（以上、永田文昌堂）、『聞
　　　の座へ』（探究社）、「老いて聞く安らぎへの法話CD」（了慶寺）、
　　　他

〈聞法ノート〉聖典のことば　—問いと学び—

令和2年（2020）年12月5日　印刷
令和2年（2020）年12月8日　発行

著　者　藤　枝　宏　壽
発行者　永　田　　　悟
印刷所　㈱図書印刷同　朋　舎
製本所　㈱吉　田　三　誠　堂
発行所　永　田　文　昌　堂
〒600-8342　京都市下京区花屋町通西洞院西入
　　　　　　電　話　(075) 371－6651番
　　　　　　FAX (075) 351－9031番

ISBN978-4-8162-6247-0 C3015